教師のための教育学シリーズ

教師のための教育学シリーズ編集委員会 監修

新版

学校法

佐々木幸寿

編著

EDUCATIONAL STUDIES FOR TEACHERS SERIES

学文社

執　筆　者

*佐々木幸寿	東京学芸大学理事・副学長	序章，第1章～第8章，第15章
牛　　玄	東京学芸大学先端教育人材育成推進機構助教	第15章
鬼澤　秀昌	おにざわ法律事務所弁護士	第9章
森本　周子	坪井法律事務所弁護士	第10章
國本　大貴	新堂・松村法律事務所弁護士	第11章
清水　陽平	法律事務所アルシエン弁護士	第12章
佐々木幸駿	佐々木法律事務所弁護士	第13章，第15章コラム
坂本　順子	六田・坂本法律事務所弁護士	第14章
伊藤　ゆり	総務省東北管区行政評価局	第15章

（執筆順，*は編者，所属は2023年10月時点）

まえがき

「教育基本法改正は，パンドラの箱を開いてしまった」とは，初版（2017年）のまえがきの冒頭に書いた言葉である。教育基本法が教育の根本法としての性格を強め，制度基準として機能するだけでなく，内容基準，実践基準としての機能を強めていくことが予測されること，また，教育法においては「対国家」という視点に拘泥して，「教育課題」「子どもの発達保障」への対応が先送りされてきた状況に警鐘を鳴らし，この問いにいよいよ応えるべき時が到来したことを示唆した言葉であった。

初版刊行から6年。この間，学校をめぐる法制も大きな変化を遂げている。第一には，教育政策，教育立法における政治主導の進展である。深刻化する教育課題，子どもの成長発達保障上の課題にいかに対応していくのかということが，政治的課題として強く認識されるようになり，教育立法が政治のアジェンダとして着実に実行されるようになってきている。これは，地方レベルにおいても見られる動きである。そして，第二には，子どもの権利条約，障害者権利条約等の趣旨が教育機会確保法，子どもの貧困対策法，障害者差別解消法などの国内法として浸透しつつあり，一人ひとりの個別の状況に応じて権利保障を実質化させようとする「権利基盤アプローチ」の法制が整備されつつあるということである。そして，さらに，近年，学校において注目されているのが，弁護士等の法律専門家が学校問題に関わる動きである。いじめ等の法的紛争に対応するための法律専門家の知識や実務能力が学校運営上も必要とされてきており，学校法務のあり方が注目されている。

これらの動きに対応すべく，本書では内容と構成を大幅に見直し，新たに各領域の専門家の弁護士にも執筆いただいた。本書が新しい時代の「学校法」のあり方の検討，ひいては「学校法学」の構築に貢献できれば幸甚である。

2023年10月

第3巻編者　佐々木　幸寿

目　次

第Ⅱ部　学校法

第Ⅲ部　教育課題と法

Column

序章

国家と教育と法

● 本章のねらい ●

本章では，本書のテーマである「学校法」を考える前提として，「国家」「教育」「法」の関係について整理し，学校法を学ぶうえでの基礎知識を獲得することを目的とする。「教育と法」，「政治と教育」の本質的な関係，学校法や子ども法の意義，我が国の法体系や法解釈の基礎について解説する。

第１節　国家と教育[1)]

1. 教育と法

国家が教育に関わる場合には，他の領域，例えば経済の領域とは異なる特別な配慮が必要とされている。それは，教育が他の領域とは異なる次のような特性を有しているからである。第一には，教育は，人格そのものを対象とした働きかけであり，一人ひとりの人間存在のあり方そのものを左右する営為であるということである。教育は，その人間の個性やパーソナリティの形成に非常に大きな影響を与える営みであり，やり直し，取り返しがつかない，「かけがえのない人格」の形成に直接関わる重要な営みであるということである。第二には，教育は，個人や集団のアイデンティティに関わる価値観や文化に直接影響を与えるものであるということである。教育が，家族や民族を支える基本的な価値や文化を否定した場合には，それらが存立する根拠，意義そのものを失うことにつながる。文化や宗教をめぐる対立が絶えない世界の現実は，個人や集団を支える価値観や文化が重要な意味をもっていることを示している。「教育」はこのような特殊な性質を有することから，国家が教育に関する際には，特別な配慮が求められており，また，そうであるからこそ，関与する際の基準のあり方が長い間追究されてきたといえる。

我が国は，法治国家であり，国家が国民生活に関わるとき，法によるべきことが求められる。それが，国民の権利義務に関わる場合にはなおさらである。国家が，教育に関与する場合にも，法を通じて関わることが求められる。しかし，ここでいくつかの重要なことを確認しておく。

第一には，社会のさまざまな問題を解決するうえで，法は万能ではないということである。法を用いた方がよい場合もあれば，そうでない場合もある。教育と法の関係について言えば，教育が実現しようとする価値（人格の完成など）と，法が実現しようとする価値（公正と正義など）は同じではないということである。教育の特性を踏まえた場合に，法は，教育についてどこまで踏み込んで良いのか（どこに踏み込んではならないのか）という問いは，この視点から提起されているものである。第二には，法の役割は，国家の強制力を背景として一定の規範を創り出し，その適用，執行によって問題の解決を図ることにあるだけでなく，近年は，さまざまな意見や価値観を有する人々が，受け入れることのできる手続やルールをつくることによって自主的に調整する場を提供することなど多様な役割が注目されているということである。教育という特質を踏まえた場合に，法による関係者の権利義務の調整，参加のあり方はどうあればよいのかという問いとして理解される。従来は，我が国においては，法は教育の外にあって主に教育条件のあり方を規定するにとどまるものであるという考えから，教育の自主性，学習の自由など，教育を受ける権利の自由権的側面，教育条件や環境の整備など教育を受ける権利の社会権的側面のみに焦点化して教育と法の関係が議論されてきた。しかし，現代においては，これらの議論だけでは不十分である。教育基本法改正によって，国家が法を通じて教育内容・方法に関与する法的道筋が明記されたことによって「パンドラの箱」が開かれてしまったという現実は，対話・調整のフォーラムをいかに創り出すかという法の新しい側面に注目していくことの重要性を示唆している。

2. 政治と教育

「政治」とは，「人間集団における秩序の形成と解体をめぐって，人が他者に対して，また他者と共に行う営み。権力・政策・支配・自治にかかわる現象。主として国家の統治作用を指すが，それ以外の社会集団及び集団間にもこの概念は適用できる」（『広辞苑』第七版，2018年）とされている。政治とは，あらゆる社会に存在する利害・意見の調整機能であり，また，その結果，主流となった勢力の統治作用を指しているといえる。

政治が教育に関わろうとするとき，政治は，それ自体が直接に教育に関わることもあれば，国家を媒介して教育に関わることもある。前者，つまり，私的なものとして教育に関わる場合には，基本的にそれぞれの自主性，私的自治に委ねられている一方で（私教育としての教育），後者の公的なものとして教育に関わる場合には，一定の枠組みや基準の下で国家を通じた関与が許され，その枠組みや基準のあり方が問題とされる（公教育としての教育）。

「私教育としての教育」（政治が，国家を媒介せずに直接に教育に関わる場合）については，基本的に国家の関与は禁止され，間接的な支援の在り方が問題となる。例えば，家庭教育については国家の関与は原則的に排除され，国家の役割は家庭教育の自主性を前提とした支援のあり方が問題とされるにとどまる。その一方で，「公教育としての教育」（政治が国家を通じて教育に関与する場合）について，国家と教育の関わりについて，我が国では，国民共通の教育を展開するために「教育の機会均等」「教育の中立性」などの原則を確立しそれを保障するための仕組みを構築してきた。例えば，私教育である家庭教育において，ある親の関心は，我が子の芸術の才能を伸ばすことのみにあっても，それは私教育の領域にある限りにおいてはそれとして認められる。しかし，公教育においては，国家は，子ども全体の教育水準の向上を図りながら，教育の機会均等を図るために，一定の枠組みや基準を設定してその中で学校教育を展開している。公教育と私教育は，一定の原則に従って，そのあり方を区別したうえで，それぞれが，子どもの成長に対して責任を果たしていくべきものとされてきたのである。

近年，規制緩和や地方分権を核とした行財政改革の動き，国や地方で進む政治主導による教育改革，地方教育行政制度の改革による首長と教育行政の関係の変化などを背景にして，政治と教育の関係が複雑化してきている。「社会総ぐるみで」というかけ声の中で，政治と教育，国と地方，私教育と公教育の枠組みが曖昧となり，その垣根が低くなっていく現象が見られるのである。教育委員会や学校ごとに学習塾の活用や補習授業を実施する動きが見られること，合理的な配慮への対応や夜間中学の設置，NPO 等への支援などによって地方において義務教育機会の実質化を図る動きが拡大していることなどは，これらの動きを反映していると思われる。我々は，政治が教育に関わる形態が多様化し，関係が複雑化していく現実を，どう整理し再構成していくのか。政治が教育に関与するプロセスをコントロールするだけでなく，教育の原理を政治に浸潤させるメカニズムをどう機能させるのかということについても，知恵をしぼっていかなければならない。

第2節 「学校法」と「学校法学」

従来から，我が国においては，「教育」と「学校教育」を峻別せず，「教育」というまとまりの中に「学校教育」を位置づけて，教育と法の関係を論じる傾向にあった。教育は，人格，価値や文化など，人間存在にとって重要なものに関わっている。この意味で，教育と学校教育は，国家を媒介した政治的な決定になじまない側面を有しているという点で，共通性を有しているといえる。しかし，その一方で，「教育」を構成すると考えられている学校教育，社会教育，家庭教育を個別に見ていけば，国家との関わりの視点から見てそれぞれのあり方は大きく異なっている。家庭教育は私的領域としてその自主性が保障されており，社会教育においてもその自主的・主体的な性格は確認されているところである。その一方で，国家の積極的な保障によって実現される性格の強い学校教育においては，国家の関与はむしろその存立にとって不可欠なものとなっている。

最高裁判所旭川学力テスト事件判決（最大判昭和51年5月21日）[2)] は，「私事としての親の教育及びその延長としての私的施設における教育をもつてしては，近代社会における経済的，技術的，文化的発展と社会の複雑化に伴う教育要求の質的拡大及び量的増大に対応しきれなくなるに及んで，子どもの教育が社会における重要な共通の関心事となり，子どもの教育をいわば社会の公共的課題として公共の施設を通じて組織的かつ計画的に行ういわゆる公教育制度の発達をみるに至り，現代国家においては，子どもの教育は，主としてこのような公共施設としての国公立の学校を中心として営まれるという状態になつている。ところで，右のような公教育制度の発展に伴つて，教育全般に対する国家の関心が高まり，教育に対する国家の支配ないし介入が増大するに至つた一方，教育の本質ないしその在り方に対する反省も深化し，その結果，子どもの教育は誰が支配し，決定すべきかという問題との関連において，上記のような子どもの教育に対する国家の支配ないし介入の当否及びその限界が極めて重要な問題として浮かび上がるようになつた。」と述べている。国家と教育の関係の議論は，主に，学校教育との関係から派生しているといえる。

学校教育と他の教育領域との違いは，学校教育には，国家による一定の直接的な関与（保障）が前提とされていること，教育活動が体系的，組織的に行われる性質を有していること，専門性が国の制度によって担保された教員が学校教育を担うこと等がその特性として理解される。学校教育は，家庭教育や社会教育等の他の教育領域とは異なる法的な関係の上に成り立っているといえる。

学校教育においては，今まで，「学校の自律性」，「国家の教育権」，「教師の教育の自由」，「親の教育権」などが法的争点として提起されてきた。しかし，これらの法的問題は，それを論じる文脈とともに理解される必要がある。従来は，我が国においては，これらの論点は，主に「対国家」という文脈で論じられてきたのであるが，現代においては，教育機会の実質的保障，一人ひとりの学力の保障など，いわば「対教育課題」の観点から真正の教育原理を反映した法的原理を追究していくことが求められている。現代の文脈を踏まえた新しい学校法の原理を創造していく必要があるように思われる。

我が国においては，学校教育という教育活動，学校という組織に適用されるべき法制度を学校法として追究する動きは未だ端緒についたばかりであり，その法原理としての学校法学も学としては未だ確立していない。それは，戦後長きにわたる左右の政治対立の中で形成された法理論が主に対抗原理として展開されてきたという歴史的経緯，家庭などの私的領域への支援や徳育を含めて児童生徒の人格全体への関わりを求められる我が国の学校教育の特質，欧米流の自立的市民という人間像に解消できない我が国の教育観など，さまざまな難しい問題が横たわっていることによると考えられる。

学校法，学校法学を追究するうえで，個人の尊厳などの人類共通の普遍的な価値，子どもの学習権など学校教育における根源的な価値は共有されなければならない。それを前提としたうえで，地域や国によって，学校教育が成立・発展した経緯，学校教育の前提とする人間像，学校や教師に期待される役割が異なっていることに留意して，それぞれの固有の学校教育法制のあり方を追求することが必要となる。

第3節　子ども法と学校法務

1. 子ども法の登場

「子ども法」という考え方が登場してきた。しかし，その文脈は多様である。「子ども」という特定の時期に着目している場合があり，また，「子ども」という存在の特性に着目している場合もある。また，「子ども」が抱える課題に着目して当該問題に対処するために法領域や行政領域をどのように再構成するのかという意味で用いられている場合もある。

「時期」「存在」「課題」という視点の重要性は，これらを踏まえて子ども

表序 1.1 「子ども」を捉える視点と人権保障のテーマ

視点	意味	人権保障における主なテーマ
時期	成長・発達	保護，自律，参加の在り方
存在	人間としての人権	人権享有主体としての実質化
課題	教育，福祉，司法などの課題対応	社会状況・環境変化への適応

の人権保障の在り方を考えるうえでの不可欠の観点を提供しているということにある。大人も子どもも独立した人格をもつ同じ人権の享有主体であるという前提に基づきながら，「時期」(誕生から成人までの成長発達段階)，「存在」(子どもの人間としての人権)，「課題」(教育，福祉等の課題に応じた対応) の観点から，その人権保障の在り方を問うことになる。

「保護と参加の調整」，「人権享有主体としての実質化」，「社会状況・環境変化への適応」という子ども法の本質的なテーマにつながっている。これらのテーマは，単独で追究されるというよりは，密接に関わるものとして重層的，複合的に探究されるものといえる。

2022 年 6 月にこども家庭庁設置法，こども基本法が成立した。同法は，ひらがなで「こども」という表記を使用している。こども基本法第 2 条は「こども」を「心身の発達の過程にある者」と定義し，「こども施策」の意味するところは，対象を特定の年齢に限定せず，新生児，学齢期，思春期，青年期などのすべての発達の過程にある者を対象としていること，出産，育児，教育，就労などの広範な支援を切れ目なく行うこと，こどもをめぐる養育環境や制度の整備を有機的に行うことにある。また，同法第 1 条 (目的)・第 3 条 (基本理念) として人権主体としてのこどもの位置づけを明確にしている。法案の主導者は，同法のねらいとして，こども施策を展開するうえで，縦割り (府省庁間の壁)，横割り (制度ごとの都道府県，市町村の所管の壁)，年代割り (生育段階による施策の壁) を打破し，包括的，有機的にこども施策を展開することにあるとしている。

「こども基本法」をはじめとした子ども法の形成によって，「学校法」の位置づけがあらためて再確認される。法定された学齢期の子どもを対象にして，国・自治体・保護者等が法的に責務を分担しながら，組織的・計画的に子どもの学習権等を保障する法的な仕組みとして，「学校法」の枠組みの意義は，より明確になっていくものと思われる。

2. 学校教育における法務実務への注目

学校教育において，法化現象といわれる事態が拡大しているといわれる。それは，おおまかに，次のような現象を意味しているものと考えられる。①学校内部における教育・指導やそのための内部的ルールに委ねられてきた対立や衝突の解決や調整が，学校外部の一般社会のルールによって解決することを求める動きが見られること（学校内部への一般社会のルールの浸透），②いじめ等の対応など基本的に教育・指導によって解決されるべき教育課題に対し，いじめ防止対策推進法に代表されるように法令を直接適用することを通じて解決が求められている状況が生まれているということ（教育課題への法律の直接適用），③プールの栓の閉め忘れによる水流出事故で教師に対して費用負担を求める動きが通常化していくなど，自治体や学校法人が個人責任を求める動きが出てきていること（個人責任の明確化の動き），④学校内のトラブルに対して保護者が弁護士を伴って学校や相手の児童生徒側にさまざまな要求を行う動きなど，当事者間の問題に法律の専門家が介入する動きが顕著となっている状況（法律専門家の関与の増加）などを意味している[3)]。

現在，次々に生じる解決困難な教育課題や複雑化する紛争に対応するために，事案への総合的な対応を求める法改正が矢継ぎ早に行われている。地方分権の進展とともに地方自治体や学校が法的責任を問われ，それに対する説明責任を果たすことが求められている。また，児童生徒や家庭をめぐる教育課題は，学校教育にとどまらず，福祉，警察，医療など複数の法領域にまたがった対応が求められている。このような事態の進行は，従来のような行政職員，教育委員会関係者，学校教育関係者だけでの対応では対処できない状況を生んでいる。

文部科学省が，市町村教育委員会を対象に実施した調査（2019年3月）によれば，76％の市町村教育委員会が，法的な専門知識を有する者が必要であると回答している。学校や教育委員会は，弁護士等による法的支援を受けたり，代理人として任用したりすることによって，法的問題に対処することが必要になってきている。また，スクールロイヤーの制度が普及しつつあり，弁護士が教育活動への法的支援，経営活動への助言，教職員等の研修への支援を担うようになってきている。学校法を考えるうえで，「法務実務」の重要性が改めて認識されている。

第４節　学校法を学ぶための基礎知識

1. 憲法というもの

伝統的に，教育はその本質から法的規範で対処するにはなじまないとされ，教育を法的規範の外に位置づけようとする議論がある。しかし，教育が公的なものとして政治を通じて組織化され，一旦社会的制度として確立された以上，教育の制度が法的統制の下で展開されることは不可避である。

この時，立憲主義を採用する我が国においては，憲法を頂点とする法体系の下で，教育の営みは法的規律と調整を図りながら展開されることとなる。

憲法とは，国家という統治団体の存在を基礎づける基本法である（芦部 2023：3）。憲法には多様な意味が含まれており，それは大きく「形式的意味の憲法」と「実質的意味の憲法」に区分される。形式的意味の憲法とは，名称として憲法と呼ばれているものを言い，その内容を問わない。それに対して，実質的意味の憲法は，ある特定の内容をもった法をいう。その内容とは，「固有の意味」と「立憲的意味」である。固有の意味の憲法とは，国家の統

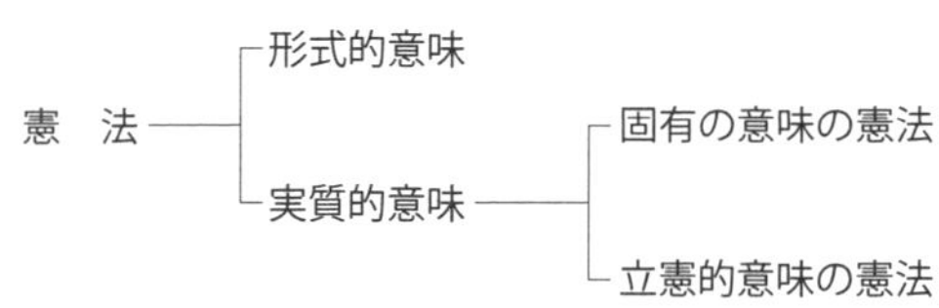

図序 1.1　憲法の多様な意味

治の基本である国家機関，組織，作用等を定めた法という意味であり，いつの時代，どのような国家においても，この意味の憲法は存在する。それに対して，立憲的意味の憲法とは，歴史的な概念であり，近代市民革命において成立した国家の専断的な権力を制限することを通して国民の権利を保障するという立憲思想に基づく憲法のことを意味している。憲法の最も本質的な意味は，この「立憲的意味の憲法」の内容を指すものといえる。

このように，立憲的な視点から憲法を見てみると，近代憲法においては，自由が立憲主義の根本的な目的・価値であり，憲法は，個人の尊重を達成するための人権保障の体系であるといえる。自由主義・民主主義・平等主義・福祉主義・平和主義といった憲法原理は，この個人の尊重を確保するために派生した基本的な理念であり，憲法を構成する人権保障，統治機構，憲法保障を定めた各規定は，最終的には個人の尊重を実現するための手段として位置づけられる。

このことから，近代憲法は，①自由の基礎法，②制限規範，③最高法規という特質をもっているという。

①自由の基礎法とは，憲法は自由を実現するための法秩序であるということを意味する。近代憲法は，国会，内閣，裁判所等の国家の機関についての

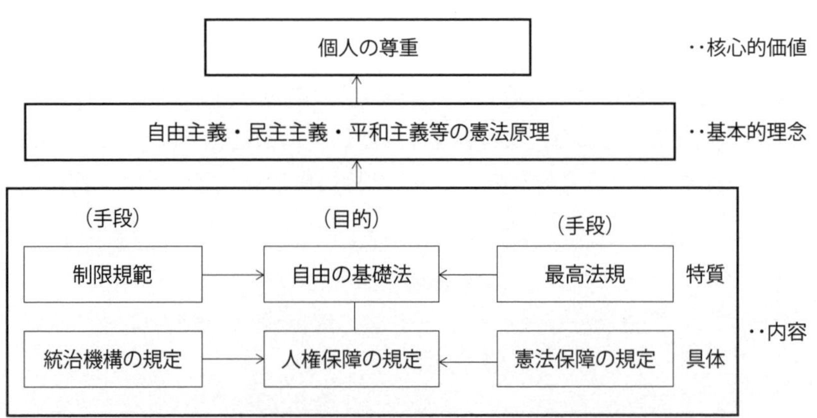

図序 1.2　立憲的な視点から見た憲法の人権保障の体系構造

定めをもっており（組織規範），それぞれの機関の権限についての定め（授権規範）を有するが，これらの組織規範や授権規範は，憲法の基幹である人権規範に寄与することを目的として存在しているという意味で自由の基礎法であるといわれる。

②制限規範とは，憲法が人権保障のために国家権力を制限する基礎法であるという意味である。統治機構についての組織規範や授権規範などは，国家権力の専横を抑止するために設けられており，この視点から憲法をみると，国家権力を制限する基礎法（制限規範）として位置づけられる。この背景には，すべての個人が生まれながらに自然権を有するという思想を基盤として，憲法は国民（個人）が主体となって実定化したという考え方がある。この国民が憲法制定権力の保有者であるという考えは，「国民主権」として制度化されている。

③最高法規とは，憲法が国の法秩序において形式的効力において最も上位に位置すること（形式的最高法規性）を意味しており，また，この最高法規であることの根拠は憲法の内容が国家権力を制限して個人の人権や自由を保障する規範を中核としていることにあることを意味している（実質的最高法規性）。なお，これを具体的に確保するための制度が，違憲審査制度などの憲法保障規定であるといえる。

Topics

憲法と法律はどう違うのか

憲法の制定権は国民にあり，その名宛て人は国家である。立憲的な意味の憲法は，国家を統制することにその本質がある。それに対して，法律は国会によって制定され，国民の権利や自由を制限するという側面をもつものである。例えば，憲法の信教の自由の規定は，国家に対してすべての国民一人ひとりの信教の自由を侵してはならないことを求めているのであるが，国民に対して直接的にそれを強制するものではない。

ただし，憲法は最高法規であり，法律は憲法に反することは許されず，また，憲法の定めを具体化するという役割を担っている。法律は，社会秩序の維持や人権の調整等を通じて，憲法の究極の目的である個人の基本的人権を確保するということが予定されているといえる。

2. 教育の法律主義

大日本帝国憲法下において，教育については国民（帝国議会）の関与を許さず，すべて勅令（天皇の大権により制定された命令）で定めることとされていたが，日本国憲法において，勅令主義から法律主義に転換された。

憲法第26条第1項は，「すべて国民は，法律の定めるところにより，その能力に応じて，ひとしく教育を受ける権利を有する。」と規定している。この規定は，国民一人ひとり，とくに子どもの学習権を保障したものであると解されているが，「法律の定めるところにより」には，二つの重要な意味が示されている。一つは，教育を受ける権利は，法律以下の法令によって具体化されるための措置を講ずることが求められているということであり，もう一つは，教育に関する重要な事柄は，国民の代表者によって構成される国会が制定した法律に基づいて行われなければならないということである。

(1) 法律主義とその限界

教育における法律主義は，教育基本法も，第16条第1項において「教育は，不当な支配に服することなく，この法律及び他の法律の定めるところにより行われるべきものであり，教育行政は，国と地方公共団体との適切な役割分担及び相互の協力の下，公正かつ適正に行われなければならない。」とあらためて規定している。ここで，「法律主義」の機能について二つの視点からその意味を確認しておく必要がある。一つに，法律によらなければ教育に関与できないという国家に対する歯止めとしての意味である。と同時に，もう一つ，法律に依りさえすれば関与できるという国家の関与を支える根拠としての意味である。端的には，議院内閣制において多数派が安定多数を得ている場合に実質的に法律万能主義に転化する危険性が生じることを考えれば，この意味は容易に想像できるであろう。

また，「法律主義の限界」についても理解しておく必要がある。法律主義は，一般的には，手続の適正，形式の適正，内容の適正が求められる。議会における多数派の専横という事態に対しては，手続の適正，形式の適正の観点からは，制定された法律は合理性を備えているために法律主義は国家に対する歯止めとならないことから，その場合には，内容の適正の視点から問題の是非を検討するほかない。さらに，内容の適正についても，その法律の内容の是非が問題とされるだけでなく，法律として定めること自体が問題とされる場合もあることを理解しておく必要がある。法律主義の背後には，国民が「正当に選挙された国会における代表者」を通じて決定するという原理がある。しかし，代表者によって政治的に処理することが相応しくない事柄もあるのである。例えば，宗教的真理の取扱いなどは，その取扱いの内容の適正が問題となる以前に，政治的な調整によって決定されるということ自体に馴染まない事柄であるといえる。それは法律主義が内在的に抱える限界である。

(2) 不当な支配の排除の原理

教育基本法は，教育の法律主義と並び，教育に対する不適正な介入を排除する原理として，第16条で不当な支配の排除の原理について規定している。

「不当な支配」とは，教育が専ら教育本来の目的に従って行われることをゆがめるような行為であるとされており（最大判昭和51年5月21日），より具体的には，教育を行おうとする主体に対し，不偏不党であることを求めるという趣旨である。ここで，注意を要するのは，教育の法律主義と不当な支配の排除の原理の関係である。一つは，教育基本法改正時の国会答弁においては，法律によって授権された行政機関の行為であっても「不当な支配」になり得るとの立法者意思が確認されており（佐々木 2009：285-294），法律によって行われることが必ずしも「不当な支配」に該当しないことの根拠とはならないということである。二つめには，不当な支配の排除の原理は，国家機関による不当な介入を対象とするだけでなく，民間の党派宗派など私的勢力の介入にも適用されるということである。

3. 我が国の法体系

我が国は，法治国家であり，法に基づいて，国家を形成し，国民の自由と権利を保障し，国民が安心して生活をおくれるよう法秩序を形成している。

我が国の法体系は，一定の手続によって文章の形式で定められた「成文法」

を中心としている。憲法，教育基本法，学校教育法などは，成文法である。しかし，成文法だけで社会が必要とするルールをすべてカバーできるわけではなく，文章化されていない「不文法」も，重要な規範として認められている。慣習法（一定の人々の間で行われている慣習のうち，法的確信を伴い法としての効力が認められるもの），条理法（物事の筋道や道理のうち，法としての効力が認められるもの），判例法（判例やその基礎にある考え方や原理のうち，法としての効力が認められたもの）などは，不文法である。従来，学校法の分野では，慣習法や条理法の役割は大きかったが，近年，これらの領域においても制定法が整備されてきている。例えば，以前は，職員会議について法規に定めがなく，補助機関説，諮問機関説，議決機関説等の諸説が提起されていたが，2000年の学校教育法施行規則改正（現行法第48条）により，「校長の職務の円滑な執行に資するため」「校長が主宰する」と成文化されたことで議論が一応の収束をみているのはその例である。

(1) 国レベルの法規範

国の法規は，国民の意思に基づいて国の基本原則を定めた「憲法」を頂点として，国会が制定した「法律」が位置づけられ，その下に行政機関が定めた「政令」（内閣が制定），「内閣府令・省令」（内閣総理大臣，各省大臣が制定）が位置づけられている。さらに，「訓令」（上級官庁が下級官庁に発する命令），「通達」（上級機関が所管の機関・職員に発する指示の通知），「告示」（行政機関の決定事項を広く国民に示すこと）等をもって我が国の制定法の体系が形成されている。なお，「訓令・通達」は，組織内部の規範であり直接国民を拘束するものではないが，行政機関への強制を通じて事実上の影響を与える場合がある。「告示」は一般には法規とは見なされないが，上位法の委任による場合などは法規命令の性格を有する場合がある（例　学習指導要領）。また，国家間で合意され締結された条約は，国会による批准を経て国内においては効力をもつこととなる[4)]。

主要な法律は，法律，政令，省令が一つのパッケージとして制定されている。例えば，学校教育法においては，学校教育法（法律）－学校教育法施行

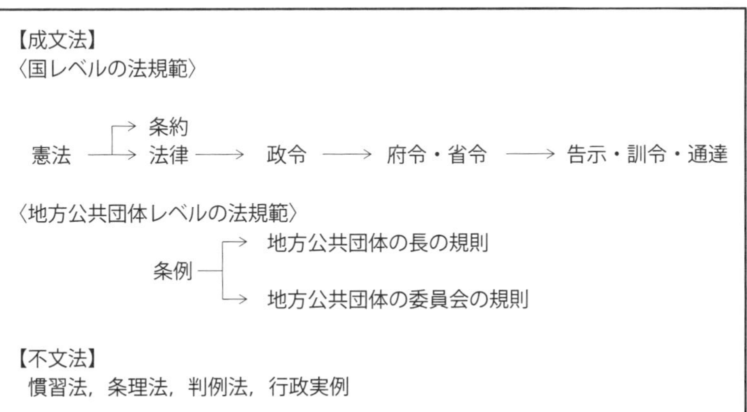

図序1.3　我が国の法体系

令（政令）－学校教育法施行規則（省令）という構造になっており，主要な法律を核として，政令，省令が関係づけられている。

(2) 地方公共団体レベルの法規範

地方公共団体は[5)]，憲法94条により付与された自主立法権により，法律の範囲内で「条例」（議会の議決により制定）や「規則」（長が制定するものと，各種委員会が制定するものがある）を制定できる。地方公共団体の自主立法権とは，地方公共団体の事務に関する事項に限定されていることを意味するとともに，原則として国家法とは別に自ら法規範を定立することが可能であることを意味している。例えば，青少年保護育成条例がそれにあたる。条例で法律の定めより厳しく規制したり（上乗せ条例），法律で定められていない事項を規制すること（横出し条例）は，法律にとくに定めのない限り認められる。その適否は，法律と条例の趣旨，目的，内容，効力を比較して，両者の間にどのような矛盾抵触が生じるのかを見て判断することになる。

4. 法規間の効力の関係

我が国の法規は，憲法をはじめとして，さまざまな法律，政令，府令・省令によって構成されている。法治国家として，これらの法規間の秩序を維持することが求められており，法規間の効力の優先度は，次のような原則に基づいて決められている。

〇形式的効力の原理：憲法第98条は，憲法が国の最高法規であると規定しており，憲法が我が国の成文法の頂点に位置し，法律→政令→府令・省令の順序で法秩序が形成されている。これらの法規間の効力については，法形式の上で，上位にある法規が，下位にある法規に優先する。

〇後法優位の原理：「後法は前法を破る」という格言が示すとおり，法形式が同等であれば，時間的に後に成立した法規の効力が優先する。先に成立した法律と，後に成立した法律に矛盾や齟齬があれば，後法の規定が優先する。

〇特別法優先の原理：特定の対象・場所・時期・事項等にのみ適用される特別法は，法的効力において，対象等を限定せず広く一般的に規定されている一般法に優先する。教育行政は特殊な行政領域であることから，特別法が多いことが特徴となっている。例えば，教育公務員特例法は，地方公務員法の特別法にあたり，地方教育行政の組織及び運営に関する法律は，地方自治法の特別法にあたる。いずれも，法的効力においては，前者が後者に優先することになる。

5. 法解釈の原則と技法

一般に法令の条文は，いつでも，誰でも，どのような状況においても，一定の基準として活用されることを想定して制定されているため（法的安定性），必ずしも一義的なものとはなっておらず，むしろ一般的，抽象的に表現されていることが少なくない。また，法令が適用される状況や場面は，事案によって異なっており，その状況に最も相応しい形で法の意味を理解し，適用する必要がある（具体的妥当性）。このために，法の意味内容を確定するための「解釈」が必要となる。

法的安定性を重視しすぎるとその状況にそぐわない解釈となって具体的妥当性（正義の実現）が確保できなくなる。その一方で，具体的妥当性を重視しすぎると，判断がその場その場で異なってしまい，一定の信頼できる規範として社会において受け入れられなくなってしまい法的安定性を欠くことになってしまう。法解釈において，法を具体的な事案に適用する際には，「法的安定性」と「具体的妥当性」の両者の適切なバランスを取って，その内容や意味を客観的に確定しなければならない。

「法的安定性」と「具体的妥当性」については，法令が適用される領域によって一定の傾向が見られる。経済の領域では取引の安全の要請から比較的に法的安定性が強く求められ，刑法の領域では，罪刑法定主義によって恣意的な解釈を排除することが求められる一方で，民法の領域では，私的自治の原則によって個別的な解決が重視される。教育の領域，とくに，学校教育の領域においては，人格を対象としているため一人ひとりに応じた具体的妥当性が求められる一方で，組織的体系的な活動として展開されること等から法的安定性も求められるなど，両者の調整は，他の領域に比較しても非常に困難であるといえる。また，幼児児童生徒，保護者（親），行政機関，校長，教師など関係諸主体の学校教育に関する権利や権限・権能が複雑に絡み合っていることから，とくに，法解釈が重要な役割を果たすこととなる。

一般に，両者を調整するための法解釈の技法としては次のようなものがある。

○文理解釈と論理解釈：「文理解釈」とは，条文の文言どおりに解釈する方法であり，例えば，学校教育法第１条は，「学校」の解釈について，「この法律で，学校とは，幼稚園，小学校，中学校，義務教育学校，高等学校，中等教育学校，特別支援学校，大学及び高等専門学校とする。」と一義的に定義している。他方，「論理解釈」とは，他の条文や法の目的を考慮するなど論理的な操作によって法を解釈することをいう。後述する拡張解釈，反対解釈，類推解釈などは，論理解釈の例である。

○拡張解釈と縮小解釈：「拡張解釈」とは，用語や文言の意味を通常より広く解釈することをいい，「縮小解釈」とは通常より狭く解釈することを意味する。前者の例としては，地方公共団体の条例制定権を規定した憲法第94条「法律の範囲内で条例を制定することができる」において，条文の「法律」には，法律だけでなく，政令，省令等も含まれると解釈されていることがあげられる。後者の例としては「体罰を加えてはならない」(学校教育法第11条）において，「体罰」の禁止には，すべての有形力が禁止されているわけではないと解釈すること等があげられる。

○反対解釈：「反対解釈」とは，条文に規定されていない事柄には，法の適用がないと解釈することをいう。例えば，教育基本法第15条第2項「国及び地方公共団体が設置する学校は，特定の宗教のための宗教教育その他宗教的活動をしてはならない。」の規定は，私立学校について規定していないことから私学においては特定の宗教のための宗教教育が禁止されていないと解釈すること等があげられる。

○類推解釈：「類推解釈」とは，条文に直接規定されていない事柄についても，規定に類似する事柄については法規の適用を認めるように解釈することを意味する。例えば，「児童，生徒及び学生に懲戒を加えることができる」(学校教育法第11条）において幼児が規定されていないが，懲戒の範囲を広く解する立場からは，幼児にもその発達段階等をふまえたうえで懲戒が可能であると解釈すること等があげられる。なお，この点については反対解釈として幼児は除外されるとする解釈がある（通説）[6)]。

○条理解釈：「条理」とは，物事の道理や本来有るべき本質を意味し，「条理解釈」とは，これらの条理に基づいて解釈することを意味する。一般的には，成文法中心主義の国では，成文法，慣習法，判例法に不備や欠陥がある場合，それらが不明確・曖昧であったり，疑義があったりする場合に，それを補うために条理解釈が採用される。民法においては，「社会通念」「公序良俗」「信義誠実の原則」が，一般的な条理として確立している。教育における一般条理としては，「子どもの最善の利益」などが，これに該当するものと考えられる。

［佐々木 幸寿］

Topics

実務における有権解釈の役割〜有権解釈と学理解釈〜

裁判所や所管行政機関など権限を有する機関による解釈を有権解釈と呼び，学者や弁護士などによる学術的な検討による解釈を学理解釈と呼ぶ。学校教育の領域においては，有権解釈と学理解釈が対立することも少なくない（例えば，教育公務員特例法第22条第2項における「教員の自主研修権」をめぐる解釈）。

学校は，一般的には，法解釈の権限を有する文部科学省や学校を所管する教育委員会の解釈に基づいて運営されることから，実務上，通知や行政実例（照会・回答）[7] に示された文部科学省や教育委員会による有権解釈に留意しておく必要がある。

考えてみよう！

- 教育と法，政治と教育の関係について，どのようなことが論点となっているのか。
- 憲法の意味，教育における法律主義，我が国の法体系，法解釈の原則など学校法を学ぶ前提として基本的知識が身に付いているか。

注

1）第1，2節は佐々木幸寿（2015）を加筆修正し収録。
2）本書 p.44 のコラムを参照のこと。
3）佐々木幸寿（2023）『学校法務—公教育を担う法務実務の視点と論理』ジダイ社
4）「批准」について，国際的には，国内効力を認めない法制の国と国内効力を認める法制の国がある。日本は後者に属する。日本においては，条約の規定が国内法を介さずに直接適用されるかどうかは，国内の裁判所が条約の性質や条文の内容，具体的事案の審査を通じて判断する事柄であると考えられている。
5）憲法上の地方公共団体と，地方自治法上の地方公共団体の違いに留意する必要がある。地方自治法上，特別地方公共団体とされている特別区が憲法上の地方公共団体としての地位を有するかどうかが学説上の争点となっている。
6）懲戒の範囲を狭く解する立場からは，反対解釈により幼児は懲戒の対象とならないと解釈されている。

7）通常，主として行政機関が法令の適用等に関し疑義がある場合に，関係所轄行政機関に対し疑問点等を示して意見を求め（照会），照会を受けた行政機関がこれに対して回答した事案を，行政運営上の参考に供するため公にしたものをいう。行政機関の法律解釈の統一やその運用の円滑化を図るために執行命令が定められ，さらに法令解釈や裁量権行使の基準として訓令，通達等が発せられるが，これらは下級行政機関を拘束するのに対し，行政実例は単なる意見の表明である（『世界大百科事典　第2版』）。

● 引用・参考文献

芦部信喜（2023）『憲法　第8版』（高橋和之補訂）岩波書店
アベナリウス，H. 著，結城忠監訳（2004）『ドイツの学校と教育法制』教育開発研究所
遠藤孝夫（2004）『管理から自律へ―戦後ドイツの学校改革』勁草書房
大江洋（2004）『関係的権利論―子どもの権利から権利の再構成へ』勁草書房
齋藤宙治（2022）『子どもと法―子どもと大人の境界線をめぐる法社会学』東京大学出版
佐々木幸寿（2009）『改正教育基本法―制定過程と政府解釈の論点』日本文教出版
佐々木幸寿（2015）「教育基本法における教育と文化の関係についての一考察」『教育経営研究』第21号，上越教育経営研究会，pp.55-63
二宮皓編著（2014）『新版　世界の学校』学事出版
丹羽徹編（2016）『子どもと法』法律文化社
文部科学省（2015）『諸外国の教育動向　2014年度版』明石書店
結城忠（2016）「Ⅰ　ワイマール憲法下における『学校の自治』の法的構造」『（白鵬大学法政策研究所叢書）第一次世界大戦と現代』丸善出版，pp.1-27
横田光平（2010）『子ども法の基本構造』信山社

第Ⅰ部

学校関係法を学ぶ

我が国の教育は，憲法第26条の「教育を受ける権利」を中核として，憲法の諸規定，教育基本法を基礎とした法制によって展開されている。第Ⅰ部では，第1章で，憲法の各条文，第2章で教育の根本理念を定めた教育基本法の条文を確認し，その基本的な考え方と学校法上の法的争点について確認することとする。

第3章と第4章では，学校教育に関する法律を，第5章では，教職員に関する法律を，第6章では，教育行政組織，制度に関する法律を確認していく。

第1章

日本国憲法
―教育の基本理念に関する法①―

● 本章のねらい ●

学校教育に関する憲法規定は，主に「第三章　国民の権利及び義務」「第十章　最高法規」に規定されている。憲法における学校教育に関する主要な条文に示されている基本理念について理解してほしい。

第1節　基本的人権の性質と国民の基本的人権の享有（第11条）

第十一条　国民は，すべての基本的人権の享有を妨げられない。この憲法が国民に保障する基本的人権は，侵すことのできない永久の権利として，現在及び将来の国民に与へられる。

1. 人権の普遍性・不可侵性・固有性，人権の根拠としての人間の尊厳

憲法の保障する基本的人権は，普遍性，不可侵性，固有性を有している。

「国民は，すべての基本的人権の享有を妨げられない。」は，基本的人権は，人種，性別，身分等にかかわりなく人間であることに基づいて当然に享有することができるものであることを意味しており，人権の「普遍性」を意味している。

「侵すことのできない永久の権利」とは，人権が公権力によって侵害されないことを意味しており，その場合の公権力とは，すべての国家権力を指し，

行政権，立法権，さらには憲法改正によっても侵害されないという「不可侵性」を意味している。なお，人権は，社会的なものであるから絶対無制限のものではなく，「公共の福祉」等によって調整される。

「現在及び将来の国民に与へられる。」とは，「信託されたもの」(第97条）と同様に，いわば，天賦人権の考えを反映したものであり，人権は，憲法や国家から付与されたものではなく，人間の尊厳に由来し，人間に固有する権利であることを規定したものである（人権の「固有性」)。憲法においては，人権の根拠として神や創造主を持ち出しているわけではなく，それを人間の固有の尊厳に求めている。つまり，自律的な個人として社会の中で生きるうえで必要とされる尊厳を確保するためには，一定の人権が保障される必要があるという基本的な原理である。

2. 人権の享有主体

憲法第11条の主語は「国民」となっている。人権は，元来，人間であることに由来しているものであることから，憲法の保障する人権が外国人等にも及ぶのかということが問題となる。判例は，「基本的人権の保障は，権利の性質上日本国民のみを対象としていると解されるものを除き，わが国に在住する外国人に対しても等しく及ぶものと解すべきもの」(最大判昭和53年10月4日）とされており，外国人も権利の性格上適用可能な人権規定は，基本的にすべて享有できると考えられる。

外国人に適用されない代表的権利としては，参政権，社会権があげられる。参政権については，自国の政治に参加する権利であり，当該国民にのみ認められる権利であると考えられるが，社会権については財政事情等の許す限り外国人に保障することについては権利の性格上問題はないと考えられる。

3. 人権の私人間効力

人権の不可侵性とは，公権力による不可侵を意味するが，今日では，企業，労組などの社会的勢力による人権侵害が大きな問題となっている。憲法の人権規定を私人間に直接適用すれば，私的自治の原則を損ない，市民生活に公権力の関与を促すことにもつながることから，人権規定をどのようにして私人間に適用するのかということが問題となる。判例・通説は，人権規定を直接私人間に適用させず，民法第90条（公序良俗）などの私法の一般条項を憲法の趣旨を取り込んで解釈することを通じて私人に対して間接的に適用させるべきとしている（最判昭和49年7月19日）。つまり，私人間における人権侵害は，憲法上の人権条項ではなく，公序良俗に違反するなど民法上の一般原則を適用する形で救済が図られることになる[1)]。

〈論点〉外国人の教育を受ける権利
　　　　私学の自主性と学生の教育を受ける権利

第2節　個人の尊重，生命・自由・幸福追求の権利の尊重（第13条）

> 第十三条　すべて国民は，個人として尊重される。生命，自由及び幸福追求に対する国民の権利については，公共の福祉に反しない限り，立法その他の国政の上で，最大の尊重を必要とする。

1. 個別的人権の基礎としての包括的人権規定

憲法には多くの個別の人権規定が置かれているが，憲法に具体的に列挙されていない人権についても，憲法第13条は包括的人権規定として保障していると解されている。同条には，いわば，自然権思想が表現されているとみることができる。

2. 第13条の法的性格

① 個人の尊厳

「すべて国民は，個人として尊重される。」とは，個人の平等・独立の人格的価値の尊重（個人の尊厳）を宣言したものであり，憲法の根源的，根本的な価値として，個人の尊厳を規定したものである。憲法は，個人の尊厳を保障するための人権保障の体系であることを意味している。

② 幸福追求権

幸福追求権について，従来は，第14条以下に規定された個別の人権を総称した抽象的権利であり具体的な権利を保障した規定ではないと考えられていた。しかし，現在では，個人の尊重の原理に基づく幸福追求権は，憲法に規定されていない新しい人権（例えば，プライバシーの権利）を含む一般的かつ包括的権利であるとされ，裁判による救済を求めることができる具体的権利であると考えられている。

ただし，その人権保障の範囲は無限定ではなく，通説では，憲法上の権利としての保護を受けるのは，個人の人格的生存に不可欠な利益や内容を備えたものとされている（人格的利益説）。

③ 自己決定権

個人の尊重の原理は，人間が，自己の人格的生存に関わる重要な私的事柄について，公権力の干渉から自由に自己決定できる権利を含むと解されている。具体的には，家族のあり方を決める権利（中絶の権利等），ライフスタイルを決める自由（頭髪，服装等），医療拒否（尊厳死等）の問題として，私生活における自己決定権との関係から制約のあり方が問題とされてきた。

〈論点〉校則制定への生徒の参加
　　　　校則による頭髪やバイクに乗る自由の規制

第3節　法の下の平等（第14条①）

> 第十四条　すべて国民は，法の下に平等であつて，人種，信条，性別，社会的身分又は門地により，政治的，経済的又は社会的関係において，差別されない。

1.「平等」の観念

「自由」と「平等」の理念は，個人の尊厳の原理に由来し，近代立憲国家を確立するうえで大きな原動力となってきた。人権には，他者との比較によって成立する人権と，他者との比較なしに成立する人権がある。平等権は，他の個人相互の比較を抜きにしては成立しない原理である。

「自由」と「平等」の関係は，相互依存的である。

第一には，平等原則は，自由の基盤となっているということである。人として対等であることを求める声が，自由を求める動きの根拠となっているからである。自由の根拠としての個人の尊厳（憲法第13条）の背後には，一人ひとりが対等，等価であるという観念があるからである。

第二には，両者は，緊張関係，相反関係にあるということである。自由は，格差（不平等）を生み，平等の実現は，自由の統制（不自由）によって確保されるという関係にある。各人を形式的に平等に扱うこと（機会の平等）は，結果として格差を生み，不自由を生み出す。こうした動きに対し，福祉国家という理念の下で，社会的弱者に対して保護を与えることで実質的な平等（結果の平等）を重視しようとする動きが生まれた。

憲法には，両者（形式的平等と実質的平等）の要請が反映されている。憲法第14条は，第一義的には形式的平等を保障したものであるが，それは，実質的平等の保障として展開することを想定したものといえる。

2.「法の下の平等」の意義

憲法第14条前段は，平等権を保障する個人的な人権規定であるとともに，個々の人権規定を裏付ける平等原則という人権の一般原理を定めた規定でもある。後段は人種，信条，性別など具体的に事由をあげて差別禁止を規定している。この事由の位置づけについて，判例（最大判昭和48年4月4日）は，他にも存在するさまざまな事由（例えば，学歴，年齢など）のうちから例示として列挙したに過ぎないとしているが，特別な意味が与えられているものとして厳格な取扱いが求められているとする説が有力である[2)]。

「法の下の平等」における「法の下」とは，法を執行し，適用するうえでの平等を意味するという説（行政権，司法権のみを対象）もあるが，通説は，法の内容も平等原則に従って制定されなければならないことを意味している（立法権も対象）と解している。つまり，「法」は，憲法を含む広い意味で用いられており，成文法（法律，条例など），不文法（慣習法，条理法など）を含み，行政・司法・立法のすべての国家作用を対象として，法の内容，適用等が平等であることを求めているといえる[3)]。

「法の下の平等」における「平等」とは，人種，信条，性別，社会的身分など社会には人々の間に事実上の差異が存在することを前提として，同一の条件や事情の下では，均等に取り扱うことが求められることを意味している。つまり，「平等」とは，例えば，性別等を無視した絶対的平等を求めるものではなく，法的な取扱いが社会通念からみて平等原則に従っていることを意味しており（相対的平等），合理的である限り法的に区別することは認められるということになる。

〈論点〉教育の機会均等と障害者の教育を受ける権利

第４節　公務員の選定罷免権・全体の奉仕者（第 15 条①，②）

> 第十五条　公務員を選定し，及びこれを罷免することは，国民固有の権利である。
> 2　すべて公務員は，全体の奉仕者であつて，一部の奉仕者ではない。

1. 公務員にみる特別な法律関係

従来，公務員は，公権力と特殊な権力関係にあることを理由として，一般国民とは異なる特別な人権の制限が許されると考えられてきた。これを支える理論が「特別権力関係論」である。公権力は，包括的支配権を有し，法律の根拠なく私人を包括的に支配でき（法治主義の排除），一般国民として有する人権を制限し（人権の制限），また，原則として司法審査に服さないとされてきた（司法審査の排除）。今日，法の支配の原理，基本的人権の尊重，国会が唯一の立法機関であることの観点から，一般的に特別権力関係論は否定されている。どのような人権が，どのような根拠に基づいて，どのように制約されるのかを具体的に明らかにすることが求められている[4)]。

2. 公務員の人権の制限

① 公務員の政治活動の自由の制限

公務員は，国家公務員法，地方公務員法等によって，政治活動の自由が制限されている。判例（猿払事件：最大判昭和49年11月6日）は，その合憲性について，行政の中立的運営と国民の信頼の確保という規定の目的，そしてその目的と政治的行為の制限の禁止の合理的関連性，禁止されることによって得られる利益と失われる利益の均衡が確保されていることから説明している。従来，猿払事件判決以来，最高裁は国家公務員の政治活動について職種等を問わない一律の制限を認めているものと考えられてきたが，近年の最高裁判決では管理職にない者が無罪とされるなど，判例が必ずしも「一律禁止」の立場をとっていないことが明らかになっている[5)]。

② 労働基本権の制限

憲法第28条は「勤労者の団結する権利及び団体交渉その他の団体行動をする権利は，これを保障する。」と規定し，勤労者に対し，団結権，団体交渉権，争議権（団体行動権）を保障しているが，実定法上，公務員の労働基本権は，国民全体の共同利益の見地から制限されている。例えば，非現業の国家公務員や地方公務員は，団結権が認められているが，団体交渉権は制限されており，争議権が禁止されている。判例（全農林警職法事件：最大判昭和48年4月25日）は，労働基本権の保障は公務員にも及ぶことを確認しながらも，憲法第15条の示すとおり使用者は国民全体でありその労務提供義務は国民全体に対して負うものであり，地位の特殊性と職務の公共性，勤務条件が法律・予算によって定められること（財政民主主義），市場の抑制機能がないこと，人事院勧告等の代替措置があること等を理由として，争議行為の一律禁止を合憲としている。有力な学説は，公務員の職務上の地位や職務内容に即して必要最小限度の制限にとどめるべきであるとしている（芦部 2023：301-304）。

〈論点〉公務員の政治的行為の制限，労働基本権の制限

第５節　思想及び良心の自由（第19条）

第十九条　思想及び良心の自由は，これを侵してはならない。

1. 内面的精神活動の自由

精神活動の自由は，人権の核であると同時に，民主政治の基礎をなす重要な人権である。精神活動の自由は，内面的精神活動の自由と外面的精神活動の自由に大別される。内面的精神の自由（思想・良心の自由，信教の自由のうちの信仰の自由，学問の自由のうちの学問研究の自由）は，外面的精神活動（表現の自由，信教の自由のうちの宗教的行為の自由，学問の自由のうちの研究発表の自由）の基礎となるものである。

2. 思想・良心の自由の意義

「思想・良心の自由」は，内面的精神活動の自由のなかでも，根源的なものである。「思想」と「良心」の関係について，判例は区別しておらず，人の内心におけるものの考え方見方についての一般的な自由を意味している[6)]。「侵してはならない」の意味は，その内容がいかなるものであっても内心の領域にとどまる限り絶対的に自由であることを意味し，具体的には，第一には，国家は特定の見方や考え方を強制したり，その内容によって不利益を課したり，処罰しないということ（思想の強制，思想に基づく不利益取扱いの禁止），第二には，国民がいかなる見方や考え方を抱いているのかを表出することを国家が強制することは許されないということ（沈黙の自由）を意味している（芦部 2023：161-162）。

3. 外部的行為との関係

思想・良心の自由が，絶対的に保障されるものであっても，それが外部的に表明される場合に，不利益な取扱いがなされる場合がある。

通説・判例は，外部的行為が，内部的な思想等の表明である限りはそれを理由にして処罰，規制することはできないと解している。つまり，制限が許されるのは，その外部的行為が，他者の権利・利益を害するなどの現実的具体的な問題を理由とするものである必要があるといえる。

〈論点〉教科書検定と検閲の禁止
　　　　国旗国歌指導と職務命令
　　　　内申書の不利益記載

第６節　信教の自由（第20条①，②，③）

> 第二十条　信教の自由は，何人に対してもこれを保障する。いかなる宗教団体も，国から特権を受け，又は政治上の権力を行使してはならない。
> 2　何人も，宗教上の行為，祝典，儀式又は行事に参加することを強制されない。
> 3　国及びその機関は，宗教教育その他いかなる宗教的活動もしてはならない。

1．信教の自由

信教の自由は，歴史的に，圧政への抵抗の原動力として，近代の自由主義を生み出す大きな推進力となってきた。憲法第20条第１項は，前段で，個人の信仰に関する自由を広範に保障するとともに，第１項後段，第３項では，それを制度的に保障するために，国家と宗教の関係について政教分離の原則を規定している。

Topics

「宗教」の意味の違い

第１項前段，第２項における「宗教」とは，「超自然的，超人間的本質の存在を確信し，畏敬崇拝する心情と行為」（津地鎮祭判決第二審判決）と広義で使用されているが，第３項における「宗教」とは，「何らかの固有の教義体系を備えた組織的背景をもつもの」と狭義に解される（芦部 2023：167）。

2. 信教の自由の内容

憲法の保障する信教の自由には，「信仰の自由」「宗教的行為の自由」「宗教的結社の自由」が含まれる。

「信仰の自由」とは，宗教を信仰すること，しないこと，改宗すること等について任意に決定する自由を意味しており，これらは内心の自由であるから絶対的に保障されなければならない。そのことによって，信仰の外部への表現である信仰告白の自由は保障され，信仰によって利益・不利益を受けないことが保障され，また，親が子どもに自己の信ずる宗教の教育を施すことも保障される。

「宗教的行為の自由」とは，宗教上の儀式への出席，布教の自由を意味し，また，それらへの参加を強制されない自由を含んでいる（第20条第2項）。「宗教的結社の自由」とは，複数の人が宗教的行為を行うこと等を目的に団体や組織を結成する自由を意味している。「宗教的行為の自由」と「宗教的結社の自由」は，「信仰の自由」と異なり，その性質上，公共の安全，秩序，道徳，他者の基本的権利を保護するための必要最小限度の制約に服することとなる。

3. 政教分離の原則（国家と宗教の分離）

政教分離とは，国家の非宗教性，宗教的中立性を意味し，その目的は，国家と宗教の分離を制度として保障することを通して，間接的に信教の自由を保障することにあるとされている。

政教分離における主な争点は，①政教分離は，国家と宗教の厳格な分離を意味するのか，それとも緩やかな分離を意味するものであるのか，②政教分離違反を判定する基準とはいかなるものかということにある。判例は，①について，我が国の憲法が求める政教分離は，国家と宗教の一切の関わりを許さないというものでなく，ある程度の関わりがあることを前提に一定の限度を超えたものが禁止されていると解しており，②については，その限度の基準として目的効果基準を採用している。目的効果基準とは，憲法第20条第3項が禁止している宗教的活動とは「当該行為の目的が宗教的意義を持ち，その効果が宗教に対する援助，助長，促進又圧迫，干渉等になるような行為」にあたるという基準である（津地鎮祭事件：最大判昭和52年7月13日）[7)]。この基準によれば，国公立学校においても，親睦のために行われるクリスマス会や歴史学習として行われる寺社の訪問等は，政教分離に反しないと解される。

〈論点〉公立学校での宗教的情操の教育
公立学校の道場での神棚の設置と拝礼

第7節　学問の自由（第23条）

> 第二十三条　学問の自由は，これを保障する。

1. 学問の自由の意義

憲法23条の学問の自由は，明治憲法下における滝川事件（1933年）など，学問研究への国家権力による侵害の歴史を背景として憲法に盛り込まれたものである。学問の自由の保障は，国家権力が学問研究などの研究活動やその成果の発表を抑圧したり，禁止したりすることは許されないことを明示し，そして，その裏付けとして学問研究に従事する者に対し職務上の自律性と身分保障を与える（大学の自治）という意義を有している。学問の自由は，大学等の高等学術研究教育機関の教授等に認められるだけでなく，一般的な市民的自由として一人ひとりの個人に対しても人権として認められているものである。

2. 学問の自由の内容

学問の自由の内容としては，「学問研究の自由」「研究発表の自由」「教授の自由」の三つがあげられる。

① 学問研究の自由

学問研究の自由とは，真理の発見・探求を目的として研究する自由を意味し，学問の自由の核心をなしている。内面的精神活動の自由であり，憲法第19条の思想の自由の一部を構成する。

② 研究発表の自由

研究発表の自由とは，真理の発見・探求によって得た結果や成果を発表する自由である。学問研究にとっては，研究成果の発表の自由の保障がなければ無意味となることから，学問の自由は，研究発表の自由も含むものと考えられている。外面的精神活動の自由であり，憲法第23条の表現の自由によっても保障されているとみることができる。

③ 教授の自由

従来の通説・判例（東大ポポロ事件）では，教授の自由は，大学の教授等に認められるものとされてきたが，現在の通説・判例では，初等中等教育の教員にも，「一定の範囲における教授の自由が保障される」（最高裁旭川学力テスト事件判決：最大判昭和51年5月21日）と考えられている。ただし，初等中等教育においては，教育の機会均等と全国的な教育水準を確保する必要等があることから，「完全な教授の自由を認めることは，とうてい許されない」（最高裁同判決）とされていることにも同時に留意する必要がある。

3. 大学の自治

「大学の自治」は憲法上明文で規定されていないが，学問研究の自主性，自律性を保障するためには，大学内部の運営等については大学の自主的決定に委ねることが必要であることから，通説・判例は，憲法第23条を根拠として大学の自治を認めている。大学の自治は，学問の自由を保障するための客観的な制度的保障であると考えられている。制度的保障とは，人権そのものではない一定の制度に対し，立法によってもその本質を侵害することを許さない特別の保護を与え，その制度自体を特別に保障していることを意味している。

大学の自治の内容としては，学長・教授その他の研究者の人事の自治，施設・学生の管理の自治，研究内容・方法の自主決定，予算管理の自治などがあげられる。

〈論点〉教科書検定と学問の自由
　　　初等中等教育における教師の教育の自由

第8節　表現の自由（第21条①，②）

第二十一条　集会，結社及び言論，出版その他一切の表現の自由は，これを保障する。
2　検閲は，これをしてはならない。通信の秘密は，これを侵してはならない。

1. 表現の自由の意味，価値（自己実現の価値，自己統治の価値）

表現の自由とは，人が内心を外部に向かって表出する自由をいう。人が内心で抱く考え方や感じ方は，外部に表現されることによって個人的，社会的意味をもつことになることから，表現の自由は，非常に重要な権利であるといえる。

この表現の自由は二つの価値によって支えられている。つまり，①個人が表現活動を通じて自己実現を図るという個人的価値（自己実現の価値）と，②表現活動によって民主政治における政治参加を果たすという社会的価値（自己統治の価値）である。この二つの価値は，表現の自由の問題を考える際の根本的な視点となっている。

2. 表現の自由と「知る権利」

表現の自由は，本来，思想や情報を表出する自由であり，その点で送り手の自由であるといえる。しかし，表出する，送る，という自由は，受け手の存在を前提として，機能する自由であるといえる。

マス・メディアの登場を受けて，受け手の意思と無関係に情報が一方的に流される状況が生まれたことを背景にして，情報の送り手と受け手の権利を区分して考える必要性が認識されるに至り，表現の自由を一般国民の側から，情報の受け手の側の自由の視点から「知る権利」として再構成することが必要となったのである。

「知る権利」は，国家から自由であることを求めるという点で自由権であるが，個人がさまざまな社会情報を入手することによって有効な政治参加が行えるという点で参政権的性格も有している。さらに，政府に対して行政情報の公開を積極的に求める動きが活発になっており，請求権的性格（社会権的性格）が明確になってきている。憲法第21条は抽象的な請求権を認めているものと解されており，情報公開法や情報公開条例の立法制定によって具体的権利として救済が認められることとなる。

Topics

アクセス権　アクセス権とは，接近する権利（right to access）を意味するが，多様な意味で用いられている。政府の管理する情報へのアクセスという意味で捉えれば「知る権利」とほぼ同じ意味として理解される。

アクセス権が，とくに意味をもつのは，マス・メディアに対するアクセス権である。つまり，情報の送り手であるマス・メディアに対して，自己の意見の発表の場の提供を求める権利（例えば，意見広告，反論記事の掲載）である。しかし，私人（マス・メディア）に対する請求権は，憲法第21条それ自体から直接導き出すことは困難であり，現実の訴訟においては，民法上の不法行為に基づく請求として提起されることが多い。

3. 表現の自由の限界

表現の自由を無制限に認めると，他人の人権を侵害する場合もあり，その制限のあり方を当然に考えなければならない。表現の自由を規制する立法の合憲性の判断の基準としては，従来から「二重の基準」が提起されてきた[8)]。これは，表現の自由など精神的自由を制限する立法の合憲性は，経済的自由を制限する立法よりも，とくに厳しい基準によって審査されなければならないという理論である。その主な理由としては，民主政治を支える精神的自由が不当に制限された場合には民主政治のプロセス自体が機能しなくなり回復が難しいこと（経済的自由の不当な制限は，民主政治のプロセスが機能していれば是正可能である），裁判所には必ずしも経済政策，社会政策の是非について判断する能力が備わっていないこと等があげられている。

Topics

インターネット上の表現の自由　マス・メディアが大量，一方的な情報の伝達を特徴とするのに対し，インターネットは，双方向的な情報流通を可能とし，多くの人々に発信者となることを可能とした。しかし，その結果として，他人を中傷誹謗するなどプライバシー侵害，名誉毀損に当たる情報も氾濫する結果となっている。

表現の自由は，インターネットにおいても尊重されなければならないが，一旦拡散した個人情報は国家によってもコントロールが難しいなど，マス・メディア規制と異なり，インターネットにはその特性を踏まえた規制のあり方が模索されている[9)]。

インターネットにおける「学校裏サイト」の問題やSNSを通じたいじめなどが大きな社会問題となっている。文部科学省「『ネット上のいじめ』に関する対応マニュアル・事例集（学校・教員向け）（平成20年11月）」，「いじめ対策に係る事例集」（平成30年9月）など，関係機関等が，関係法令の解説や手引書を作成しており，学校側は，これらの資料を参照するなどして，法的な対応のあり方についても理解を深めることが必要である。

〈論点〉教科書検定と検閲禁止／情報公開・個人情報保護
　　　　インターネットいじめ
　　　　青少年保護条例と有害図書

第9節　教育を受ける権利，義務教育（第26条①，②）

第二十六条　すべて国民は，法律の定めるところにより，その能力に応じて，ひとしく教育を受ける権利を有する。
2　すべて国民は，法律の定めるところにより，その保護する子女に普通教育を受けさせる義務を負ふ。義務教育は，これを無償とする。

1. 教育を受ける権利の複合的性格（自由権的側面，社会権的側面）

憲法第26条の規定する教育を受ける権利は，「自由権的側面」と「社会権的側面」を併せもつ複合的性格の人権であるといわれる。

自由権的側面とは，教育の私事的性格に由来し，教育の内容，方法において国家の介入，統制から自由であることを求めるという側面と，国家に対して教育を受けるための制度の維持や条件整備，そして適切な教育を施すことを要求する権利としての側面を併せもっているということである。

Topics

憲法第26条の法的性格についての学説

(1) プログラム規定説
　憲法第26条は，国家に対して政治的・道徳的義務を課したに過ぎないとする説
(2) 抽象的権利説（判例・通説）
　法的権利性は認められるものの，憲法第26条を直接の根拠として具体的な法的権利が発生するのではなく，立法等の措置を通じて具体的な権利が生ずるとする説
(3) 具体的権利説
　教育を受ける権利は，具体的な法的権利として保障されているとする説。しかし，この説も，26条から直接の具体的請求権を認めるものではなく，具体的な立法措置がない場合には，立法不作為の違憲確認訴訟を提起し得るとするものである。

2. 教育を受ける権利における論点

① 学習権

憲法第26条の規定する教育を受ける権利においては，「教育を受ける」という受動的な表現となっているが，この規定の背後には，人権としての学習権の存在が前提とされている。判例は，「国民各自が，一個人として，また，一市民として，成長し，発達し，自己の人格を完成，実現するために必要な学習をする固有の権利を有する」（最大判昭和51年5月21日）としている。

学習権とは，自ら学習によって成長発達し自己実現することを求める権利である。これは，子どもにとっては，「その学習要求を充足するための教育を自己に施すことを大人一般に要求する権利」（最高裁同判決）として捉えることができる。

② 教育の機会均等

憲法第26条第1項は，「その能力に応じて，ひとしく」と規定している。この規定は，憲法第14条の平等原則を基にして，教育における差別的取扱いを禁じたものと解されている。通説は，教育を受けるに適する能力を有しているかどうかという意味であり，教育を受ける能力と無関係な差別を禁止したものと解している（宮沢 1974：436）。しかし，「すべての子どもが能力発達のしかたに応じてなるべく能力発達ができるような（能力発達上の必要に応じた）教育を保障される」（兼子 1978：231）という解釈も有力であり，特別支援教育，インクルーシブ教育の考え方の普及により後者の解釈が改めて注目されている。

③ 義務教育の無償

憲法第26条第2項前段の規定する「普通教育を受けさせる義務」は，子どもの教育を受ける権利を，保護者に対して義務を課すことによって実質化させようとするものである。義務教育の規定は，この義務が保護者にとっての義務であると同時に，国家に対しても条件整備や適当な教育を施す義務を課すものであると考えられている。

後段の「無償」の捉え方については論争がある。判例・通説とも，授業料の不徴収を意味するものと解している。これらの解釈を前提とすれば，現在の教科書の無償給与は，憲法の「無償」を直接の根拠とするものではなく，法律（義務教育諸学校の教科用図書の無償措置に関する法律）を根拠として措置されているということとなる。

Topics

憲法上の義務教育の無償についての学説

(1) 無償範囲法定説：無償の範囲は，法律の定めるところに委ねられているとする説
(2) 授業料無償説（判例・通説）：無償とは教育の対価である授業料の無償を意味するとする説
(3) 就学必需費無償説・就学費無償説：義務教育の就学するために必要な授業料，教科書代，学用品等の一切の費用の無償を意味するとする説

3. 教育の自由

「教育の自由」という言葉は，親の教育の自由，教師の教育の自由など多様な主体について使用されており，また，権利，権限，権能など多様な意味で使用されている。

① 親の教育の自由（親の教育権）

親の教育の自由（親の教育権）は，親と子の関係に由来する自然権であるとされている。憲法上の根拠としては，13条説，23条説，26条説がある。ただし，親の教育の自由は，親本人の自由というよりは，子どもの成長・発達を保障する親の責務としての性格を有するとされている。

② 教師の教育の自由（教師の教育権）

教師の教育の自由について，旭川学力テスト事件最高裁判例は，学問の自由（23条），教育の本質的要請からの自由を根拠として認められるとしている。教師の教育権・教育の自由については，(a) 国の統制的関与を排除するという意味での「自由」（権利），(b) 子どもの発達を保障するという意味での「専門的自律性」，(c) 国家の統治作用を担う者として子どもに教育を施す「権限」，等の視点からその意義が説明されてきた[10)]。

Topics

子どもの最善の利益

子どもを権利主体として位置づけ，その権利保障の中核となる法原理として「子どもの最善の利益」(the best interest of the child) の概念があげられる。「子どもの最善の利益」の概念は，子どもの権利宣言第2条（1959年），子どもの権利に関する条約第3条第1項（1989年）等に規定されている。2022年に成立したこども基本法では基本理念（第3条）として規定するなど，国内法においても子どもの人権保障のための中核概念として位置づけられている。国連子どもの権利委員会は，「子どもの最善の利益」を，実体的権利として，基本的な法解釈原理として，手続規則としての法的機能を有することを指摘しているが，その抽象性ゆえに裁判等において直接的に適用しにくい実態があり，むしろ立法や法解釈のための指針や規準として機能している。今日，「子どもの最善の利益」は，立法，政策のみならず，教育実践においても行動指針，教育理念としての役割を担い，職業倫理としての位置づけを獲得しつつある。

〈論点〉国民の学習権，教育権の所在，義務教育の無償

第10節　公の財産の用途制限（第89条）

> 第八十九条　公金その他の公の財産は，宗教上の組織若しくは団体の使用，便益若しくは維持のため，又は公の支配に属しない慈善，教育若しくは博愛の事業に対し，これを支出し，又はその利用に供してはならない。

1. 公の財産の用途制限の趣旨

前段は，宗教上の組織・団体に対する財政的援助を禁止し，政教分離を財政の視点から規定したものであり，後段は，公の支配に属しない慈善，教育，博愛の事業への財政的援助を禁止したものである。

その立法趣旨については，公費の濫用を防止するためとする説，私的事業の自主性を確保するためとする説等がある。

2. 慈善・教育・博愛事業に対する支出・利用

私立学校への助成や社会教育団体への支援等の是非が問題となる。ここでは「公の支配」の解釈が重要な争点となっている。人事・予算・事業執行などの自主性を損なうほどの強い監督という意味で厳格に解する説と，事業が法的な規律等を受けているというほどの緩やかに解する説がある。私立学校

Topics

自由民主党「憲法改正に関する論点とりまとめ」（2017年12月）

自由民主党は，2012年4月に「日本国憲法改正草案」を発表した。草案は，前文で日本の歴史・文化，家族や社会，国家の関係について規定している。

その後，自由民主党は，2017年12月に「憲法改正に関する論点取りまとめ」を公表し，2018年3月には党大会で4項目条文イメージ案を発表している。自衛隊の明記，緊急事態対応，合区解消・地方公共団体，教育充実の4項目を掲げ憲法改正の動きを，本格化させるとしている。

振興助成法は，後者の説によっている。

〈論点〉憲法第 89 条と私学助成，社会教育への支援

［佐々木 幸寿］

考えてみよう！

- 教育の基本理念に関わる憲法の諸規定は，学校教育に関する法的争点とどのようにかかわっているのか。
- 憲法第 26 条の教育を受ける権利は，どのような性格の権利であるのか。また，それは，国民の学習権とどのような関係があるのか。

注

1）ただし，憲法第 15 条第 4 項，18 条，28 条などは，これらの規定の趣旨や目的等から，直接適用される人権であると考えられる。

2）後段に規定された事由は，特別の意味を有しており，個人の尊厳にいちじるしく違反するためとくに厳格な基準で審査される必要があるとする説（特別意味説）がある（芦部 1987：143）。

3）法内容平等説・立法者拘束説（芦部 2000：16）

4）判例は，大学は，単位認定について法令に格別の規定がない場合でも，学則等によりこれを規定し，実施することのできる自律的，包括的な権能を有し，一般市民社会とは異なる特殊な部分社会を形成しているとして，一般市民法秩序と直接の関係を有しない内部的な問題は司法審査の対象から除かれるべきものとしている（国立大学単位不認定事件：最判昭和 52 年 3 月 15 日）。部分社会論の影響がみられる。

5）総選挙において政党機関誌等を住居等に配付した社会保険事務所の職員が，国家公務員法違反に問われた事案において，最高裁は，政治的中立性を損なうおそれが実質的に認められるかどうかについての判断基準として，諸般の事情を総合して判断するとしながらも，①管理的地位になく，②その職務の内容や権限に裁量の余地のない公務員によって，③職務と全く無関係に，④公務員によって組織される団体の活動としての性格もなく行われたものであり，⑤公務員による行為と認識し得る態様で行われたものでもない，ということを理由として，政治的中立性を損なうおそれの実質性を否定し，裁量の余地のない業務

を担当し，管理職でもない被告を無罪とした（最判平成24年12月7日）。

6）広義説は，内心の自由一般を保障するものとしているが，狭義説は，世界観，人生観，思想体系などのように人格形成に関わる内心の自由を保護するものであり，単なる事実の認識など人格形成に関係のない内心の活動は，同条の保護するものではないとしている（伊藤 1995：257）。

7）空知太（そらちぶと）神社事件（最大判平成22年1月20日）では，目的効果基準に言及せず，当該宗教的施設の性格，一般人の評価等諸般の事情を考慮し，社会通念に照らして総合的判断をすべきとしており，事案によって基準を使い分けている可能性が指摘されている（芦部 2023：176-177）。

8）表現の自由の規制立法は，①検閲・事前抑制，②漠然不明確または過度に広範な規制，③表現内容規制，④表現内容中立規制に大別される。また，「二重の基準」にいうより厳格な基準としては，事前抑制の理論，明確性の理論，「明白かつ現在の危険」の基準，「より制限的でない他の選びうる手段」の基準等があげられる（芦部 2023：211-232）

9）プロバイダ責任制限法（特定電気通信役務提供者の損害賠償責任の制限及び発信者情報の開示に関する法律）は，インターネットのウェブページや電子掲示板などの不特定多数の者に受信されるような情報の流通によって名誉毀損などの権利の侵害があった場合には，プロバイダ等の協力がなければ，その被害の回復に実効性を確保することは難しいことから，プロバイダ等の管理者が，一定の条件の下に，不作為を理由に被害者に対する賠償責任を免れることや権利侵害の申し立てを受けて当該掲載情報の削除を行ったときに情報発信者からの賠償責任を免れること（同法第3条），被害者がプロバイダ等に発信者情報の開示請求する権利があること（同法第5条），被害者から請求があった場合のプロバイダ等の義務，発信者情報の提供を受けた者の義務等（同法第7条）などについて規定している。

10）おおまかに職務権限説，人権と職務権限の複合説，人権と職務権限の領域区分説に区分される。職務権限説は，一般に，教師の教育権とは，国家の教育制度の下で認められる「憲法以下的法規範が創設する実定法上の権限」として位置づけられるものであるとしている（教師が統治機関の違法な行為について憲法上の主張を行う場合には，思想・信条の自由，表現の自由，学問の自由など教師個人の市民的自由として主張し得る場合があるとしている）（奥平 1981：417-418）。人権と職務権限の複合説は，「教師の教育権」を人権と職務権限の複合的性格をもつものとして構成し，教師の教育権の人権性を肯定する一方で，教師個人の人権にとどまらない「自治的権限としての独立な『教育権限』」としての性格を有するとしている（兼子 1978：273-274）。人権と職務権限の領域区分説は，教師が生徒と向き合う場面では，もっぱら職務権限として捉え，その一方で教師が国家権力と向き合う場面では職務権限としての側面と人権としての側面を併せもつとしている（内野 1994：120-123）。

● 引用・参考文献

芦部信喜（1987）『憲法判例を読む』岩波書店
芦部信喜（2000）『憲法学Ⅲ〔増補版〕』有斐閣
芦部信喜（2023）『憲法　第 8 版』（高橋和之補訂）岩波書店
伊藤正己（1995）『憲法　第 3 版』弘文堂
内野正幸（1994）『教育の権利と自由』有斐閣
奥平康弘（1981）「教育を受ける権利」芦部信喜編『憲法Ⅲ　人権（2）』有斐閣
兼子仁（1978）『教育法（新版）』有斐閣
宮沢俊義（1974）『憲法Ⅱ（新版）』有斐閣

COLUMN

旭川学力テスト事件

文部省は1956年から1965年に全国中学校一斉学力調査（学力テスト）を実施した。学力調査については，学力テストを通じた国の教育支配であるとして教職員組合を中心に反対運動が全国的な広まりをみせていた。1961年，旭川市立永山中学校においてこの学力テストを阻止しようとした教師が公務執行妨害罪などに問われた。裁判においては，文部省による学力テストの実施が旧教育基本法第10条（不当な支配）に違反しないかどうかが争点として争われた。一審，二審ともに，建造物侵入罪については有罪，公務執行妨害罪については学力テストは違法であるとして無罪とした。しかし，最高裁は，学力テストを適法として，その実施を妨害した教師に公務執行妨害罪の成立を認めている（執行猶予付き有罪判決）。

最高裁判決（最大判昭和51年5月21日）は，異例の長文の判決文によって，憲法上の争点にについてその解釈を明らかにし，後の裁判や学説にも非常に大きな影響を与えた。最高裁は，子どもの教育を決定する権限について，国は「必要かつ相当と認められる範囲において」教育内容に関与できるとした。また，国民の学習をする固有の権利（学習権）の存在をみとめるとともに，教師の教育の自由について一定の範囲において存在するが，合理的範囲内で制限を受けるとした。

同判決は，これら以外にも多くの学校法上の論点に言及している。学校法を学ぼうとする人には，旭川学力テスト事件の最高裁判決文を是非一読し，最高裁の憲法解釈を確認してほしい。

［佐々木 幸寿］

第2章

教育基本法
―教育の基本理念に関する法②―

本章のねらい

教育基本法は,「教育の憲法」「教育の根本法」と呼ばれ,すべての教育関係法令,教育政策の指針・基準としての役割を果たしている。本章では,教育基本法の定める教育の基本理念や基礎となる法的枠組みを学ぶ。

第1節　教育基本法改正

教育基本法は1947年に制定されて以来,長きにわたって教育の機会均等の実現や教育水準の向上等に貢献してきた。しかしこの間に,社会や経済のグローバル化,技術革新に基づく情報化が進展するなど社会が大きく変化し国内においても少子高齢化が急激に進み,いじめや不登校などの解決困難な教育課題も深刻化した。このような背景のもと教育基本法を改正することの必要性がしばしば提起されてきた。

2006年12月に教育基本法は制定以来はじめて改正された。教育基本法は,旧法の基本的な理念は継承しつつ,公共の精神,生涯学習等の新しい理念が掲げられるなど,大幅な条文の修正,追加が行われ,全部改正によって成立した。国会審議において示された立法者意思によれば,教育基本法の主な変更点は次のとおりである。

①教育の目標として，「公共の精神」や「伝統と文化の尊重」など今日重要と考えられる事柄を新たに規定した。また，教育に関する基本的な理念として生涯学習社会の実現と教育の機会均等を規定した。（第1章関係：1～4条）

②教育の実施に関する基本について定めることとし，旧法にも規定されている義務教育，学校教育および社会教育等に加え，大学，私立学校，家庭教育，幼児期の教育等について新たに規定した。（第2章関係：5～15条）

③教育行政における国と地方公共団体の役割分担，教育振興基本計画の策定等について規定した。（第3章関係：16～17条）

④この法律に規定する諸条項を実施するため，必要な法令が制定されなければならない旨を規定した。（第4章関係：18条）

第2節　教育基本法の内容

教育基本法改正時の国会審議で示された立法者意思にそって，逐条的に教育基本法を解説していく（佐々木（2009）参照）。

1. 前文

【前文】

我々日本国民は，たゆまぬ努力によって築いてきた民主的で文化的な国家を更に発展させるとともに，世界の平和と人類の福祉の向上に貢献することを願うものである。

我々は，この理想を実現するため，個人の尊厳を重んじ，真理と正義を希求し，公共の精神を尊び，豊かな人間性と創造性を備えた人間の育成を期するとともに，伝統を継承し，新しい文化の創造を目指す教育を推進する。

ここに，我々は，日本国憲法の精神にのっとり，我が国の未来を切り拓く教育の基本を確立し，その振興を図るため，この法律を制定する。

① **前文の構成**

前文は三つの部分で構成され，第１文で日本国民が願う理想を，第２文では，そのための教育のあるべき姿を，そして，第３文ではさらにその根本理念を定めた教育基本法制定の趣旨を述べている。

第１文：日本国民が願う理想

第２文：理想を実現するための教育のあるべき姿

第３文：教育基本法制定の趣旨

② **前文の解釈**

第１文は，日本国民が願う二つの理想（憲法の理想とする民主的で文化的な国家の建設，世界の平和と人類の福祉への貢献）を掲げている。

第２文においては，その理想を実現するために教育を推進するとしている。それは，①すべての個人がかけがえのない存在であることを重んじる教育，②社会とのかかわりにおいて重視されるべき「真理と正義」，「公共の精神」，「豊かな人間性と創造性」を備えた人間を育成する教育，③我が国が培ってきた伝統の良さを踏まえながら新しい文化の創造を目指す教育である。

第３文においては，「日本国憲法の精神にのっとり」と規定し，教育基本法が日本国憲法の基本原則を重視していることを示すとともに，我が国の未来を左右する教育の基本を確立することに法制定の趣旨があることを宣言している。

■教育実践への視点　～前文の法的効果～

前文の規定は，一般の条項と異なり，国民や国に対して法的拘束力をもつものではないが，前文も法令の一部を構成しており，法令の解釈や立法の基準や指針として機能するものとされている。

Topics

教育基本法の四つの法的な役割

憲法と教育基本法の内容や機能上の関係について述べる。戦後まもなく教育制度改革のためGHQの要請で教育刷新委員会が設けられた。この教育刷新委員会第一特別委員会の羽溪了諦（はたにりょうたい）主査は第22回総会（1946年

11月22日）において，教育基本法の役割を次の四つに整理している。

①憲法に規定すべき原理や理念を提示する役割（教育の目的，方針など）
②憲法の規定を教育において具体化する役割（教育の機会均等，義務教育，男女共学など）
③教育関係法令の端緒となる原則等を提示する役割（学校教育，社会教育，教育行政など）
④教育法体系を形成する役割（第11条の補則）

①と②は，憲法と教育基本法との関係に関する役割であり，③と④は教育基本法と個別法の関係に関する役割である。前者は，教育基本法の準憲法的性格，後者は，教育根本法としての性格を示している。両者は相互補完的な関係にあるが，旧法では前者が後者の根源的な根拠となっており，憲法と教育基本法の密接な関係を理由として教育根本法としての性格が根拠づけられていた。2006年の改正後の教育基本法においては憲法に直接関係のない規定が増えるなど憲法と個別法の橋渡しとしての役割が後退し，その一方で教育根本法としての後者の役割が強化された。

2. 第一章　教育の目的及び理念

(1) 第1条（教育の目的）

第一条　教育は，人格の完成を目指し，平和で民主的な国家及び社会の形成者として必要な資質を備えた心身ともに健康な国民の育成を期して行われなければならない。

① 第1条

第1条は，普遍的な視点から，包括的に，教育の目的が「人格の完成」と「国民の育成」にあることを宣言している。

② 第1条の意味

「人格の完成」とは，個人の価値と尊厳との認識に基づき，人間の備えるあらゆる能力を，できる限り，しかも調和的に発展させることである。「平和で民主的な」とは，民主主義と平和主義の理念が，憲法と教育をつなぐ重要な理念であることを示している。そして，「国家及び社会の形成者として必要な資質」を備えることが目的として掲げられており，この場合の「必要な資質」とは，第2条で掲げられている個々の資質項目を示している。「心身ともに健康な国民」とは第1条が求める資質を備えた国家及び社会の形成者をその最も具体的な姿で表現したもので，知・徳・体の調和ある発達を図った結果が「心身ともに健康な国民」ということになる。

■教育実践への視点　～「人格の完成」の意味～

第1条のキーワードは「人格の完成」であり，その言葉に含まれた意義は多様である。主に次のような意義が確認されている。

①軍国主義・国家主義からの個人の解放

②あるべき理想的な人間像の提示

③教育の目的の抽象性と教育者の担う具体化の役割

④個人と国家の関係の止揚

⑤教育の倫理的側面の重視

(2) 第2条（教育の目標）

第二条　教育は，その目的を実現するため，学問の自由を尊重しつつ，次に掲げる目標を達成するよう行われるものとする。

一　幅広い知識と教養を身に付け，真理を求める態度を養い，豊かな情操と道徳心を培うとともに，健やかな身体を養うこと。

二　個人の価値を尊重して，その能力を伸ばし，創造性を培い，自主及び自律の精神を養うとともに，職業及び生活との関連を重視し，勤労を重んずる態度を養うこと。

三　正義と責任，男女の平等，自他の敬愛と協力を重んずるとともに，公共の精神に基づき，主体的に社会の形成に参画し，その発展に寄与する態度を養うこと。

四　生命を尊び，自然を大切にし，環境の保全に寄与する態度を養うこと。

五　伝統と文化を尊重し，それらをはぐくんできた我が国と郷土を愛するとともに，他国を尊重し，国際社会の平和と発展に寄与する態度を養うこと。

①「学問の自由」を尊重すること

「学問の自由を尊重し」とは，学問，真理を探求するということは，何者にも侵されない権利として認められるものであることを意味している。「学問の自由」の一側面である「教授の自由」について，初等中等教育における教師には，一定の範囲内で保障されているが，児童生徒の批判能力，教育の機会均等や水準の確保の観点から完全な教授の自由は認められないとされている。

② 第1～5号の枠組み

○第１号――教育全体を通じて基礎をなすもの：第１号は「幅広い知識と教養を身に付け，真理を求める態度を養い」「豊かな情操と道徳心を培う」「健やかな身体を養う」の三つを目標として規定しており，これは，育むべき資質の三つの要素である知，徳，体を意味している。学習指導要領のキーワードとされる「生きる力」の三つの構成要素である「確かな学力」「豊かな心」「健やかな体」に対応している。

○第２号――主として個々人自身に係るもの：「個人の価値を尊重して」とは，すべての個人はかけがえのないものであり，その人格は不可侵であるという意味である。「能力を伸ばし」とは，教育を受ける一人ひとりのもっている能力をできる限り，そして調和的に伸ばしていくという意味である。また，「自律の精神」とは，自分で自分の行為を規制して，自分で立てた規範に従って自分で行動できる精神を意味している。「職業及び生活との関連を重視し，勤労を重んずる態度を養う」については，ニート等が社会問題化している現状をふまえ，職業観，勤労観や職業に関する知識や技術を身に付けさせることが必要であるという認識を示している。

○第３号――主として社会との関わりに係るもの：「正義」「責任」は，社会的に重視されるべき資質として掲げられている。「男女の平等」とは，社会的，経済的な取り扱い等において平等でなければならないという理念を掲げて，それを理解する力を養っていくことを意味するものである。次に，「公共の精神に基づき，主体的に社会の形成に参画し，その発展に寄与する」とは，ややもすれば国や社会は誰かがつくってくれるものとの意識が強かったとの反省のもとに，これからは社会全体のために行動するという公共の精神を尊ぶ人間を教育によってはぐくむ必要があるという意味である。

○第4号――主として自然と環境との関わりに係るもの：「生命を尊び，自然を大切にし，環境の保全に寄与する」の表現は，生命や自然，環境を大切にし，自然との共生を図るために必要な態度を育てるという趣旨である。なお，生命を尊び，自然を大切にする態度を養うとは，人間だけでなく，さまざまな生命あるものを守り，慈しみ，自然と親しんで豊かなかかわりをもつ態度を養うということを意味している。

○第5号――主として日本人としての資質および国際社会との関わりに係るもの：「我が国」には統治機構（政府など）は含まれず，歴史的に形成されてきた国民，国土，そして伝統と文化からなる文化的な共同体としての「我が国」を意味している。「他国を尊重し」ということについては，他国の成り立ち，伝統・文化などを尊重することを表現したもので，「国際社会の平和と発展に寄与する」とは，国際化が急速に展開し，日本もグローバルな社会の中の一員として生きていかねばならない現状を踏まえ，他国を尊重し，我が国のみならず世界が平和に発展していくことを願い，そのために自らも貢献していく態度を育くんでいくという意味である。

■教育実践への視点　～「態度を養う」ことと内心の自由～

第2条第2～5号は「態度を養うこと」という述語で統一されている。政府は，内心について評価しないと確約する一方で，態度そのものについては評価の対象とする意向を示している。「態度」という文言には，情操や道徳心の育成を進めながら，憲法第19条（思想・良心の自由）に違反しないよう調整する意図があるものと考えられる。

(3) 第3条（生涯学習の理念）

> 第三条　国民一人一人が，自己の人格を磨き，豊かな人生を送ることができるよう，その生涯にわたって，あらゆる機会に，あらゆる場所において学習することができ，その成果を適切に生かすことのできる社会の実現が図られなければならない。

① 生涯学習の理念

生涯学習とは学ぶ者に着眼した概念で，一人ひとりが生涯にわたって，知識，技能，経験等を獲得するためにそれぞれの興味，関心に応じて多様な学習機会から選択して行う学習活動を意味しており，学校教育，家庭教育，社会教育等による学習を包括する概念である。その基本的性格，包括的性格ゆえに，教育に関する第一の理念として，他の条項に先立って規定されている。

② 第3条の解釈

第3条は，生涯学習の理念について，①主体（国民一人一人が），②目的（自己の人格を磨き，豊かな人生を送ることができるよう），③内容（その生涯にわたって，あらゆる機会に，あらゆる場所において学習することができ，その成果を適切に生かすことのできる）を規定したものである。

本条は，だれかに対して具体的な法的義務を課すものではなく，国，地方公共団体をはじめ，学校，家庭，地域，企業，個人を含めて広く国民全体で

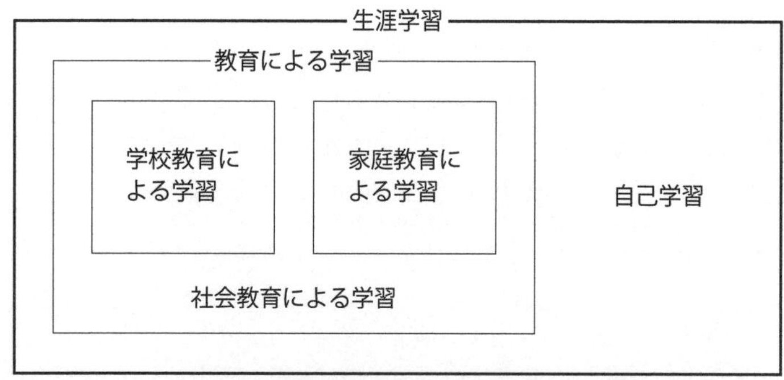

図 2.1　生涯学習の理念と学校教育，家庭教育，社会教育の関係

（出所）教育基本法研究会（2008：66）参照。

生涯学習社会の実現を図っていくべき一般的理念を宣言したものである。

■教育実践への視点　～「その成果を適切に生かす」～

技術革新など社会の変化が激しい現代においては過去に学んだことは将来においてはすぐに通用しなくなることなどを踏まえ，人生の早い段階で得られた学歴で人生が決まってしまうという学歴偏重の画一的な評価システムの改善を意図している。学んだことが正当に評価され，それが生かされることが「生涯学習社会」の重要な側面であり，学校教育でもこの視点を重視した学習成果の評価が行われなければならないことを意味している。

(4) 第4条（教育の機会均等）

> 第四条　すべて国民は，ひとしく，その能力に応じた教育を受ける機会を与えられなければならず，人種，信条，性別，社会的身分，経済的地位又は門地によって，教育上差別されない。
> 2　国及び地方公共団体は，障害のある者が，その障害の状態に応じ，十分な教育を受けられるよう，教育上必要な支援を講じなければならない。
> 3　国及び地方公共団体は，能力があるにもかかわらず，経済的理由によって修学が困難な者に対して，奨学の措置を講じなければならない。

① 憲法第26条，第14条と教育の機会均等

第1項前段は憲法第26条の教育を受ける権利の規定を，後段は憲法第14条の法の下の平等の規定を受けて定められており，憲法が定める教育を受ける権利，法の下の平等を教育において実現する趣旨である。

② 第4条の解釈

第1項の「ひとしく，その能力に応じた」とはすべての者に同一の教育を与えるということではなく，個人の「能力」に応じて内容の異なる教育を施すことが可能であることを意味している。第1項，第3項の「能力」とは，有能であるという意味ではなく，当該教育を受けるにあたって必要な能力という意味であり，能力主義や競争主義を目指すという趣旨ではない。

第2項は，障害のある者を差別的に扱わないだけではなく，国と地方公共団体がより積極的に必要な支援を講ずることを義務づけている。

第3項は，経済的な理由によって就学困難な者に対して，国または地方公共団体が積極的に奨学の方途を講ずべき義務を規定している。優秀な者のみではなく，広く経済的理由によって修学が困難な者を対象としている。

■教育実践への視点　～「障害のある者」とは～

「障害のある者」とは特別支援学校や特別支援学級の対象となっている者のみならず，学習障害（LD）や注意欠陥／多動性障害（ADHD）など発達障害を含め広く障害により教育上特別な支援を要する者を意味している。

3. 第二章　教育の実施に関する基本

(1) 第5条（義務教育）

第五条　国民は，その保護する子に，別に法律で定めるところにより，普通教育を受けさせる義務を負う。

2　義務教育として行われる普通教育は，各個人の有する能力を伸ばしつつ社会において自立的に生きる基礎を培い，また，国家及び社会の形成者として必要とされる基本的な資質を養うことを目的として行われるものとする。

3　国及び地方公共団体は，義務教育の機会を保障し，その水準を確保するため，適切な役割分担及び相互の協力の下，その実施に責任を負う。

4　国又は地方公共団体の設置する学校における義務教育については，授業料を徴収しない。

① 我が国における義務教育の法的性格

我が国の義務教育制度は，一定の内容の教育を学齢期の子どもに施す「教育義務」ではなく，学齢期の子どもを学校に修学させることを求める「就学義務」である。憲法第26条は，義務教育について，①義務とは保護者が負うものであること，②その内容は普通教育であること，③義務教育は無償であることを定めており，本条はそれを具体化させる役割を果たしている。

② 第5条の解釈

第1項では，「別に法律で定めるところにより」と規定し義務教育に関する年数，年齢の規定を学校教育法に委ねている。

第2項では，義務教育の目的を規定しており，個人の要請（「各個人の有する能力を伸ばしつつ社会において自立的に生きる基礎を培い」）と社会の要請（「国家及び社会の形成者として必要とされる基本的な資質を養う」）から義務教育を位置づけている。

第3項では，国と地方公共団体が義務教育の機会の保障，水準の確保において，それぞれが役割と責任を果たすべきことが規定されている。

第4項では，憲法第26条第2項の規定する義務教育の無償の内容が，授業料の不徴収を意味するものであることを示している。

■教育実践への視点　～「普通教育」の意味～

「義務教育として行われる普通教育」とは，「全国民に共通の一般的，基礎的な教育」（教育基本法改正時の政府答弁）とされていることから，普通教育とは義務教育段階の教育のみを意味するとの誤解がある。本来的に，「普通教育」とは，専門教育や職業教育との比較において用いられる言葉であり，必ずしも義務教育に限定されるものではない。高等学校では「高度な普通教育」（学校教育法第50条）として実施されている。

(2) 第6条（学校教育）

> 第六条　法律に定める学校は，公の性質を有するものであって，国，地方公共団体及び法律に定める法人のみが，これを設置することができる。
> 2　前項の学校においては，教育の目標が達成されるよう，教育を受ける者の心身の発達に応じて，体系的な教育が組織的に行われなければならない。この場合において，教育を受ける者が，学校生活を営む上で必要な規律を重んずるとともに，自ら進んで学習に取り組む意欲を高めることを重視して行われなければならない。

① 学校教育の「公の性質」

学校教育の「公の性質」とは，事業主体ではなく，学校教育という事業内容の性格から説明される。「公の性質」とは，①国民全体のために教育が行われること，②一定の教育内容と水準が確保されることに，その基準を求めることができる。

② 第6条の解釈

第1項の「法律に定める学校」とは，学校教育法第1条に掲げられた「幼稚園，小学校，中学校，義務教育学校，高等学校，中等教育学校，特別支援学校，大学及び高等専門学校」(いわゆる「一条校」) を意味しており，学校教育の公共性を確保する観点から，その設置主体は国，地方公共団体，学校法人等に限定されている。なお，構造改革特別区域法 (2003年施行) により株式会社，NPO法人も学校を設置できることとされ，現在では設置主体が多様化している。

第2項では，「教育の目標が達成されるよう」と規定され，第2条の掲げる目標が主に学校教育を対象としたものであることが確認される。また，「教育を受ける者の心身の発達に応じて，体系的な教育が組織的に行われなければならない」と規定し，教育の目的や目標を達成するために教育内容を児童生徒の心身の発達状態に応じて体系的に組織した教育課程に従って教育が行われるという学校教育の基本的な性格が示されている。

■教育実践への視点　～「規律」「意欲」と教師の義務～

第1項では，学校教育において「規律」と「意欲」が重視されるべきことが規定されている。法的にこの義務を負うのは教育を担う教師であるが，その含意として児童生徒が責任を果たすことが期待されている。

(3) 第7条 (大学)

> 第七条　大学は，学術の中心として，高い教養と専門的能力を培うとともに，深く真理を探究して新たな知見を創造し，これらの成果を広く社会に提供することにより，社会の発展に寄与するものとする。
> 2　大学については，自主性，自律性その他の大学における教育及び研究の特性が尊重されなければならない。

① 現代における大学の役割

21世紀は「知の世紀」といわれ，世界最先端の学術研究による新たな知の創造と活用を通じて，我が国や人類の将来の発展に貢献する人材を育成することがますます重要となっている。大学は，高等教育および学術研究の中心としてその役割が大きく，また，研究と教育を一体として行っていること，大学の自治に基づく配慮が必要であること，国際的には一定の共通性がみとめられることなど特別な性格を有する機関である。

② 第７条の解釈

第１項は大学の基本的な三つの役割を明らかにしている。つまり，「学術の中心」という基本的な位置づけを明らかにしたうえで，①「高い教養と専門的能力を培う」(教育)，②「深く真理を探究して新たな知見を創造」(研究)，③「これらの成果を広く社会に提供することにより，社会の発展に寄与するものとする」(社会貢献) の三つの基本的な役割を確認している。

第２項は，「自主性，自律性その他の大学における教育及び研究の特性が尊重されなければならない」として，大学における教育，研究に対して外部からの侵害や強制が行われてはならないことを意味しており，そのための制度的保障として大学の自治が尊重されることを規定している。

■教育実践への視点　～「自主性・自律性」と大学の自治～

本条では，「大学の自治」ではなく，「自主性，自律性」という言葉が用いられている。「大学の自治」とは学術教育研究の中心的存在である大学を尊重し，教員等の人事権と，施設や学生の管理権については，教授会を中心する自治に委ねられているとする伝統的な概念である。これに対し「自主性，自律性」とは，大学の自治のみならず，学問の自由が保障されている一方で大学の管理運営においては自己規律が求められていることも意味している。

(4) 第８条 (私立学校)

第八条　私立学校の有する公の性質及び学校教育において果たす重要な役割に

かんがみ，国及び地方公共団体は，その自主性を尊重しつつ，助成その他の適当な方法によって私立学校教育の振興に努めなければならない。

① 私立学校の「公の性質」と憲法第89条

第8条は私立学校の「公の性質」について規定している。すでに第6条（学校教育）で学校教育全体の「公の性質」を規定していながら，重ねて規定した背景には，憲法第89条が公の支配に属しない教育事業への公金支出を禁止していることと私学助成の調整が求められているという事情があるものと思われる。

② 第8条の解釈

私立学校が「公の性質」を有し，学校教育において重要な役割を果たしている現状をふまえ，改めて私学振興に関する国等の責務を明確にしている。私立学校の自主性とは，主に学校運営の自主性，独立性という意味で用いられている。私立学校は，そもそも個人や団体の信ずる教育理念や理想を実現するために創設されていることから，建学の精神は，その存在を支えるものである。国や地方公共団体といえども安易に建学の精神を侵害することは許されず，その関与は最小限に制限されるべきとされてきた。「助成その他の適当な方法によって」とは，国等の関与は，側面からの支援や条件整備に限定されるべきことを意味している。

■教育実践への視点　～私立学校の自主性と未履修問題～

私立学校法第1条は「私立学校の特性にかんがみ，その自主性を重んじ，公共性を高めることによつて，私立学校の健全な発達を図る」と規定し，「自主性」と「公共性」の確保が私立学校の重要な要素であることを確認している。過去に高等学校における未履修問題がしばしば報道されており，一部私学では悪質な学習指導要領違反の実態があることが指摘されてきた。私立学校は相当の私学助成を受けながら，公の統制は最小限に限定されてきた経緯がある。現在の私立学校の担う役割の大きさを考えれば，私学の「自主性」が学校教育全体の「公共性」のあり方を左右する状況にあり，私学の「自主性」と「公共性」の問題を全体の視点から捉え直すことが必要となってきている。

(5) 第9条 (教員)

> 第九条　法律に定める学校の教員は，自己の崇高な使命を深く自覚し，絶えず研究と修養に励み，その職責の遂行に努めなければならない。
> 2　前項の教員については，その使命と職責の重要性にかんがみ，その身分は尊重され，待遇の適正が期せられるとともに，養成と研修の充実が図られなければならない。

① 教員の「崇高な使命」とは

教職の使命の崇高さとは，教育の本質が，教員と児童生徒の人格の触れあいにあり，それを通して子どもの能力を引き出したり，人格の発達に影響を与えることにある。それゆえ，教員には，専門的知識・技能だけでなく，豊かな人間性や深い教育的情愛など，全人的な資質・能力が求められるのである。

② 第9条の解釈

第1項の「法律に定める学校の教員」とは，国公私立を問わず，直接的に子どもの教育に携わる者を総称する言葉である。教育の本質は人格の交流にあり，専門的力量だけでなく全人的な資質・能力が求められるものであり，また近年の教育課題は一層複雑化，多様化しているという認識の下に，教員全体に対して研究と修養に励むべき努力義務を課しているのである。

第2項は，第1項が教員に対し使命と職責を自覚し，研究と修養に励むべき義務を課していることに対応して，それに見合う身分の尊重と待遇の適正，そして資質の向上のための機会確保の重要性について規定している。

なお，「身分の尊重」には，地域住民や保護者を含め広く人々が教員に対してそれにふさわしい敬意をもって扱うべきことも含意されている。

■教育実践への視点　～教師の教育の自由～

教師は，子どもとの直接的な交流を通じ，また，子どもの個性に応じて教育活動を展開する必要があることから，判例では一定の範囲内で教育の自由を有することが確認されている。しかし，初等中等教育においては児童生徒の理解力や批判能力の発達状況などを踏まえ相当の制約が伴うものであることも確認しておきたい。

(6) 第10条（家庭教育）

> 第十条　父母その他の保護者は，子の教育について第一義的責任を有するものであって，生活のために必要な習慣を身に付けさせるとともに，自立心を育成し，心身の調和のとれた発達を図るよう努めるものとする。
> 2　国及び地方公共団体は，家庭教育の自主性を尊重しつつ，保護者に対する学習の機会及び情報の提供その他の家庭教育を支援するために必要な施策を講ずるよう努めなければならない。

① 保護者の「第一義的責任」とは

第10条第1項は，保護者が「子の教育について第一義的責任を有する」と規定している。これは保護者による家庭教育が教育において原初的，基本的な性格を有することを表現したものである。保護者の具体的な法的義務を規定したものではく，一般的な保護者としての責務と教育上の努力義務を規定したものである。

② 第10条の解釈

第1項の「子の教育について第一義的責任を有する」との規定は，家庭は教育の原点であり，基本的な生活習慣や社会的マナー，自律心などを養ううえで重要な役割を担っていることから，子育てに対する親の責任を自覚するとともに，親としての責任をまっとうすることを支援する社会づくりを一層積極的に推進するという趣旨である。

第2項は，国や地方公共団体は，例えば，子育てに関する講座を開設する，家庭教育手帳を配るなど，親への情報提供や相談事業等の支援に努めなければならないということを定めている。本項で，「家庭教育の自主性を尊重しつつ」と規定されているが，これは個々の家庭における具体的な教育の内容，方法は各家庭で決定するということを意味しており，国や地方公共団体が講じている支援策についても，それのどこを取り入れるのかは各家庭が決定するということである。「保護者に対する学習機会及び情報の提供その他の家庭教育を支援するために必要な施策」における国や地方公共団体の支援は，家庭教育の自主性を踏まえたものであることが求めれることを意味している。

■教育実践への視点　～親の教育権と学校教育～

判例（最大判昭和51年5月21日）は「親の教育の自由は，主として家庭教育等学校外における教育や学校選択の自由に表れるもの」と，学校教育における親の権利を非常に限定的なものとしている。近年の法改正により学校教育法第43条は保護者への情報提供を義務化している。これは，政策によるものであり，必ずしも「親の教育権」を実定法上保障したものとは解されないが，教育改革を推進するにあたっては，各学校においては積極的に保護者等に説明責任を果たし，開かれた学校づくりに努める必要がある。

(7) 第11条（幼児期の教育）

> 第十一条　幼児期の教育は，生涯にわたる人格形成の基礎を培う重要なものであることにかんがみ，国及び地方公共団体は，幼児の健やかな成長に資する良好な環境の整備その他適当な方法によって，その振興に努めなければならない。

① 幼児期の教育の重要性

幼児期の教育の条項を新設した趣旨は，幼児期は生涯にわたる人格形成の基礎が培われる重要な時期であり，幼児期に行われる教育は，子どもの心身の健やかな成長を促すうえできわめて重要な意義を有することにある。

② 第11条の解釈

「幼児期」とは，一般に小学校就学前を指し，教育の場としては，家庭や幼稚園，保育所等において行われる教育のみならず，地域社会において幅広く行われる教育も含まれている。「幼児期の教育は，生涯にわたる人格形成の基礎を培う重要なものである」の規定は，幼児期の教育は，健康な心身，基本的生活習慣など生涯にわたる人格形成の基礎づくりが行われる重要な意義をもっていることを確認している。また，その方法については，発達段階や特性をふまえて「幼児期の健やかな成長に資する良好な環境の整備その他適当な方法によって」幼児期の教育を振興すべきことを規定している。

■教育実践への視点　～幼保一元化と認定こども園～

平成18年10月に創設された認定こども園は，従来の幼稚園と保育所の機能を併せて，就学前の子どもに対して幼児教育と保育を一体的に行う施設であり，相談活動などの地域の子育て支援を行う機能を備える施設として都道府県等から認定を受ける。

従来，幼児教育に関する施策は，基本的に幼稚園と保育所の二元立てで進められてきた（前者は文部科学省所管の教育施設，後者は厚生労働省所管の児童福祉の施設と位置づけられてきた）。2023年4月にこども家庭庁が発足し，幼保一元化がさらに推進されるものと思われる。認定こども園の普及によって，保護者の就労の有無にかかわらず施設の利用が可能になったり，既存の幼稚園を保育に活用することにより待機児童を解消したりすること等が期待されている。認定こども園には，地域の実情や保護者のニーズに応じて多様なタイプ（幼保連携型，幼稚園型，保育所型，地方裁量型）がある。

(8) 第12条（社会教育）

第十二条　個人の要望や社会の要請にこたえ，社会において行われる教育は，国及び地方公共団体によって奨励されなければならない。
2　国及び地方公共団体は，図書館，博物館，公民館その他の社会教育施設の設置，学校の施設の利用，学習の機会及び情報の提供その他の適当な方法によって社会教育の振興に努めなければならない。

① 社会教育とは

「社会教育」については，教育基本法は，「個人の要望や社会の要請にこたえ，社会において行われる教育」と定義している。しかし，社会教育は，その場所も，主体も，対象も限定されていないため，非常に曖昧な概念である。教育基本法は，個人の要望や社会の要請にこたえて行われるという社会教育の基本的役割に基づいて定義を行っている。

② 第12条の解釈

第1項では，社会教育の定義に「社会の要請にこたえ」を盛り込んだ意図は，従来，社会教育においては個人の興味や希望などをみたすべく，個人的要求に応ずる内容に傾く傾向にあったことにある。つまり，教養や娯楽等を提供するだけでなく，職業的知識や社会的に必要とされる学習内容を提供するなど「個人の要望」と「社会の要請」のバランスを求めているのである。

第2項は，国と地方公共団体は，第1項で規定した基本的な役割を果たすために，どのような方法によって振興すべきかについて規定している。「図書館，博物館，公民館その他の社会教育施設の設置」「学校施設の利用」は旧法と同様であるが，改正法では「学習機会及び情報の提供」を追加している。ICTの発展・普及などハードからソフトへの社会構造の変化を受けたもので，具体的には，遠隔地学習の実施，ホームページ等による学習情報の提供，社会教育関係者の協議会や研修会の支援などを意味している。

■教育実践への視点　～社会教育のための学校施設の利用～

第2項は社会教育振興の方法として「学校の施設の利用」をあげている。学校教育法第137条，社会教育法第6章（43～48条）では学校施設を社会教育のために積極的に活用すべき旨を規定しており，具体的には体育館やグラウンドの社会人への開放等を意味している。ただし，学校教育に支障のないことがその前提となっていることに留意する必要がある。

(9) 第13条（学校，家庭及び地域住民等の相互の連携協力）

> 第十三条　学校，家庭及び地域住民その他の関係者は，教育におけるそれぞれの役割と責任を自覚するとともに，相互の連携及び協力に努めるものとする。

① 三者連携の趣旨

本条は，子どもの健全育成，教育の目的を実現するためには，学校や家庭の役割が重要であることはもとより，地域社会の果たす役割も大きいことから，学校，家庭，地域社会の三者が連携，協力に努めるべきことについて規定している。2007年に，教育再生会議は，その報告において「社会総がかりで教育再生を」を提言し，教育関係者のみならず，広く国民全体が教育再生のために取り組むべきことを求めている。我々は，ある時は教育する者として，ある時は親として，ある時はそれを周囲で支える者として，常に教育に関わる責任と自覚をもって教育に臨むことが求められているのである。

② 第13条の解釈

「学校，家庭及び地域住民その他の関係者」における「地域住民その他の関係」とは当該地域の住民を示しているのみならず，行政機関，児童相談所，警察，企業，NPOなど地域を構成するすべての関係者を意味している。

とくに注意すべきは，単に連携することではなく，その大前提として，学校，家庭，地域住民がそれぞれの固有の役割を果たすことが求められているということである。学校には，教育を受ける者の心身の発達に応じて，体系的な教育が組織的に行われることに（第6条），家庭には，すべての教育の原点として，生活のための必要な習慣，自立心の育成，心身の調和のとれた発達を図ることに（第10条），それぞれの役割と責任をしっかりと果たすことが求められているということである。

■教育実践への視点　〜三者連携と保護者等への情報提供〜

連携を進めるうえで，重要なのが，保護者や地域住民等に対し学校運営や教育活動について必要な情報を提供し，説明責任を果たすことである。教育基本法の改正を受けて，2007年6月に学校教育法（第43条）が改正され，「小学校は，当該小学校に関する保護者及び地域住民その他の関係者の理解を深めるとともに，これらの者との連携及び協力の推進に資するため，当該小学校の教育活動その他の学校運営の状況に関する情報を積極的に提供するものとする。」（中学校，高等学校等に準用）と規定された。

（10）第14条（政治教育）

第十四条　良識ある公民として必要な政治的教養は，教育上尊重されなければ

> ならない。
> 2　法律に定める学校は，特定の政党を支持し，又はこれに反対するための政治教育その他政治的活動をしてはならない。

① 教育基本法における政治教育

政治教育については，第14条だけでなく，前文，第2条を含め，教育基本法全体の基調としての公共の精神の重要性を提起している。つまり，前文で「公共の精神を尊び，豊かな人間性と創造性を備えた人間の育成を期する」，第2条（教育の目標）で「公共の精神に基づき，主体的に社会の形成に参画し，その発展に寄与する態度を養うこと」，第14条で「良識ある公民」と規定しており，「公共の精神」は，教育基本法全体としても重視されていることが確認される。

② 第14条の解釈

第1項の「良識ある公民」とは，政治的観点から，公の立場に参画するために十分な知識をもち，健全な批判力を備えた国民という意味であり，いわば政治的教養を備えた主権者としての国民を意味している。また「政治的な教養」とは，民主政治，地方自治など民主主義の各種の制度，法令の知識にとどまるものではなく，実際の政治についての理解力，批判力などを含むものであるとされている。

第2項は，「法律に定める学校」とは，学校教育法第1条に規定する学校を意味し，私立学校も含まれる。「特定の政党を支持し，又はこれに反対するための政治教育その他政治的活動をしてはならない」は，学校での党派的な政治教育を禁止し，もって政治的中立性を確保することを趣旨としている。なお，本条は「政治教育その他政治的活動」を一般的に禁止しているのではなく，「法律に定める学校」が主体となっているものに限定されており，教員が個人として行う政治的活動は本条の対象ではない（教員個人の活動は，本項とは別に，公務員法制，公職選挙法制の観点から制限されている）。

■教育実践への視点　～なぜ政治教育は萎縮したのか～

第1項で政治的教養が重視されるべきことを規定しながら，第2項では党派教育を禁止して政治的中立性を確保すべきことが規定されている。両者をどのように解釈するのかが教室における政治教育のあり方を大きく左右する。従来，第2項において具体的に何が禁止されているのかが曖昧なまま，党派教育の禁止だけがクローズアップされ，政治的な事項に取り組むことに消極的になる傾向を生んだ。公職選挙法改正により18歳投票権，民法改正により成年年齢の引き下げが実現した現状を踏まえて，政治教育を実質化させることが課題となっている。

(11) 第15条（宗教教育）

> 第十五条　宗教に関する寛容の態度，宗教に関する一般的な教養及び宗教の社会生活における地位は，教育上尊重されなければならない。
> 2　国及び地方公共団体が設置する学校は，特定の宗教のための宗教教育その他宗教的活動をしてはならない。

① 宗教教育の区分

宗教教育は，人間としてどのように生きるのか，限りある生をどう意味あるものとするのかなど教育にとって重要な意味をもっている。中央教育審議会答申（平成15年3月20日）は，宗教教育について教育と宗教の関わりを次の四つに分類している。

① 宗教に関する寛容の態度の育成

② 宗教に関する知識と，宗教のもつ意義の理解

③ 宗教的情操の涵養

④ 特定の宗教のための宗教教育

国公立学校においては，①，②については学校で取り組むことは可能であるが，④は禁止されている。学校での扱いについて争点となるのか，③の宗教的情操の涵養である。

② 第15条の解釈

第１項は，「宗教に関する寛容の態度」「宗教に関する一般的教養」「宗教の社会生活における地位」が教育上尊重されるべきことを規定している。「宗教に関する寛容の態度」とは，異なる宗教，宗派が相互に寛容の態度をもつことを求めるとともに，無宗教，反宗教も教育上尊重されることを意味している。「宗教に関する一般的教養」は主要宗教の歴史や特色，世界における宗教分布など宗教に関する客観的な知識等を意味している。「宗教の社会生活における地位」とは宗教が歴史上，社会生活において果たしてきた役割や現在の社会生活における社会的機能，価値などを指している。

第２項では，憲法の保障する信教の自由や政教分離の原則を実現するため，国公立学校においては，特定の宗教のための宗教教育等が禁止されている。しかし，すべての宗教的活動が禁止されているわけではなく，禁止されているのは，宗教的な意義を有する行為であって，その効果が宗教に対する援助や排斥などにあたるものとされている。例えば，歴史を学ぶため寺社を訪問することは禁止されていない。

■教育実践への視点　～宗教的情操の教育は禁止されているのか～

宗教的情操の教育の重要性が指摘されながら条文には盛り込まれていない。本条は，学校において尊重すべきものを規定したものであり，取扱いが可能なものを限定して列挙したものではないことから，規定がないことをもって禁止されているとは解釈されない。中央教育審議会答申（平成15年3月20日）は「宗教的情操に関連する教育として，道徳を中心とする教育活動の中で，さまざまな取組が進められているところであり，今後その一層の充実を図ることが必要である」とされているように，その取り扱いは実践にゆだねられているといえる。

4. 第三章　教育行政

(1) 第16条（教育行政）

> 第十六条　教育は，不当な支配に服することなく，この法律及び他の法律の定めるところにより行われるべきものであり，教育行政は，国と地方公共団体との適切な役割分担及び相互の協力の下，公正かつ適正に行われなければならない。
> 2　国は，全国的な教育の機会均等と教育水準の維持向上を図るため，教育に関する施策を総合的に策定し，実施しなければならない。
> 3　地方公共団体は，その地域における教育の振興を図るため，その実情に応じた教育に関する施策を策定し，実施しなければならない。
> 4　国及び地方公共団体は，教育が円滑かつ継続的に実施されるよう，必要な財政上の措置を講じなければならない。

① 教育行政の基本的性格

教育と教育行政の関係をめぐって，戦後，幾多の法的な紛争が発生した。改正法では，旧法にあった教育は「国民全体に対して直接に責任を負つて行われるべきものである」の規定が削除され，それにかわって，「この法律及び他の法律の定めるところにより行われるべきものであり」の規定が加えられた。教育行政は「人格」や「文化」に密接に関わっており，他の行政領域とは異なる固有の性質を有している。法律に従って行われるだけでなく，「不当な支配に服することなく」（教育の不偏不党性）行われなければならない。

② 第16条の解釈

第1項における「不当な支配」とは教育の中立性や不偏不党性を害するものを意味している。「不当な支配」を行いうる主体としては，党派，宗派勢力だけでなく，法律の授権を受けた行政機関であってもその主体となりうる。「この法律及び他の法律の定めるところにより行われるべきものである」「公正かつ適正に行われなければならない」は，国や地方公共団体が教育に関与する際の歯止めとしての役割を果たしている。

第2・3項では，国は全国的な視点から教育の機会均等の保障と教育水準の維持向上に関わる施策を，地方公共団体は当該地域の実情に応じた教育に関する施策を，策定，実施する責任を負うことを規定している。

第4項の「教育が円滑かつ継続的に」とは，教育が安定的，継続的に実施されることを保障するための財政措置をすべきことを国と地方公共団体に求めている。

■教育実践への視点　～国による地方の自治事務への関与～

いわゆる未履修問題（受験対策のために高等学校において世界史等の必履修科目を履修していなかったなどの問題）を契機として，2007年，地方自治法の枠内で国の自治事務への関与を強化するという形で地方教育行政の組織及び運営に関する法律の改正がなされた。国が地方に対して「指示」「是正の要求」を行った時は，地方公共団体の長や議会に通知することが求められるなど，国による直接の統制ではなく，自治体内部での緊張関係や自助努力によって問題を解決する方策が採用されている。

(2) 第17条（教育振興基本計画）

> 第十七条　政府は，教育の振興に関する施策の総合的かつ計画的な推進を図るため，教育の振興に関する施策についての基本的な方針及び講ずべき施策その他必要な事項について，基本的な計画を定め，これを国会に報告するとともに，公表しなければならない。
> 2　地方公共団体は，前項の計画を参酌し，その地域の実情に応じ，当該地方公共団体における教育の振興のための施策に関する基本的な計画を定めるよう努めなければならない。

① 教育振興基本計画はなぜ必要か

教育振興基本計画は，中長期に取り組むべき施策の方針，基本的方向性，達成目標などを政府の計画として策定し，実施するものである。

政府は，教育振興基本計画の規定を設けた趣旨として，①教育のめざすべき姿をわかりやすく国民に示すこと，②教育の目的・理念を具体的施策として総合化・体系化することにあると説明している。

② 第17条の解釈

第1項における「教育の振興に関する施策の総合的かつ計画的な推進を図

るため」と国の教育振興基本計画の目的を規定しており，また，教育振興基本計画の内容として「教育の振興に関する施策についての基本的な方針及び講ずべき施策その他必要な事項」と規定している。その計画の立案は，基本的に政府に委ねられており，作成した計画は，国会に報告し，公表しなければならないと規定されている。

第２項は，地方公共団体が，国の教育振興基本計画を「参酌（さんしゃく）し」，地方の実情に応じて，地域の教育振興基本計画を策定する努力義務を課している。「参酌」とは国の計画を考慮しながら地方の計画が策定されることを意味しているが，事実上，国の計画が一定の拘束力をもつものとして機能することが予想される。また，地方公共団体の教育振興基本計画は，必ず策定しなければならないものではなく，「努めるもの」と規定されている。

■教育実践への視点　～教育振興基本計画～

政府は，教育基本法第17条に基づいて，2008（平成20）年７月に第１期教育振興基本計画を閣議決定して，①義務教育修了までに，すべての子どもに，自立して社会で生きていく基礎を育てる，②社会を支え，発展させるとともに，国際社会をリードする人材を育てるということを掲げて教育計画を推進した。その後，検証結果を踏まえ，2013（平成25）年６月には，第２期の教育振興基本計画を策定し，「自立」「協働」「創造」を基軸とした新たな社会モデルを実現するための生涯学習社会の構築を掲げて施策を実施してきた。2018（平成30）年６月15日に「第３次教育振興基本計画」を閣議決定し，2018～2022年度の計画期間を設定し，「夢と志を持ち，可能性に挑戦するために必要となる力を育成する」等の基本的な方針を掲げ，教育政策を展開している。

そして，2023（令和5）年６月16日には「第４次教育振興基本計画」が閣議決定されている（本章末のCOLUMN参照）。

5. 第四章　法令の制定

(1) 第18条（法令の制定）

> 第十八条　この法律に規定する諸条項を実施するため，必要な法令が制定されなければならない。

① 第18条の意味

本条は，教育基本法の憲法と一般法の架橋的な性格を示すことをその趣旨としている。教育基本法は，教育宣言的，教育憲法的な規定が多く，これらの規定の精神を実現するためには，必要となる個別の法令を制定しなければならない。例えば，憲法，教育基本法の規定を受けて，学校教育に関する個別法として学校教育法，私立学校法などが制定され，教職員に関する個別法として地方公務員法，教育公務員特例法などが，教育行政に関する個別法として地方自治法，地方教育行政の組織及び運営に関する法律などが，社会教育に関する個別法としては社会教育法や図書館法などが制定されており，これらの個別法令とさらに下位に位置する政令，内閣府令・政令等によって，具体的な法的な効果が生まれることとなる。

② 第18条と個別法との関係

教育基本法が，「憲法と一般法律とのかけ橋」としての役割を有するとの解釈は，旭川学力テスト事件最高裁判決において「教育基本法は，憲法において教育のあり方の基本を定めることに代えて，わが国の教育及び教育制度全体を通じる基本理念と基本原則を宣明することを目的として制定されたものであつて，（中略）一般に教育関係法令の解釈及び運用については，法律自体に特段の規定がない限り，できるだけ教育基本法の規定及び同法の趣旨，目的に沿うように考慮が払われなければならない」との判示を受けて確立したものである。教育基本法は，法律の形式で制定されていることから直ちに個別法に優先する法的な効果をもつものではないが，個別法の解釈および運用に関する指針や基準としての機能を有しているということである。

■教育実践への視点　～第18条の法制の総合的整備の機能～

第18条では，旧法第11条の「必要がある場合には」の文言が削除され，教育基本法の示した理念や方針を個別法の制定によって実現するという関係がより明確になっている。本条によって，教育基本法を中核として法制の総合的な整備を図ることが意図されている。

［佐々木 幸寿］

● 考えてみよう！

- 第2条（教育の目標）において，達成されるべき目標として具体的な資質項目を掲げる一方で，2号～5号では「態度を養う」と記述を統一していることは，法的にどのような趣旨であるのか。
- 第6条（学校教育）で，学校が「公の性質」を有すると規定していることには，法的にどのような意味があるのか。

● 引用・参考文献

教育基本法研究会（2008）『逐条解説改正教育基本法』第一法規
佐々木幸寿（2009）『改正教育基本法―制定過程と政府解釈の論点』日本文教出版

COLUMN

第4次教育振興基本計画（令和5年度～9年度）

教育振興基本計画は，教育基本法が示した諸理念を，中期的な教育政策として実現するために，同法第17条に基づいて制定される政府の教育に関する総合計画である。政府は，2023（令和5）年6月16日に「第4次教育振興基本計画」を閣議決定している。同計画は，「Ⅰ．我が国の教育をめぐる現状・課題・展望」において，教育の普遍的使命，第3次教育振興基本計画の成果と課題等を踏まえたうえで，「Ⅱ．今後の教育政策に関する基本的な方針」「Ⅲ．今後の教育政策の遂行に当たっての評価や投資の在り方」を検討し，それに基づいて，「Ⅳ．今後5年間の教育施策の目標と基本施策」を示している。

【Ⅱ．今後の教育施策に関する基本的な方針】
〈総括的な方針・コンセプト〉
●2040年以降の社会を見据えた持続可能な社会の創り手の育成
●日本社会の根ざしたウェルビーイングの向上
〈今後の教育政策に関する基本方針〉
①グローバル化する社会の持続的な発展に向けて学び続ける人材の育成
②誰一人取り残されず，全ての人の可能性を引き出す共生社会の実現に向けた教育の推進
③地域や家庭で共に学び支え合う社会の実現に向けた教育の推進
④教育デジタルトランスメーション（DX）の推進
【Ⅲ．今後の今後の教育政策の遂行に当たっての評価や投資の在り方】
〈教育政策の持続的な改善のための評価・投資等の在り方〉
○客観的根拠を重視した教育政策やPDCA，○データ等により企画立案できる行政職員，○多様な関係者との対話を通じた政策・実践，○教育データ（ビッグテータ）の分析に基づく政策の評価・改善
〈教育投資の在り方〉
①教育費負担軽減の着実な実施等，②各教育段階における教育の質向上への環境整備
【Ⅳ．今後5年間の教育施策の目標と基本施策】
目標①：確かな学力の育成，幅広い知識・教養・専門的能力・職業実践力の育成，目標②：豊かな心の育成，目標③：健やかな体の育成，スポーツを通じた豊かな心身の育成，目標④：グローバル社会における人材育成，目標⑤：イノベーションを担う人材育成，目標⑥：主体的に社会の形成に参画する態度の育成・規範意識の醸成，目標⑦：多様な教育ニーズへの対応と社会的包摂，目標⑧：生涯学び，活躍できる環境整備，目標⑨：学校・家庭・地域の連携・協働の推進による地域の教育力の向上，目標⑩：地域コミュニティの基盤を支える社会教育の推進，目標⑪：教育DXの推進・デジタル人材の育成，目標⑫：指導体制・ICT環境の整備，教育研究基盤の強化，目標⑬：経済的状況，地理的条件によらない質の高い学びの確保，目標⑭：NPO・企業・地域団体等との連携・協働，目標⑮：安全・安心で質の高い教育研究環境の整備，児童生徒等の安全確保，目標⑯：各ステークホルダーとの対話を通じた計画策定・フォローアップ

［佐々木 幸寿］

第3章

学校教育に関する法律①
―学校制度，学校組織運営，教育課程と教科書―

● **本章のねらい** ●

学校の基本的な制度設計，制度原理について学ぶとともに，学校組織や学校運営の仕組みを理解する。また，学校教育の中核である教育課程について学習指導要領，教科書制度の概要とその意義を理解する。

第1節　学校制度と法規定

1. 学校とは

(1)「一条校」

学校教育法は，「学校とは，幼稚園，小学校，中学校，義務教育学校，高等学校，中等教育学校，特別支援学校，大学及び高等専門学校とする」(第1条) と定義している。

このように，学校教育法第1条で規定されている「学校」は「一条校」と呼ばれる。「公の性質」に値する内容と水準が法制度として裏づけられているという意味で「学校」が規定されているといえる。

(2)「義務教育学校」(小中一貫校) の創設

2015年6月に学校教育法が改正され，「義務教育学校」の名称で小中一貫校が新しく制度化された（2016年4月1日施行）。「義務教育学校」では，地域の実情に合わせてカリキュラムや学年の区切りを変更できるなど，小中学校の義務教育9年間のカリキュラムを弾力的に運用できる。

戦後の学校制度の基本であった6・3制が変更され，義務教育の学校制度の多様化・弾力化が進められている。市町村（特別区を含む）には，公立小中学校の設置義務があるが，義務教育学校の設置も設置義務の履行とされることになる。国公私立いずれも設置が可能である。

Topics

「専修学校」と「各種学校」

一条校には該当しないがこれらに類似する教育を行っている教育機関として「専修学校」と「各種学校」がある。

「専修学校」は，職業や実際生活に必要な能力の育成，教養の向上等を目的とし，実践的な職業教育，専門的な技術教育を行っている。授業時数・教員数や施設・設備など一定基準を満たしている場合に，都道府県知事の認可を受けて設置される。専修学校には，高等課程，専門課程，一般課程がある。主に中学校卒業者を対象とした高等課程をおく場合には「高等専門学校」，主に高等学校卒業者を対象とした専門課程をおく場合には「専門学校」と称することができ，それ以外の一般課程を含めて全体として「専修学校」と称する。

「各種学校」は，専修学校の基準は満たさないが，一定の基準（各種学校規程等）を満たしている場合に知事の認可を受けて設置される。調理学校，理容学校，美容学校，予備校（一部の大手予備校は専修学校の一般課程）等があてはまる。

2. 学校設置について

(1) 学校設置者

学校は，「公の性質」をもつものであり，その教育の質と水準を確保するために，その設置者が制限されている。教育基本法第6条第1項は，学校について「国，地方公共団体及び法律に定める法人のみが，これを設置することができる」と規定している。

この「法律」とは，学校教育法，構造改革特別区域法等を意味している。学校教育法第2条は国，地方公共団体，私立学校法第3条に規定する学校法

表 3.1　学校の設置者の根拠規定

校種	設置義務者	根拠法令
小学校 中学校	市町村	「市町村は，その区域内にある学齢児童を就学させるに必要な小学校を設置しなければならない」（学校教育法第 38 条）中学校は，第 38 条の準用。
特別支援学校	都道府県	「都道府県は，その区域内にある学齢児童及び学齢生徒のうち，視覚障害者，聴覚障害者，知的障害者，肢体不自由者又は病弱者で，その障害が第七十五条の政令で定める程度のものを就学させるに必要な特別支援学校を設置しなければならない。」（学校教育法第 80 条）

（注）市町村組合の設置，市町村または市町村組合への委託もある。

人のみが学校を設置できると規定しており，構造改革特別区域法は，目的や要件を定めて「学校設置会社による学校」（株式会社立学校），「特定非営利活動法人の設置する学校」（NPO 法人立学校）の設置を認めている。

(2) 学校の設置義務者

義務教育を受ける権利を学校制度として具体的に保障するために，学齢児童生徒が就学する義務教育諸学校の設置義務を，小学校・中学校については市町村に課すとともに，特別支援学校については都道府県に課している。

(3) 学校の設置基準

学校を設置しようとする者は，学校の種類に応じ，文部科学大臣の定める設備，編制その他に関する設置基準に従い，これを設置しなければならないとされている（学校教育法第 3 条）。幼稚園設置基準，小学校設置基準，中学校設置基準，高等学校設置基準，大学設置基準などがある。

設置基準には，1 学級の幼児児童生徒数，学級の編制，教諭の数，施設・設備，校舎に備えるべき施設，校具・教材等の基準等が示されている。

(4) 設置者管理主義・経費負担主義の原則

「学校の設置者は，その設置する学校を管理し，法令に特別の定のある場合を除いては，その学校の経費を負担する」（学校教育法第 5 条）とされている。

Topics

1学級の幼児児童生徒数　幼稚園では，1学級35人以下が原則とされている（幼稚園設置基準第3条），小学校（義務教育学校の前期課程を含む）の学級編制の基準（上限）については，従来は，小学1年生は35人，2年生〜6年生は40人となっていたが，2021年3月に公立義務教育諸学校の学級編制及び教職員定数の標準に関する法律が改正され，2年生から6年生も35人が上限となった。学級編制の基準は，5年間かけて計画的に35人に引き下げ，2025（令和7）年度には，小学校のすべての学年で35人学級が実現する。その一方で中学校では40人学級が維持されている。

複式学級（複数の学年を合わせて一つの学級としたもの）については，小学校16人（第一学年の児童を含む学級にあっては8人），中学校は8人が標準とされており，特別支援学級は小中学校とも8人が標準とされている。特別支援学校は，小学部・中学部は6人（重度障害の児童生徒の学級は3人）を標準としている。

なお，都道府県教育委員会は，児童生徒の実態を考慮してとくに必要があると認める場合には，上記の人数を下回って標準を定めることができる。市町村教育委員会は，都道府県教育委員会が定める学級編制の基準により学級編制を行うことが原則であるが，この基準は，「標準としての基準」とされており，学校設置者である市町村教育委員会が自らの判断と責任で学級編制を行い，当該学校の児童生徒の実態を考慮して，教育的配慮の観点から弾力的な運用が可能となっている（例　学級経営上，特段の困難がある学年について都道府県教育委員会の基準よりも小規模の学級編制を行うこと等）。

つまり，国立学校は国が，公立学校は当該の地方公共団体が，私立学校は当該の学校法人が，それぞれの学校を設置し，その費用を負担する。

なお，設置者負担が原則であるが，下のような法令による例外がある。

・校舎等の経費の2分の1を国が負担（義務教育諸学校等の施設費の国庫負担等に関する法律）

・都道府県が市町村教職員の給与等を負担（市町村立学校職員給与負担法）

※都道府県が負担する給与費の3分の1を国が負担（義務教育費国庫負担法）

(5) 学校施設の目的外使用

学校施設は，学校教育に使用するものとして設置されたものであり，目的外使用が認められるのは，①法律または法律に基づく命令に基づいて使用する場合，②管理者または校長の同意を得て使用する場合，に限定される（学校施設の確保に関する政令第3条第1項）。

①の例としては投票所，災害救助，スポーツのための使用等があげられる。

3. 就学について

憲法は，教育を受ける権利を制度的に保障するために保護者に対し普通教育を受けさせる義務を課し，義務教育の無償について定めている。義務教育の制度は，児童生徒にとっては教育を受ける権利の具体化であり，その一方で，国・地方公共団体にとってはそれを保障する義務の履行であり，両者は対となっている。

教育基本法は，第5条において義務教育（義務教育の目的，国と地方公共団体の役割分担，授業料の不徴収）について規定するとともに，教育の機会均等を定めた第4条第3項において，国と地方公共団体に対して奨学の措置を講ずることを義務づけている。

義務教育制度には，一定の内容を子どもに施すことを求める「教育義務」を採用している国もあるが，我が国の義務教育制度は，保護者に対し，その

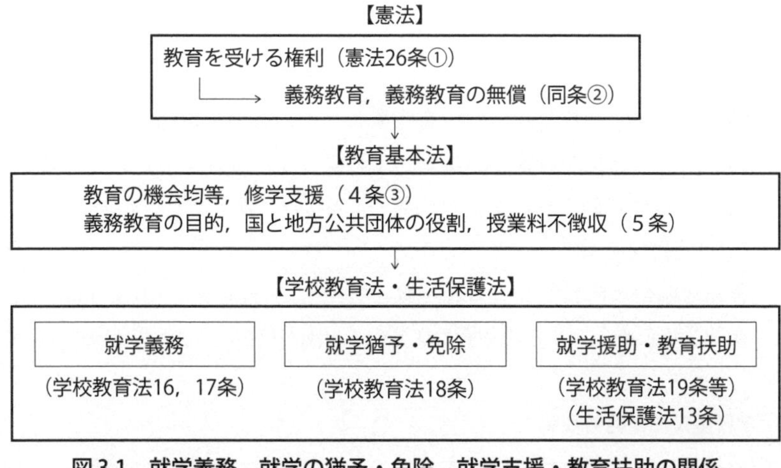

図3.1　就学義務，就学の猶予・免除，就学支援・教育扶助の関係

子を，一定期間学校に就学することを義務づける「就学義務」の制度を採用している。就学義務は，それを実質化するために就学支援・教育扶助の制度，就学義務の例外を定めた就学猶予・免除の制度によって補完されている。

(1) 就学義務

我が国の義務教育制度は，一定期間，学校に就学することを義務づける「就学義務」を柱としている。教育基本法が，保護者に課す「普通教育を受けさせる義務」は，「別に法律で定めるところにより」の規定により，学校教育法上，義務教育の期間や始期・終期，義務不履行に対する罰則の規定など「就学義務」の内容が具体的に記されている。

その内容は，①年数主義（一定の年数の間，就学を義務づける考え方）であり，かつ，②年齢主義（始期と終期を定めて，特定の学齢期に就学を義務づける考え方）である。また，制度上，③課程主義（進級，卒業に対して一定の課程の修了を義務づける考え方）も併用されている。

①年数主義については，学校教育法第16条に「九年」と期間を定め就学義務を課すことを規定しており，②年齢主義については，小学校については「満六歳に達した日の翌日以降における最初の学年の初めから，満十二歳に達した日の属する学年の終わりまで」（同法第17条第1項），中学校については，「小学校の課程，義務教育学校の前期課程又は特別支援学校の小学部の課程を修了した日の翌日以後における最初の学年の初めから，満十五歳に達した日の属する学年の終わりまで」（同法第17条第2項）と，年齢を基準として就学する時期を特定している。③課程主義については，学校教育法施行規則第

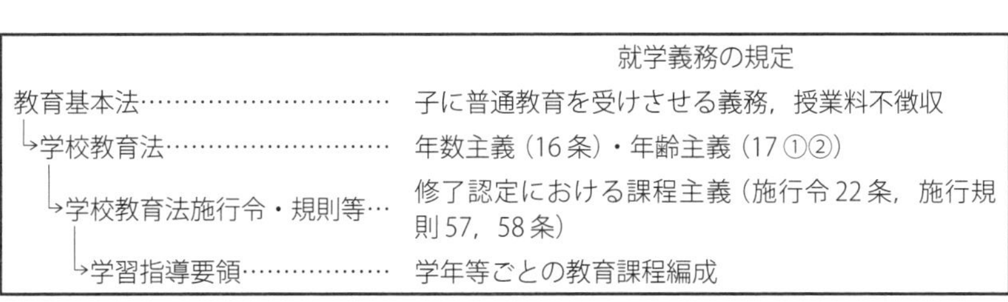

図3.2 「就学義務」に関する規定の法令間の階層構造

57条は「小学校において，各学年の課程の修了又は卒業を認めるに当たつては，児童の平素の成績を評価して，これを定めなければならない」と成績評価による課程修了認定を定めているが，事実上，本人や保護者の意向に沿って，進級，卒業させる慣例が形成されており，形式化しているとの指摘がある。

保護者が就学義務を履行しない時は，「十万円以下の罰金に処する」（学校教育法第144，145条）とされ，罰則規定が設けられている。

(2) 就学指定とその例外　～学校指定の変更，区域外就学～

市町村教育委員会は，その障害の状態，地域の教育の体制の整備状況等を踏まえた総合的な観点から都道府県の設置する特別支援学校に就学することが適当と認定した者（認定特別支援学校就学者）以外の者については，保護者に対して，入学期日，入学すべき小学校・中学校を指定しなければならない。

しかし，地理的な理由，身体的な理由，いじめ等によって，指定された学校に就学することができない場合には，「学校指定の変更」（市町村内での学校指定の変更），「区域外就学」（市町村を超えた学校の変更）という方法によって，例外的な取扱いが可能となっている。

表3.2　小学校，中学校への就学指定の例外的取扱い

例外的取扱い	内　　容
学校指定の変更 （学校教育法施行令8条）	市町村教育委員会は，学校指定について，相当と認めるときは，保護者の申立てにより変更をすることができる。
区域外就学 （学校教育法施行令9条）	保護者は，住所のある市町村の区域外の学校に就学させようとする時は，就学させようとする市町村教育委員会の承諾を得て，住所のある市町村教育委員会に届け出なければならない。

(3) 就学の猶予及び免除

市町村教育委員会は，学齢期にある児童生徒で，病弱，発育不完全その他やむを得ない事由のため，就学困難と認められる者の保護者に対しては，就学義務を猶予又は免除することができる（学校教育法第18条）。就学義務が猶予・免除される場合とは，児童生徒の失踪，少年院への入院などがあたる。

(4) 就学援助・教育扶助

経済的な理由によって就学が困難な者に対する支援には，「就学援助」と「教育扶助」がある。前者が，憲法第26条（教育を受ける権利）を根拠とした制度であるのに対し，後者は憲法第25条（生存権）を根拠とした制度である。

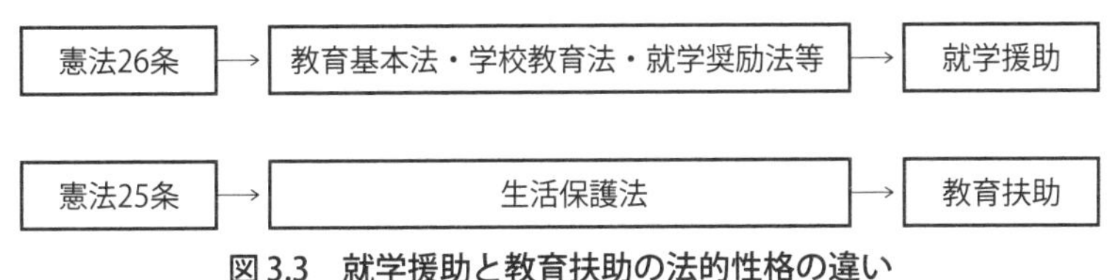

図3.3　就学援助と教育扶助の法的性格の違い

① 就学援助

教育基本法第4条第3項は，「国及び地方公共団体は，能力があるにもかかわらず，経済的理由によって修学が困難な者に対して，奨学の措置を講じなければならない」と規定している。

それを受ける形で，学校教育法第19条は，「経済的理由によつて，就学困難と認められる学齢児童又は学齢生徒の保護者に対しては，市町村は，必要な援助を与えなければならない」と規定し，市町村に対して就学援助義務を課している。

さらに市町村に対する国の財政支援について，就学が困難な児童及び生徒に係る就学奨励についての国の援助に関する法律（就学奨励法）は，要保護者への学用品費，通学費，修学旅行費等に係る国の市町村への補助について定めており，特別支援学校への就学奨励に関する法律（特別支援学校就学奨励法）は，教科用図書の購入費，学校給食費等に係る国と都道府県の行う就学奨励について定めている。

② 教育扶助

生活保護法によって困窮世帯に対して生活支援等が行われている。同法第13条は，困窮のため最低限度の生活を維持することのできない者に対する教育扶助について次の支援を行うことを定めている。

・義務教育に伴って必要な教科書その他の学用品

・義務教育に伴って必要な通学用品
・学校給食その他義務教育に伴って必要なもの

4. 学年，学期等

学校の学年，休業日，授業終始等は，法令で下記のように定められている。

○学年：4月1日に始まり，翌年3月31日に終わる（学校教育法施行規則第59条）
○授業の終始の時刻：授業終始の時刻は，校長が定める（同第60条）
○公立小学校等の休業日：学校教育法施行規則第61条によって，①国民の祝日に関する法律に規定する日，②日曜日及び土曜日，③学校教育法施行令第29条の規定により教育委員会が定める日とされている。ただし，「当該学校を設置する地方公共団体の教育委員会が必要と認める場合は，この限りでない」とされており，この但し書きにより，土曜日授業も可能となっている。

なお，「臨時休業」（非常変災その他急迫の事情があるとき）については，校長が判断し，公立学校についてはこの旨を教育委員会に報告しなければならない（同第63条）とされている。

Topics

土曜日授業と私立学校

「土曜授業」とは，土曜日に行われる学校の教育課程としての授業を意味しており，教育課程外で行われる土曜学習と区別される。私立小学校等においては，学期や休業日は，当該学校の学則で定めることとされている。そのために，土曜日，日曜日に授業を行う場合には，各学校の学則を変更すれば，容易に実施が可能である。

公立小学校等では，学校教育法施行規則第61条で，「日曜日及び土曜日」は休業日と法定されている。そこで，教育委員会の判断で土曜授業を実施するためには，同条ただし書き「当該学校を設置する地方公共団体の教育委員会が必要と認める場合」を適用することになる。このことによって，教育委員会が必要と判断すれば，学校の教育課程として土曜授業を実施することが可能となる。教育委員会は，学校の教育課程に関する管理施行権限に基づいて，土曜日授業の必要性を判断することになる。

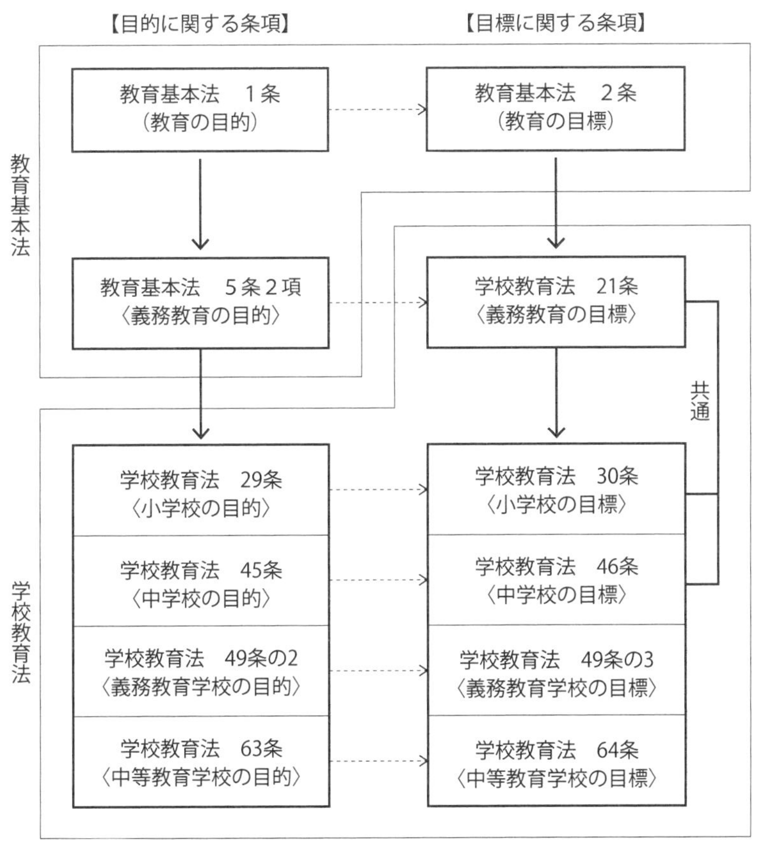

図3.4　義務教育に関する教育基本法，学校教育法上の目的・目標の関係

5. 各校種ごとの目的，目標

教育基本法第1条，第2条，第5条等を受けて，学校教育法は，各校種ごとの目的，目標を定めている（**図3.4**）。日常の学校における教育実践がこれらの法令に沿って行われるだけでなく，学習指導要領の改訂，教科書検定基準の改正も，これらの法令の規定に沿って行われる。

6. 学校評価

学校は，組織的，継続的に学校運営の改善を図り，保護者や地域住民等へ

表3.3　学校評価の種類

学校評価の種類	内　容	根拠法令
自　己　評　価 （学校＝教職員）	公表義務 設置者への報告義務	学校教育法施行規則66条1項・2項，68条
学校関係者評価 （保護者等の学校関係者）	公表の努力義務 設置者への報告義務	学校教育法施行規則67条，68条
第　三　者　評　価 （専門家等）	規定なし	規定なし

（注）学校評価ガイドライン〔改訂〕参照。「外部評価」（学校外の関係者や有識者による評価）の規定はないが，内容上「学校関係者評価」「第三者評価」がこれに当たる。

の説明責任を果たし，学校・家庭・地域の連携協力によって学校づくりを進めるために，学校運営の状況について自己評価等を行い，公表することが法令により義務づけられている（**表3.3**）。

第2節　学校組織と学校運営

1. 教職員の職制

学校には，校長・園長，副校長，教頭，主幹教諭，指導教諭，教諭，養護教諭，栄養教諭，事務職員などさまざまな職員が配置されている。それぞれの職務は，学校教育法第37条で次のように規定されている（**表3.4**）。

2. 教職員の配置

学校には，校長及び相当数の教員を置かなければならない（学校教育法第7条）とされている。学校に配置される教職員には，(a) 必ず置かなければならない職員，(b) 原則置かなければならないが特別の事情があるときは置かないことができる職員，(c) 置くことができる職員，に区分できる（**表3.5**）。

原則的に，小学校では，校長，教頭（副校長を配置する時は置かないことができる），教諭，養護教諭，事務職員は，いずれの学校においても，置かなければならない職員である。

表 3.4　学校に配置される教職員の職名と職務内容（学校教育法第 37 条）

職　名	職　　務
校　　長	校長は，校務をつかさどり，所属職員を監督する。
副 校 長	副校長は，校長を助け，命を受けて校務をつかさどる。
教　　頭	教頭は，校長（副校長を置く小学校にあつては，校長及び副校長）を助け，校務を整理し，及び必要に応じて児童の教育をつかさどる。
主幹教諭	主幹教諭は，校長（副校長を置く小学校にあつては，校長及び副校長）及び教頭を助け，命を受けて校務の一部を整理し，並びに児童の教育をつかさどる。
指導教諭	指導教諭は，児童の教育をつかさどり，並びに教諭その他の職員に対して，教育指導の改善及び充実のために必要な指導及び助言を行う。
教　　諭	教諭は，児童の教育をつかさどる。
養護教諭	養護教諭は，児童の養護をつかさどる。
栄養教諭	栄養教諭は，児童の栄養の指導及び管理をつかさどる。
事務職員	事務職員は，事務をつかさどる。

（注）第 37 条（小学校）の規定は，中学校，高等学校，義務教育学校，中等教育学校，特別支援学校に準用される。

表 3.5　学校における教職員の配置

職　　名	幼稚園	小学校	中学校	義務教育学校	高　校	中等教育学校	特別支援学校
校長（園長）	◎	◎	◎	◎	◎	◎	◎
副校長（副園長）	△	△	△	△	△	△	△
教　　頭	○	○	○	○	○	○	○
主幹教諭	△	△	△	△	△	△	△
指導教諭	△	△	△	△	△	△	△
教　　諭	◎	◎	◎	◎	◎	◎	◎
養護教諭	△	◎	◎	◎	△	◎	◎
栄養教諭	△	△	△	△	△	△	△
事務職員	△	◎	◎	◎	◎	◎	◎

（注）◎必ず置かなければならない職員，○原則置かなければならないが特別の事情があるときは置かないことができる職員，△置くことができる職員，

なお，特別の事情のあるときは，教諭に代えて助教諭又は講師を，養護教諭に代えて養護助教諭を置くことができる。学校の実情に照らし必要があると認めるときは，校長（副校長を置く小学校にあつては，校長及び副校長）及び教頭を助け，命を受けて校務の一部を整理し，並びに児童の養護又は栄養の指導及び管理をつかさどる主幹教諭を置くことができる。

教職員は，学校種によって必置・任意設置が異なり，また配置する職の種類が異なる。例えば，養護教諭は高等学校では任意設置となっている。高等学校，中等教育学校，特別支援学校には，小中学校にはない職員として，「実習助手」(任意設置) と「技術職員」(任意設置)，「寄宿舎指導員」(寄宿舎に必置) がある。

また，学校保健安全法第23条によって，上記のいずれの校種においても学校医，学校歯科医，学校薬剤師は必置とされている。

Topics

チーム学校と多様な職員の配置　いじめ，不登校，児童虐待への対応，医療的ケア，ICT環境整備など学校教育や児童生徒が抱える課題は多岐にわたっている。これらの問題に対応するために，学校教育法施行規則の整備 (第65条の2〜第65条の7等) により制度化され，学校には多様な職員が配置されている。

- **医療的ケア看護職員**：小学校等における日常生活および社会生活を営むために恒常的に医療的ケア (人工呼吸器による呼吸管理，喀痰かくたん吸引その他の医療行為をいう。) を受けることが不可欠である児童等の療養上の世話又は診療の補助に従事する。
- **スクールカウンセラー**：小学校等における児童の心理に関する支援に従事する。
- **スクールソーシャルワーカー**：小学校等における児童の福祉に関する支援に従事する。
- **情報通信技術支援員**：教育活動その他の学校運営における情報通信技術の活用に関する支援に従事する。
- **特別支援教育支援員**：教育上特別の支援を必要とする児童の学習上又は生活上必要な支援に従事する。
- **教員業務支援員**は，教員の業務の円滑な実施に必要な支援に従事する。

3. 教諭・事務職員をもって充てる職 (主任)

学校には，教務主任，学年主任，保健主事，生徒指導主事，進路指導主事など「主任」といわれる人たちがいる。これらは，「充てる職」といわれている (**表3.6**)。

例えば，学校教育法施行規則第44条第1項は「小学校には，教務主任及

表3.6　主任等の「充てる職」(学校教育法施行規則による)

充てる職	対象となる職名	小	中	高	特	備　考
教務主任	指導教諭，教諭	○	○	○	○	
学年主任	指導教諭，教諭	○	○	○	○	
保健主事	指導教諭，教諭，養護教諭	○	○	○	○	
生徒指導主事	指導教諭，教諭		○	○	○	〈特〉は中学部・高等部
進路指導主事	指導教諭，教諭		○	○	○	〈特〉は中学部・高等部
その他の主任等		△	△	△	△	研究主任等
司書教諭(図書館法5条)	主幹教諭，指導教諭，教諭	○	○	○	○	12学級以上
各部の主事	教諭				△	特別支援学校
寮務主任・舎監	指導教諭，教諭				○	寄宿舎設置校
学科主任・農場長	指導教諭，教諭			○		2学科以上，農業学科
事務長・事務主任	事務職員	△	△	○	○	

(注) ○は必置を，△は必置でないものを意味する。中等教育学校は，中学校，高等学校を準用。〈特〉は特別支援学校を指す。なお，主任等の担当する校務を整理する主幹教諭を置くときは，主任等を置かないことができる。

び学年主任を置くものとする」として，同条第3項は「教務主任及び学年主任は，指導教諭又は教諭をもつて，これに充てる」と規定している。「充てる」とは，例えば，教諭という職にある教員に対して，教務主任という仕事を割り当てることを意味しており，一種の職務命令であると解されている。

Topics

教務主任と教務を担当する主幹教諭の違い

「主任」(教務主任，学年主任，生徒指導主事，進路指導主事等)と，「主幹教諭」とはどう違うのであろうか。主幹教諭，指導教諭，教諭が「職」(post)であるのに対し，主任は「職務」(duty)である。例えば，学校教育法施行規則第44条第3項は「教務主任及び学年主任は，指導教諭又は教諭をもつて，これに充てる」と規定されている。これは，指導教諭という職(post)にあるものに対して，「教務主任」という職務(duty)を割り当てるという意味である。つまり，法的には，指導教諭が職名であるのに対して，「主任」とは教育委員会や校長による包括的職務命令と位置づけられている。「主任」という職務を割り当てられた者は，当該領域の教員間の連絡調整にあたるものであり，他の教諭等に対し職務命令を出すことはできない。

これに対して，主幹教諭は，職そのものに「命を受けて校務の一部を整理」するという役割が与えられており，教務を担当する主幹教諭には，主任の発令がなくても，そのままで当該領域における教員間の連絡調整にあたれるほか，その職位に基づいて当該領域の職務に関して教諭等に職務命令を発する権限が付与されている。

《補足》部活動指導員の制度化

部活動は，その教育的な意義が認められているが，担当する教員の負担が大きいことや，また，主にボランティアが担ってきた外部指導者は事故等に対する責任の所在が曖昧であり，大会に引率できないなどの課題が指摘されてきた。

2017年度から「部活動指導員」が制度化された（学校教育法施行規則第78条の2）。部活動指導員は，部活動の顧問として技術的指導を行うとともに，学校外の活動への引率，保護者への連絡，指導計画の作成，生徒指導に係る対応，事故発生時の対応等を行っている。

4. 校長と職員会議

学校では，通常，教員によって構成される職員会議が定期的に開催され，学校運営や教育活動について話し合われている。職員会議の法的性格については，かつては，明文の規定がなかったことから，①意思決定機関説（学校としての最終的な意思決定をする機関），②諮問機関説（校長の諮問に基づいて審議する機関），③補助機関説（校長の意思決定を補助するための機関）の諸説が提起されていた。こうした状況に対して，2000年に学校教育法施行規則が改正され，職員会議については，次のように明文化された。なお，各市町村の学校管理規則では，「補助機関」と明示している場合もある。

学校教育法施行規則

第四十八条　小学校には，設置者の定めるところにより，校長の職務の円滑な執行に資するため，職員会議を置くことができる。

2　職員会議は，校長が主宰する。

校長は，学校教育法第37条第4項によって，「校務をつかさどり，所属職員を監督する」とされており，「校務」は学校の仕事の全体を含むとされていることから，学校としての最終的な意思決定権は，法的には校長にある。

その一方で，職員会議の運用のあり方は，教職員間の意思疎通・共通理解や教職員の自発的コミットメントの促進など学校組織の機能を左右するものであることを考えれば，法律論とは別に，組織マネジメントや協働性確保の視点から，考えていく必要があるものと思われる。

5. 学校評議員，学校運営協議会

学校・家庭・地域が連携協力しながら子どもの教育を担っていくために，地域に開かれた学校づくりを進める観点から，地域住民の学校運営への参画の仕組みを制度的に位置づけるものとして2009年4月から学校評議員制度が導入された。設置者の定めるところにより，学校や地域の実情に応じて学校評議員をおくことができる（校長の推薦により学校の設置者が委嘱する）。学校評議員は，校長の求めに応じて，学校運営に関し意見を述べることができる（学校教育法施行規則第49条等）。

これに対して，保護者や地域住民が指定された学校の運営に一定の権限と責任をもって参加する制度（コミュニティスクール制度）として，保護者や地域住民等が協議する「学校運営協議会」が設けられる。学校運営協議会は，合議体として意思決定を行い，指定された学校の教育課程を承認したり，学

表3.7　学校評議員と学校運営協議会（コミュニティスクール）の違い

	学校評議員	学校運営協議会（コミュニティスクール）
権限等の違い	・個人として意見を述べる ・校長や教育委員会を直接的に拘束するものではない。	・合議体としての意思決定による ・法的な権限を有する （教育課程，予算施行，組織編成，教員の採用等）
根拠法令	学校教育法施行規則49条	地方教育行政の組織及び運営に関する法律47条の5

校運営に意見を述べたりするほか，職員の採用等においても任命権者に意見を述べるなどの法的な権限が与えられている。2017（平成29）年の法改正により教育委員会に対して学校運営協議会の設置が努力義務として課されている。

第3節　教育課程と教科書

1. 教育課程とその編成権

教育課程とは，「学校教育の目的や目標を達成するために，教育の内容を児童の心身の発達に応じ，授業時数との関連において総合的に組織した学校の教育計画」（小学校学習指導要領解説　総則編）である。具体的には，教育課程案，年間指導計画，年間行事予定表，生活時程表・授業時間表，授業評価計画，教材選定と構造化案，指導案，学級経営計画等を指している。

学校の教育課程の編成権限について学習指導要領は「総則」において「各学校においては，教育基本法及び学校教育法その他の法令並びにこの章以下に示すところに従い，児童の人間として調和のとれた育成を目指し，地域や学校の実態及び児童の心身の発達の段階や特性を十分に考慮して，適切な教育課程を編成するものと」すると規定しており，各学校において校長が責任者となって教育課程を編成するということになる。現実には，教職員が役割分担し意見を取り入れ，協力して教育課程を編制し，最終的な決定は校長が行うということになる。

2. 学習指導要領

(1) 法的性格と内容

各学校において教育課程を編成するに際には，教育基本法，学校教育法の定める目的，目標を受けて，文部科学大臣告示である学習指導要領によって教育課程の具体的な枠組みや基準を規定するという構造になっている。

学習指導要領は，教育課程の基準として文部科学大臣が示したものであり，「告示」として法的拘束力を有するとされている[1)]。

学習指導要領の根拠

学校教育法　第三十三条　小学校の教育課程に関する事項は，第二十九条及び第三十条の規定に従い，文部科学大臣が定める。
学校教育法施行規則　第五十二条　小学校の教育課程については，この節に定めるもののほか，教育課程の基準として文部科学大臣が別に公示する小学校学習指導要領によるものとする。
(注) 中学校，義務教育学校，高等学校，中等教育学校，特別支援学校も同様である。

学習指導要領の内容
小学校：総則，各教科，特別の教科 道徳，外国語活動，総合的な学習の時間，特別活動
中学校：総則，各教科，特別の教科 道徳，総合的な学習の時間，特別活動
高等学校：総則，各学科に共通する各教科，主として専門学科において開設される各教科，総合的な学習の時間，特別活動

(2) 学習指導要領の変遷

学習指導要領は，ほぼ10年ごとに改訂されてきた。学習指導要領の変遷は，**表3.8**のとおりである。

表3.8　学習指導要領の変遷

	特　　徴	主な内容
Ⅰ期(昭和33～35年)	教育課程の基準性の明確化	道徳の時間，系統性重視
Ⅱ期(昭和43～45年)	教育内容の現代化	時代の進展に対応した高度化
Ⅲ期(昭和52～53年)	ゆとり（学習負担の適正化）	各教科の目標，内容をしぼる
Ⅳ期(平成元年)	社会変化に対応できる人間育成	生活科導入，道徳教育の充実
Ⅴ期(平成10～11年)	生きる力の育成	内容厳選，総合的な学習の時間
Ⅴ期(平成15年)	※学習指導要領の一部改正（最低基準性の明確化）	
Ⅶ期(平成20～21年)	生きる力（学力のバランス）	時数増，小学校外国語活動導入
Ⅷ期(平成28～29年)	生きる力 社会に開かれた教育課程	道徳の教科化（特別の教科 道徳） 主体的・対話的で深い学び

(3) 現行学習指導要領の特徴

① 基本的な考え方

・教育基本法改正等で明確になった教育の理念を踏まえ「生きる力」を育成
・知識・技能と思考力・判断力・表現力等の育成のバランスを重視，授業時数の増加
・道徳や体育などの充実により，豊かな心や健やかな身体を育成

② 主な事項（小・中学校学習指導要領）

○言語活動の充実
○理数教育の充実
○伝統や文化に関する教育の充実
○道徳教育の充実
○体験活動の充実
○外国語活動の充実
○重要事項（幼小連携，食育・安全教育等の充実，情報教育の充実，障害に応じた教育，「はどめ規定」の削除など）

3. 教科書制度および教科書検定

(1) 教科用図書（教科書）

「教科書」とは「小学校，中学校，義務教育学校，高等学校，中等教育学校及びこれらに準ずる学校において，教育課程の構成に応じて組織排列された教科の主たる教材として，教授の用に供せられる児童又は生徒用図書であつて，文部科学大臣の検定を経たもの又は文部科学省が著作の名義を有するもの」（教科書の発行に関する臨時措置法第２条）と定義されている。「教育課程の構成に応じて組織排列された教科の主たる教材として，教授の用に供せられる児童又は生徒用図書」とは，単なる参考図書という意味ではなく，教育課程と密接な関係をもって作成されていることに重要な意味が示されており，それゆえに「主たる教材」の位置づけを与えられているといえる。

Topics

「デジタル教科書」とガイドライン

いわゆる「デジタル教科書」には，「学習者用デジタル教科書」(児童生徒が各教科等において使用するもの) と「指導者用デジタル教科書」(教師が効果的な指導のための使用するもの) がある。法改正を経て2019年度から，学校教育法第34条第2項により，教育課程の一部において，デジタル教科書 (学習者用デジタル教科書) を，紙の教科用図書 (教科書) に代えて使用できるようになった。また，同条第3項は，特別な配慮を必要としている児童生徒等に対して，学習上の困難を低減させる必要がある場合には，教育課程の全部または一部において，紙の教科用図書 (教科書) に代えて使用できるようになっている。

これは，紙の教科書の使用を基本としつつ，必要に応じて，学習者用のデジタル教科書を使用させること (併用制) という現在の方針を反映している。紙の教科書には，教科書検討制度・採択制度が適用され，学校にはその使用義務が課されている。また，紙の教科書には，教科書無償措置法により無償給付が行われる。これに対して，学習者用デジタル教科書は，現状においては，これら教科書検定 (紙の教科書と同一内容であるために改めて検定を行わない)，使用義務，無償措置の適用がないという点で異なっている。なお，紙の教科書に記載されていない動画などのコンテンツは，学校教育法第34条第4項に規定される補助教材に位置づけられることになる。

GIGAスクール構想による一人一台端末の整備が進み，小中学校用の教科書のほとんどで，デジタル教科書が発行されるようになっている。文部科学省は，2018年12月に「学習者用デジタル教科書の効果的な活用の在り方等に関するガイドライン」を公表して，制度の概要の周知を図るとともに，その効果的な活用の在り方や使用に当たり留意すべき点等についての学校関係者への理解を図ってきた。なお，2021年3月には，ガイドラインの改訂版が公開され，「使用は授業時数の2分の1未満であること」が削除されるなど，積極的な活用に向けて改善が図られている。今後，デジタル教科書が本格的に導入されることが想定されており，著作権等の法制度が整備されていくものと思われる。

(2) 教科書の使用義務 (教科用図書)

学校教育法は「小学校においては，文部科学大臣の検定を経た教科用図書又は文部科学省が著作の名義を有する教科用図書を使用しなければならない」(第34条第1項) と規定し，初等中等教育学校においては，国の検定を経た教科書を使用することを法的に義務づけている。

一般に，教科書の使用を前提として，教師が自作プリントや視聴覚教材を使用することは認められると考えられる[2)]。

(3) 補助教材の届出と承認

その一方で，学校教育法第34条第4項は，「教科用図書及び第2項に規定する教材以外の教材で，有益適切なものは，これを使用することができる」と規定している。つまり，「教科用図書」とは，①文部科学大臣の検定を経た教科用図書，②文部科学省が著作の名義を有する教科用図書，③それ以外の教科用図書に区分され，いわゆる「教科書」とは，①および②を意味する。③の教科書に該当しない補助教材等については，市販のものでも「有益適切なもの」は学校で使用できる。学校管理規則等によって，教育委員会への届出・承認によって使用することとされている。

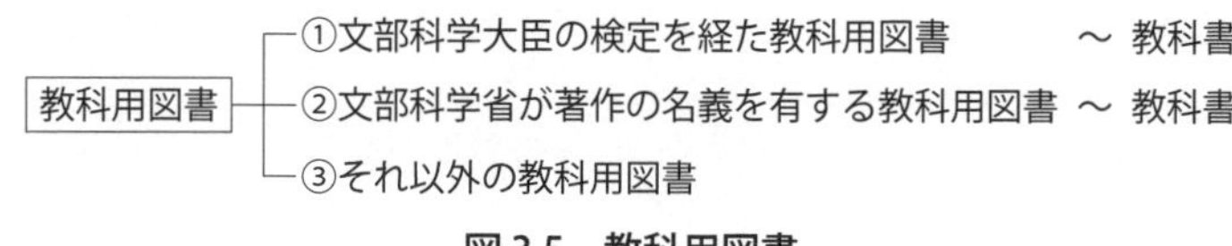

図3.5　教科用図書

(4) 教科書検定と教科書採択

① 教科書検定

学校教育において，国民の教育を受ける権利を実質的に保障するために，全国的な教育水準の維持向上，教育の機会均等の保障，適正な教育内容の維持，教育の中立性の確保を図るために教科書検定が実施されている。

我が国では，教科書の著作・編集を民間に委ねることにより著作者の創意工夫に期待するとともに，検定を行うことによって適切な教科書を確保することをねらいとして教科書検定制度を採用している。民間が編集した教科用図書を，学習指導要領への準拠性，中立性，正確性などの観点から，国が教科書としての適格性を審査している。

② 教科書採択

教科書の採択について，義務教育である小学校，中学校，義務教育学校，中等教育学校の前期課程および特別支援学校の小・中学部の教科書については「義務教育諸学校の教科用図書の無償措置に関する法律」（教科書無償措置法）に定められている。

教科書無償措置法は，「市町村の区域又はこれらの区域を併せた地域」を採択地区とし（第12条），採択地区が二つ以上の市町村を併せた地域であるときは「採択地区協議会」を設けなければならないとしている（第13条第4項）。そのうえで「当該採択地区内の市町村の教育委員会は，採択地区協議会における協議の結果に基づき，種目ごとに同一の教科用図書を採択しなければならない」（第13条第5号）としている[3)]。

高等学校の採択方法は法令上具体的な定めはないが，公立高等学校では，各学校の実態に即して所管の教育委員会が採択を行っている。国立・私立学校の採択権限は，校長にある。

Topics

教科書謝礼問題　教科書採択をめぐる不正の問題は，明治期の教科書疑獄事件など，従来からたびたび発生してきた。2015年10月に，複数の教科書会社で，教科書検定中の教科書を現職の教員らに見せて，その意見等を聞いた謝礼として現金や図書カードなどを渡していた問題が発覚した。文部科学省の求めで行われた小中学校の教科書発行会社22社の自己点検結果の報告によれば，12社が47都道府県の5,147人（謝礼なし1,151人，謝礼あり3,996人）に教科書を見せたといい，これ以外にも，教育長や教育委員に対して，歳暮や中元を贈った例が報告されている。

文部科学省は，2016年3月末に，謝礼の提供を受けた公立小中学校の教員ら3,367人（提供時に退職していた元教員，調査済みの者を除く）のうち，839人が調査員などの立場で採択に関わっていたと発表した。

(5) 教科書の無償措置

義務教育諸学校の教科書は，無償で給付・給与される（教科書無償措置法）[4)]。ただし，「義務教育の無償」と「教科書の無償措置」は，法的にその性質を異にしている。判例（最大判昭和39年2月26日）は，現状において，憲法第26条第2項の規定する義務教育の「無償」とは授業料の不徴収を意味していると解している。教科書の無償措置は，政策的判断により，教科書無償措置法に基づき実施されているものである。

［佐々木 幸寿］

Topics

学校における著作権（著作物の複製）　著作権法上，思想・感情を創作的に表現したもので，文芸，学術，美術，音楽の範囲に属するものは著作物とされ，一般に，著作物を使用したり，複製する場合には，著作権者の許可を受ける必要がある。

しかし，著作物の複製は，学校その他の教育機関において必要とされる限度において授業で使用する場合（著作権法第35条），試験問題として使用する場合には（同第36条），複製が認められている。

ただし，問題集やドリルをコピーして使用することは，問題集やドリルそのものが児童生徒に販売することを目的に出版されたものであることから，「著作権者の利益を不当に害することとなる場合」（同第35条）に該当し，許されないと考えられている。

考えてみよう！

- 学校における教育課程において，教育基本法，学校教育法，学習指導要領は，どのように位置づけられるのか。
- 新しい職の設置によって，学校組織の運営や教職員間の関係はどのように変化したのか。

注

1）学習指導要領の法的性格について，策定当初は，法令としての性格はなく，教師の手引き書としてつくられた。その後，告示となり，その法的基準としての性格が争点となった。判例（最大判昭和51年5月21日）は，国は「教育の機会均等の確保等の目的のために必要かつ合理的な基準を設定することができる」としており，行政解釈によれば，大臣告示としての学習指導要領は，法規命令として法的拘束力を有するものとされている。学習指導要領は，法規としての効力をもつためには基準として遵守するべき内容が客観的に確定している必要がある。理念や方向性のみ示されている部分，抽象的・多義的で多様な解釈や実践が成り立ち得る部分，指導の例を挙げるにとどまる部分等は，法規たり得ないか，教育を実践する者の広い裁量に委ねられていると考えられる（東京高判平成 23 年 9 月 16 日）。

2）教科書の使用義務については，判例は，「教科書は主たる教材であり，教師は授業に持参させ，原則としてその内容の全部について教科書に対応して授業をすべきであるが，その間，学問的見地に立った反対説や他の教材を用いての授業も許される」（福岡高判昭和 58 年 12 月 24 日）とされている。

3）教科書共同採択の理由としては，①採択のための十分な調査研究を行うこと，②公正な採択を確保すること，③教科書を使用して行う教員研修や共同での教材研究の円滑な実施を図ること等があげられている。

4）国から学校設置者に対して「給付」され，学校設置者から児童生徒に対して「給与」される。

COLUMN

学習指導要領の基準性

学習指導要領について定めた学校教育法施行規則第52条は，「小学校の教育課程については，この節に定めるもののほか，教育課程の基準として文部科学大臣が別に公示する小学校学習指導要領によるものとする」と定めている。この場合の「基準」とはいったいどういう意味であるのか。ちょうど良い適正な水準という意味であるのか，これ以下は許されないという最低基準という意味であるのかということである。

この「基準性」の意味については，政府による説明も，幾度か変化している。学習指導要領の文部大臣の告示として法的拘束力が認められた1958年の頃は，最低基準であると考えられていた。学校教育法施行規則で定められた授業時数や学習指導要領で示された教育内容は，最低水準を定めたものとされていたのである。

その後，暗記中心の詰め込み教育，授業についていけない落ちこぼれなどの教育課題が認識されていくと，1989年の改訂の頃には，学習指導要領は適正基準であるとされた。「○○は扱わない」「理解の段階に留める」「○○は深入りしない」（いわゆる歯止め規定）などと記載され，学校教育法施行規則や学習指導要領の定めを超えた指導は事実上控えられるようになった。

しかし，「ゆとり教育論争」など学力低下を指摘する声がではじめると，2003（平成15）年の中央教育審議会答申「初等中等教育における当面の教育課程及び指導の充実・改善の方策について」によって，学習指導要領の基準性についての解釈が変更された。2003年に異例の学習指導要領の一部改正が行われ，歯止め規定が見直されるなど，再び，学習指導要領の最低基準性が強調されたのである。各学校では，学校教育法施行規則で定められた授業時数を超えて土曜授業が行われるようになったり，学習指導要領に示されていない内容についても発展的な指導が行われるようになっている。［佐々木 幸寿］

第4章

学校教育に関する法律②
—児童生徒・特別支援教育・健康教育・学校事務—

本章のねらい

本章では，学校教育における児童生徒の身分の取扱いについて学ぶとともに，特別支援教育，健康教育に関する制度について理解する。また，指導要録など児童生徒に関する学校事務について概要を理解する。

第1節　児童生徒の身分の取扱い

1. 入学・退学・卒業

(1) 入学

学齢期の児童生徒については，市町村教育委員会（視覚障害者等の場合には，都道府県教育委員会）が，保護者に対して，小学校・中学校・義務教育学校の入学期日等の通知を行い，子どもの入学すべき学校を指定することで入学の手続が進められる（学校教育法施行令第5条）。

高等学校の入学は，調査書等の書類，学力検査の成績等を資料として行う入学者の選抜に基づいて，校長が許可する（学校教育施行規則第90条）。

Topics

「就学支援委員会」から「教育支援委員会」へ

就学（教育）支援委員会は，幼児児童生徒の障害の種類，程度に応じて特別支援学校への適切な就学支援を行うため，専門的な調査や審議を行い，教育委員会に対し就学先となる特別支援学校の指定，就学後のフォローアップ等について助言する機関である。

従来，多くの市町村教育委員会においては，「就学指導委員会」が設置されていたが，早期から教育相談や支援を行い，就学先決定時だけでなくその後も一貫した支援について助言を行うという趣旨から「教育支援委員会」という名称へ変更する市町村教育委員会が増えている。

(2) 進級・卒業

小学校，中学校等では，各学年の課程の修了又は卒業を認めるに当たっては，児童生徒の平素の成績を評価して行うこととされている。課程修了の認定は，校長の権限である（学校教育法施行規則第 57，第 58 条）。

高等学校の全課程の修了の認定については，校長が，学習指導要領の規定に従って，74 単位以上を修得した者について行わなければならない（同第 96 条）とされている。

Topics

義務教育における原級留置

義務教育諸学校においては，校長は，平素の成績を評価した結果として，各学年の課程の修了や卒業が適当でないと判断した時は，原級留置（落第）とすることができる。

一般的には，本人や保護者と相談のうえ，原級留置を決定しているものと考えられる。原級留置とされた場合，法的な就学年限は延長されないが，実態としては，本人の希望等に応じて卒業まで就学させているのが通例である。

2. 懲戒と体罰の禁止

(1) 懲戒

児童生徒に対する懲戒と体罰については，学校教育法第 11 条は，「校長及

表4.1　懲戒種類

懲戒の種類	懲戒権限者	備　　考
叱責，起立，居残りなど	校長，教員	
退学，停学，訓告	校長	退学：国立，私立のみ可（4条件に限定） 停学：学齢児童生徒には不可

び教員は，教育上必要があると認めるときは，文部科学大臣の定めるところにより，児童，生徒及び学生に懲戒を加えることができる。ただし，体罰を加えることはできない」としている。

条文中の「文部科学大臣の定めるところ」とは，学校教育法施行規則第26条第1項～第4項を意味し，各項では次のように規定している。

○校長及び教員が懲戒を加えるに当たっては，児童等の心身の発達に応ずる等教育上必要な配慮をしなければならない。

○懲戒のうち，退学，停学及び訓告の処分は，校長が行う。

○退学は，公立の小学校，中学校（併設型中学校含む），義務教育学校，特別支援学校の学齢児童生徒に対しては，行うことができない。

さらに，退学処分は，行う場合には，次の4条件のいずれかに該当する場合に限定されている。

〔**退学4条件**〕（学校教育法施行規則第26条第3項）

・性行不良で改善の見込がないと認められる者
・学力劣等で成業の見込がないと認められる者
・正当な理由がなくて出席常でない者
・学校の秩序を乱し，その他学生又は生徒としての本分に反した者

○停学は，学齢児童生徒に対しては，行うことができない。

(2) 体罰の禁止

体罰は，学校教育法第11条で禁止されている。しかし，何が許される指導，懲戒にあたり，何が体罰に当たるのかということは，状況や場面，態様等によって異なり，一義的に定めることは難しく，それが，体罰をめぐる事件事故が後を絶たない要因の一つとなっている。

文部科学省通知は，体罰について次のように述べている。

〔文部科学省通知〕

「体罰の禁止及び児童生徒理解に基づく指導の徹底について（通知）」（平成25年3月13日）

○体罰は違法行為であるにとどまらず，児童生徒の心身に深刻な悪影響を与え，教員・学校への信頼を失墜させる。

○身体に対する侵害を内容とするもの（殴る，蹴る等），児童生徒に肉体的苦痛を与えるようなもの（正座・直立等を長時間にわたって保持させる等）は，体罰に該当する。起立，罰当番，叱責は，通常体罰に当たらない。

○正当防衛，正当行為等は，体罰に当たらない。

○体罰防止に努め，体罰の実態把握と事故発生時の報告を徹底すること。

○部活動は，学校教育の一環であり，体罰は禁止されており，管理職は指導を監督し，教育活動としての使命を守ること。

Topics

体罰についての最高裁判決（最判平成21年4月28日）

公立小学校の教員が，女子数人を蹴るなどの悪ふざけをした2年生の男子を追い掛けて捕まえ，胸元をつかんで壁に押し当て大声で叱った行為について，最高裁は，国家賠償法上，違法とはいえないと判じている。

判決の中で，「体罰」と「有形力の行使」を区別し，当該事案においては「体罰」に該当しない「有形力の行使」が存在することを認めている。「体罰」か「教育的指導」かについて，判決は，有形力行使の目的，態様，継続時間等から，社会通念に照らして判断するという基準を示している。

しかし，多くの事例においては，身体に対する侵害を内容とするもの，肉体的苦痛を与えると判断された場合には，違法とされ，懲戒処分の対象ともなっていることを，肝に銘じておく必要がある。

3. 出席停止

義務教育においては懲戒としての停学は禁止されているが，法律で定めら

表4.2　二種類の出席停止

	性行不良による出席停止	感染症による出席停止
根拠法令	学校教育法　35条	学校保健安全法　19条
権限者	市町村教育委員会	校長
要　件	・次に掲げる行為の一又は二以上を繰り返し行う等性行不良であつて他の児童の教育に妨げがあると認める児童があるときは，その保護者に対して，児童の出席停止を命ずることができる。 一　他の児童に傷害，心身の苦痛又は財産上の損失を与える行為 二　職員に傷害又は心身の苦痛を与える行為 三　施設又は設備を損壊する行為 四　授業その他の教育活動の実施を妨げる行為（1項） ・市町村の教育委員会は，出席停止を命ずる場合には，あらかじめ保護者の意見を聴取するとともに，理由及び期間を記載した文書を交付しなければならない（2項）。 ・出席停止の命令の手続に関し必要な事項は，教育委員会規則で定めるものとする（3項）。 ・市町村の教育委員会は，出席停止の命令に係る児童の出席停止の期間における学習に対する支援その他の教育上必要な措置を講ずるものとする（4項）。	・校長は，法19条の規定により出席を停止させようとするときは，その理由及び期間を明らかにして，幼児，児童又は生徒（高等学校（中等教育学校の後期課程及び特別支援学校の高等部を含む。以下同じ。）の生徒を除く。）にあつてはその保護者に，高等学校の生徒又は学生にあつては当該生徒又は学生にこれを指示しなければならない（施行令6条1項）。 ・出席停止の期間は，感染症の種類等に応じて，文部科学省令で定める基準による（施行令6条2項）。 ・校長は，前条第一項の規定による指示をしたときは，文部科学省令で定めるところにより，その旨を学校の設置者に報告しなければならない。（施行令7条）

れた一定の条件の下で，学齢期の児童生徒に対しても出席をしないように命じることができる。出席停止には，①性行不良による出席停止，②感染症による出席停止の二種類がある。それぞれ**表4.2**のように，法的な性格が異なっている。

Topics

出席停止と停学の違い　性行不良による出席停止は，強制的に子どもの授業への出席等を停止するという形態を見ると，懲戒処分としての停学と同じもののように見える。しかし，性行不良による出席停止は，本人に対する懲戒という観点からではなく，学校の秩序を維持し，他の児童生徒の義務教育を受ける権利を保障する観点から設けられたものである点で，停学（懲戒処分）と法的な性格を異にしている。

義務教育においては，出席停止中の児童生徒の学習権を保障する観点から，「市町村の教育委員会は，出席停止の命令に係る児童の出席停止の期間における学習に対する支援その他の教育上必要な措置を講ずるものとする」（学校教育法第35条第4項）とされているのは，そのためである。

第2節　特別支援教育

教育基本法第4条第2項は，「国及び地方公共団体は，障害のある者が，その障害の状態に応じ，十分な教育を受けられるよう，教育上必要な支援を講じなければならない」と，国と地方公共団体に対し障害者に対する教育支援の義務を課している。また，特別支援学校の目的について規定した学校教育法第72条は，「障害による学習上又は生活上の困難を克服し自立を図るために必要な知識技能を授けること」と定めている。教育基本法，学校教育法では，対象が「障害者」「障害」とされている。教育基本法における「障害のある者」とは，特別支援学校あるいは特別支援学級の対象となっているのみならず，学習障害（LD），注意欠陥／多動性障害（ADHD），そのほかの発達障害を含めて広く障害により教育上特別な支援を要すると認められるものがすべて該当するとされている。

そして「特別支援教育」とは，元来，障害にとどまらず，不登校や貧困など特別な支援を必要とするすべて子どもを対象に，一人ひとりの子どもの教育ニーズに応じた教育支援を行うことを意味している。教育理念，教育方針としての「特別支援教育」とは，これらの法令の規定を超えた広がりをもつものであることを確認しておきたい。「特別支援教育」は，法令上の権利義務の問題として論じられる場合と，政策や教育の在り方として論じられる場合があることに注意しておく必要がある。

1. 特別支援学校

(1) 特別支援学校の目的

従来の盲学校，聾学校，養護学校の区分を改革し，「特別支援学校」の制度が2007（平成19）年4月1日にスタートした。特別支援学校の目的について，「特別支援学校は，視覚障害者，聴覚障害者，知的障害者，肢体不自由者又は病弱者（身体虚弱者を含む。以下同じ。）に対して，幼稚園，小学校，中学校又は高等学校に準ずる教育を施すとともに，障害による学習上又は生活上の困難を克服し自立を図るために必要な知識技能を授けることを目的とする。」（学校教育法第72条）と規定されている。

(2) 特別支援学校の教育課程

特別支援学校では，幼稚園，小学校，中学校，高等学校に準ずる教育を行うとともに、障害に基づく種々の困難を改善・克服するために「自立活動」という特別の指導領域が設定されている。子どもの障害等に応じた弾力的な教育課程が編成できるようになっている。

○幼稚部：教育内容の領域—健康，人間関係，環境，言葉，表現，自立活動

○小学部：各教科（国語，社会，算数，理科，生活，音楽，図画工作，家庭，体育，外国語），特別の教科 道徳，外国語活動，総合的な学習の時間，特別活動，自立活動（学校教育法施行規則第126条）

○中学部：各教科（国語，社会，数学，理科，音楽，美術，保健体育，技術・家庭，外国語），特別の教科 道徳，総合的な学習の時間，特別活動，自立活動（同施行規則第127条）

○高等部：別表第三及び別表第五に定める各教科に属する科目，総合的な学習の時間，特別活動，自立活動（同施行規則128条）

2. 特別支援学級

小学校，中学校，義務教育学校，高等学校および中等教育学校には，次の児童生徒のために，特別支援学級を置くことができる（学校教育法81条2項）。対象：①知的障害者，②肢体不自由者，③身体虚弱者，④弱視者，⑤難聴者，⑥その他障害のある者で特別支援学級において教育を行うことが適当なもの。

3. 通級指導

小中学校の通常学級に在籍している障害がある児童生徒で，障害の程度が比較的軽度である児童生徒について，平素の授業は主に通常学級で行い，自立活動や各教科の補充指導など特別の指導を，特別の教室（通級指導教室）で行う指導の形態をいう。通級指導の対象は，①言語障害者，②自閉症者，③情緒障害者，④弱視者，⑤難聴者，⑥学習障害者，⑦注意欠陥多動性障害者，⑧その他障害のある者で，特別の課程により教育を行うことが適当なものとされている（学校教育法施行規則第140条，第141条）。

通級による指導は，「自立活動」を中心に，各教科の内容を補充するための指導も行うことができる。自立活動と各教科の補充指導を合わせて年間35単位時間（週1単位時間）からおおむね年間280単位時間（週8単位時間）以内が標準とされている。

4. 障害者権利条約，障害者差別解消法と「合理的な配慮」

2006（平成18）年に「障害者の権利に関する条約」が採択された（日本は2007年に同条約に署名）。同条約（第24条）は，「インクルーシブ教育システム」とは，人間の多様性の尊重等の強化，障害者が精神的及び身体的な能力等を可能な最大限度まで発達させ，自由な社会に効果的に参加することを可能とするとの目的の下，障害のある者と障害のない者がともに学ぶ仕組みを意味し，障害のある者が教育制度一般から排除されないこと，自己の生活する地域において初等中等教育の機会が与えられること，個人に必要な「合理的配慮」が提供される等が必要とされるとしている。

同条約を受けて，2013（平成25）年に制定された障害者差別解消法では第

５条において「合理的配慮」について「行政機関等及び事業者は，社会的障壁の除去の実施についての必要かつ合理的な配慮を的確に行うため，自ら設置する施設の構造の改善及び設備の整備，関係職員に対する研修その他の必要な環境の整備に努めなければならない」と規定している。さらに第７条では「行政機関等は，その事務又は事業を行うに当たり，障害を理由として障害者でない者と不当な差別取扱いをすることにより，障害者の権利利益を侵害してはならない」（同条第１項）と規定し，「行政機関等は，その事務又は事業を行うに当たり，障害者から現に社会的障壁の除去を必要としている旨の意思の表明があった場合において，その実施に伴う負担が過重でないときは，障害者の権利利益を侵害することとならないよう，当該障害者の性別，年齢及び障害の状態に応じて，社会的障壁の除去の実施について必要かつ合理的な配慮をしなければならない」（同条第２項）と規定し，行政機関等に対して「合理的配慮」を行うことを義務づけている。具体的な「合理的配慮」の措置としては，①教員，支援員等の確保，②施設・設備の整備，③個別の教育支援計画や個別の指導計画に対応した柔軟な教育課程の編成や教材等の配慮等が考えられる。

第３節　健康教育（学校保健，学校安全，学校給食）

1. 学校の保健安全に関する法制――学校保健安全法

学校保健や学校安全に対する取組みは，大きく，①学校保健・安全に関する管理と，②学校保健・安全に関する教育に区分される。法制上は，前者は，主に学校保健安全法，学校給食法などの法令によって管理運営が定められており，後者については教育基本法，学校教育法を受けて学習指導要領にその内容が盛り込まれている。安全管理と安全教育は，相互関係にあり，両者は連携しながら一体として展開されるべきものである。

学校の保健安全 ─┬─ 安全管理～**学校保健安全法**，学校給食法など
　　　　　　　　└─ 安全教育～学校教育法，学習指導要領，食育基本法など

図 4.1　学校の保健安全に関する法制

学校教育法第12条は，「学校においては，別に法律で定めるところにより，幼児，児童，生徒及び学生並びに職員の健康の保持増進を図るため，健康診断を行い，その他その保健に必要な措置を講じなければならない」と規定している。

学校における保健安全法制の中核は，学校保健安全法である。同法第1条は，目的として，「この法律は，学校における児童生徒等及び職員の健康の保持増進を図るため，学校における保健管理に関し必要な事項を定めるとともに，学校における教育活動が安全な環境において実施され，児童生徒等の安全の確保が図られるよう，学校における安全管理に関し必要な事項を定め，もつて学校教育の円滑な実施とその成果の確保に資することを目的とする。」と規定している。以下に，学校保健安全法の内容を，学校保健，学校安全に区分して確認しておく。

(1) 学校保健

① 学校保健に対する設置者の責務

「学校の設置者は，その設置する学校の児童生徒等及び職員の心身の健康の保持増進を図るため，当該学校の施設及び設備並びに管理運営体制の整備充実その他の必要な措置を講ずるよう努めるものとする。」(学校保健安全法第4条)

② 学校保健計画

「学校においては，児童生徒等及び職員の心身の健康の保持増進を図るため，児童生徒等及び職員の健康診断，環境衛生検査，児童生徒等に対する指導その他保健に関する事項について計画を策定し，これを実施しなければならない。」(第5条)

③ 学校環境衛生基準

「文部科学大臣は，学校における換気，採光，照明，保温，清潔保持その他環境衛生に係る事項について，児童生徒等及び職員の健康を保護する上で維持されることが望ましい基準を定めるものとする。」（第 6 条）。

学校環境衛生基準の例（教室）

照明：下限値 300 ルクス

騒音レベル：50 デシベル（窓閉）以下

温度：18℃以上，28℃以下であることが望ましい

④ 保健室の設置

「学校には，健康診断，健康相談，保健指導，救急処置その他の保健に関する措置を行うため，保健室を設けるものとする。」（第 7 条）

↓

健康相談（第 8 条），保健指導（第 9 条），地域医療機関等との連携（第 10 条）

⑤ 健康診断

○就学時の健康診断

市町村教育委員会が就学予定者に対して実施する健康診断（第 11 条）

→治療勧告，保健上必要な助言，義務の猶予・免除，特別支援学校への就学指導（第 12 条）

○児童生徒等の健康診断

学校が毎学年定期に行う児童生徒等の健康診断（第 13 条），臨時の健康診断（第 13 条第 2 項）

→疾病予防処置，治療指示，運動作業の軽減等の措置（第 14 条）

○職員の健康診断

学校の設置者が毎学年定期に行う学校の職員の健康診断（第 15 条）

→治療指示，勤務軽減等の措置（第 16 条）

⑥ 感染症予防

○感染症の出席停止

「校長は，感染症にかかつており，かかつている疑いがあり，又はかかるおそれのある児童生徒等があるときは，政令で定めるところにより，出

席を停止させることができる。」(第19条)

〔実施上の留意点〕(学校保健安全法施行令第6条)

・校長は，理由及び期間を明らかにして保護者に指示すること(中学校以下)。※高等学校の生徒は，本人に指示。

・校長は，出席停止の指示をした時は，学校の設置者に報告すること。

Topics

感染症の種類と出席停止の期間(学校保健安全法施行規則第18条，第19条)

第1種感染症(エボラ出血熱，ペスト，ジフテリア等)

・感染力および罹患した場合の重篤性からみた危険性が高い感染症

・出席停止の期間：治癒するまで

第2種感染症(インフルエンザ，新型コロナウィルス感染症，百日咳，麻しん等)

・空気感染または飛沫感染するもので，児童生徒の感染が多く，学校で流行を広げる可能性が高い感染症

・出席停止の期間

インフルエンザ：発症した後5日を経過し，かつ，解熱した後2日を(幼児は3日)経過するまで

新型コロナウィルス感染症：発症した後5日を経過し，かつ，症状が軽快した後1日を(幼児は3日)経過するまで

※新型コロナウィルス感染症は「出席停止解除後，発症から10日を経過するまでは，当該児童生徒に対するマスクの着用を推奨すること。」とされている(令和5年4月28日文部科学省小中局長通知)

第3種感染症(コレラ，細菌性赤痢，腸管出血性大腸菌感染症，腸チフス等)

・第1種，第2種以外で学校教育活動を通じて流行を広げる可能性がある感染症

・出席停止の期間：病状により学校医その他の医師が感染のおそれがないと認めるまで

○学校病への支援

感染症または学習に障害を生ずるおそれのある疾病で，施行令8条で定めるもの(トラコーマ，結膜炎，白癬，疥癬，中耳炎等)については，要保護または要保護に準ずる程度に困窮している保護者については，地方公共団

体が援助を行い，国が補助する（学校保健安全法第24条，第25条）。

⑦ 臨時休業（学校閉鎖，学年閉鎖，学級閉鎖）

「学校の設置者は，感染症の予防上必要があるときは，臨時に，学校の全部又は一部の休業を行うことができる。」（第20条）

⑧ 学校医，学校歯科医，学校薬剤師の必置

「学校には，学校医を置くものとする。」（第23条第1項）

「大学以外の学校には，学校歯科医及び学校薬剤師を置くものとする。」（同条第2項）

(2) 学校安全

① 学校安全に関する学校の設置者の責務

「学校の設置者は，児童生徒等の安全の確保を図るため，その設置する学校において，事故，加害行為，災害等により児童生徒等に生ずる危険を防止し，及び事故等により児童生徒等に危険又は危害が現に生じた場合において適切に対処することができるよう，当該学校の施設及び設備並びに管理運営体制の整備充実その他の必要な措置を講ずるよう努めるものとする。」（学校保健安全法第26条）

② 学校安全計画の策定等

「学校においては，児童生徒等の安全の確保を図るため，当該学校の施設及び設備の安全点検，児童生徒等に対する通学を含めた学校生活その他の日常生活における安全に関する指導，職員の研修その他学校における安全に関する事項について計画を策定し，これを実施しなければならない」（第27条）。

校長は，安全確保の支障を認めた場合には，遅滞なく必要な措置を講じ，それができないときは学校設置者に対し申し出ることとされている（第28条）。

③ 危険等発生時対処要領の作成等（危機管理マニュアル）

「学校においては，児童生徒等の安全の確保を図るため，当該学校の実情に応じて，危険等発生時において当該学校の職員がとるべき措置の具体的内容及び手順を定めた対処要領を作成するものとする。」（第29条）

・危険等発生時対処要領の職員への周知，訓練の実施等（同条第2項）

・事故等により心理的外傷等を受けた児童生徒等への支援（同条第3項）

Topics

学校の防災マニュアルの整備

2011年3月11日に発生した東日本大震災では，学校や地域においても，多くの人命が失われた。

各学校においては，児童生徒等の安全の確保を図るため，危険等発生時に職員が講じるべき措置の内容や手順を定めた危機管理マニュアル（危険等発生時対処要領）を作成することとされている。危機対応は，津波，地震に限らない。それぞれの学校，地域の実態に即して，実効性ある危機管理マニュアルを作成し，それが，実際に生かせるよう，児童生徒の判断力の育成を含めた教育，訓練，研修を行うことが求められる。

なお，文部科学省は，2002年に「学校への不審者侵入時の危機管理マニュアル」を策定し，その後，新たな課題に応じて改訂をしてきた。2012年3月には，東日本大震災で明らかになった教訓を踏まえ，地震・津波が発生した場合の具体的な対応について参考となるような共通の留意事項をとりまとめた「学校防災マニュアル（地震・津波災害）作成の手引き」を作成し，各学校の参考に供している。

2. 学校給食法

学校給食は，1954（昭和29）年に制定された学校給食法を中心に展開されてきた。2008（平成20）年の法改正によって，心身の健全な発達に加え，食育についても重要な役割を担うものとなった。

学校給食法第1条は，学校給食を「心身の健全な発達に資するもの」「食に関する正しい理解と適切な判断力を養う上で重要な役割を果たすもの」と位置づけている。

(1) 学校給食の目標（第2条）

・適切な栄養の摂取による健康の保持増進を図ること。
・日常生活における食事について正しい理解を深め，健全な食生活を営むことができる判断力を培い，及び望ましい食習慣を養うこと。
・学校生活を豊かにし，明るい社交性及び協同の精神を養うこと。

・食生活が自然の恩恵の上に成り立つものであることについての理解を深め，生命及び自然を尊重する精神並びに環境の保全に寄与する態度を養うこと。
・食生活が食にかかわる人々の様々な活動に支えられていることについての理解を深め，勤労を重んずる態度を養うこと。
・我が国や各地域の優れた伝統的な食文化についての理解を深めること。
・食料の生産，流通及び消費について，正しい理解に導くこと。

(2) 学校給食についての設置者の任務

「義務教育諸学校の設置者は，当該義務教育諸学校において学校給食が実施されるように努めなければならない。」(第４条) と規定し，設置者に対して学校給食の実施の努力義務を課している。

Topics

食育基本法

2009 (平成 21) 年に制定された食育基本法は，その前文で，「食育を，生きる上での基本であって，知育，徳育及び体育の基礎となるべきものと位置付けるとともに，様々な経験を通じて「食」に関する知識と「食」を選択する力を習得し，健全な食生活を実践することができる人間を育てる食育を推進することが求められている」と位置づけている。同法は，基本理念を定め，国や地方公共団体等の責務を明示し，施策の基本を定めている。

【食育の基本理念】(第２条～第８条)
・国民の心身の健康の増進と豊かな人間形成に資すること。
・食に関する感謝の念と理解が深まるよう配慮されること。
・多様な主体の自発的意思や地域の特性に配慮した食育推進運動が展開されること。
・子どもの食育における保護者，教育関係者等が役割を果たすこと。
・食に関する体験活動と食育推進活動の実践により食に関する理解が深められること。
・伝統的な食文化，環境と調和した生産等への配意，農山漁村の活性化と食料自給率の向上への貢献が図られること。
・食品の安全性の確保等において食育が役割を果たすこと。

また，国・地方公共団体に対し，学校給食の普及と健全な発達を図るよう努力義務を課している（第5条）。

(3) 学校給食を活用した食に関する指導の規定

・栄養教諭による食に関する実践的な指導（第10条）

　摂取する食品と健康の保持増進との関連性についての指導

　食に関して特別の配慮を必要とする児童生徒に対する個別的な指導など

　　例　食物アレルギーへの対応

・校長による食に関する指導の全体的な計画の作成（第10条）

・地域の食文化，食に係る産業，自然環境の恵沢への理解増進（同条第2項）

(4) 学校給食の経費負担（第11条）

学校給食法は，給食の経費負担について次のように規定している。

○施設・設備，学校給食の運営に要する経費――→設置者の負担

○上記以外の学校給食に要する経費（学校給食費）――→保護者の負担

Topics

給食費の未納問題と公会計化

学校給食費については，保護者の負担とされているが，それを納入しない場合があり，「給食費の未納問題」として報じられている。

給食費未納の保護者からは，「義務教育に伴う給食は，無償である」などの反論が行われることがある。憲法第26条第2項の無償とは，最高裁の判例は，授業料不徴収を意味するものとしている。対応にあたっては，学校給食法第11条など法的根拠を明確にしておく必要がある。経済的な理由から納入できない場合には，生活保護の教育扶助，各地方公共団体の就学援助制度の活用について助言するなどの対応が考えられる。近年，負担能力がありながら，督促に応じないなどの保護者に対しては，地方公共団体によっては，裁判所を通じた法的な措置（支払督促，少額訴訟など）をとるところもある。

一方，文部科学省「学校給食費徴収・管理に関するガイドライン」(2019年）等を踏まえて，「学校給食費の公会計化」の動きが進められている。学校給食費を地方公共団体の会計に組み入れることで，自治体の責任で徴収しようとするものである。公会計化によって教員の業務負担の軽減，保護者の利便性の向上，徴収・管理業務の効率化等の効果が見込まれる。

第4節　学校事務（帳簿管理）

1. 学校備付表簿

学校教育法施行規則第28条は，学校において備えなければならない表簿について，次のように規定している。

○学校備付表簿（そなえつけひょうぼ）

①学校に関係のある法令

②学則，日課表，教科用図書配当表，学校医執務記録簿，学校歯科医執務記録簿，学校薬剤師執務記録簿及び学校日誌

③職員の名簿，履歴書，出勤簿並びに担任学級，担任の教科又は科目及び時間表

④指導要録，その写し及び抄本並びに出席簿及び健康診断に関する表簿

⑤入学者の選抜及び成績考査に関する表簿

⑥資産原簿，出納簿及び経費の予算決算についての帳簿並びに図書機械器具，標本，模型等の教具の目録

⑦往復文書処理簿

○表簿の保存期間

上記の表簿は，原則として，5年間保存しなければならないとされている。ただし，指導要録およびその写しのうち入学，卒業等の学籍に関する記録は，20年間とされている（学習に関する記録は5年間）。

2. 指導要録

指導要録とは，児童生徒の学習および健康の状況を記録した書類の原本のこと。校長は，その学校に在籍する児童生徒の指導要録を作成しなければならないとされている（学校教育法施行規則第24条）。

Topics

指導要録の開示　指導要録は，進学の際の内申書の原簿ともなることから，その記載内容がどうなっているのか個人情報保護条例によって開示請求がなされることがある。その一方で，指導要録は，教員間の情報共有のために指導の記録としての機能を期待されており，すべてが公開されると児童生徒と教師との信頼関係に影響を与えることも考えられ，また，公開が前提とされた場合には，児童生徒に不利な情報は記載されないこととなり，指導要録としての役割が果たせなくなるなどの指摘もある。

最高裁判所は，指導要録の全面開示を求めた訴訟（平成15年11月11日最高裁第三小法廷判決）において，「観点別学習状況」「評定」は非開示情報には当たらないとしたが，「所見」「特別活動の記録」「行動及び性格の記録」については，開示によって，継続的かつ適切な指導，教育を困難にするおそれがあるとして非開示とした。

指導要録の開示については，公立学校においては，学校を所管する市町村や都道府県の個人情報保護条例の規定に従って行われることから，指導要録の扱いは，各地方公共団体によって異なり，各都道府県の条例等の解釈，個人情報保護審査会の答申によって，全面開示とされることもある。学校を所管する地方公共団体における個人情報の取扱いの方針を確認して，指導要録の実務にあたることが必要である。

3.「通知表」の法的性格

多くの学校では，学期末，年度末になると，児童生徒の成績や生活の状況を記載した「通知表」が児童生徒や保護者に渡されている。「通知表」は，基本的に，児童生徒の学習や生活の記録が記載されているが，法律で作成が義務づけられている法定表簿ではない。

一般に，児童生徒の学習状況，生活状況等を保護者に伝え，今後の指導に役立てるために多くの学校で作成しており，法定表簿でないことから，学校ごとにその様式が決められるのが通例である。

［佐々木 幸寿］

考えてみよう！

- 体罰は法的に禁止されているが，その教育上の効果や意義についてはどのように考えたら良いのか。
- 特別支援教育における「合理的な配慮」とは，実態としてどのような対応を行うことが求められるのか。

COLUMN

認定特別支援学校就学者

障害のある児童生徒の就学先を決定する仕組み等を改めることを提言した中央教育審議会初等中等教育分科会報告「共生社会の形成に向けたインクルーシブ教育システムの構築のための特別支援教育の推進」を受けて，2013（平成25）年9月に「学校教育法施行令」が改正，施行された。

改正によって，就学基準に該当する視覚障害者等について，特別支援学校への就学を原則とし，例外的に認定就学者（施設設備，人員等の受け入れ態勢が整っている場合などに，通常の小中学校への就学を市町村教育委員会が認定した者）を小中学校への就学させていた従来の制度を改め，障害の状況，本人の教育ニーズ，本人・保護者の意見，専門的見地からの意見，学校や地域の状況等を踏まえた総合的な観点から就学先を決定する仕組みへと変更した。具体的には，市町村教育委員会が就学予定者のうち，認定特別支援学校就学者（市町村教育委員会が，障害の状況，本人の教育ニーズ等から総合的に特別支援学校に就学することが適当であると認定した者）以外の者を小中学校への就学指定を行うこととした。

これによって，第一には，市町村教育委員会が，個々の児童生徒等について，障害の状況だけでなく，小中学校の受け入れ態勢等の総合的な観点から就学先を決定するという大原則が定められた。第二には，障害の状況のみならず，教育上必要とされる支援の内容，地域における教育の体制の整備状況等の事情の変化によっても転学の検討を開始できるようになった（「学びの場」の柔軟な見直し）。また，市町村教育委員会の就学や転学の通知をしようとするときは，保護者や専門家から意見の聴取をするものとするなど意見聴取の機会の拡大が図られている。

［佐々木 幸寿］

【就学先決定の考え方】

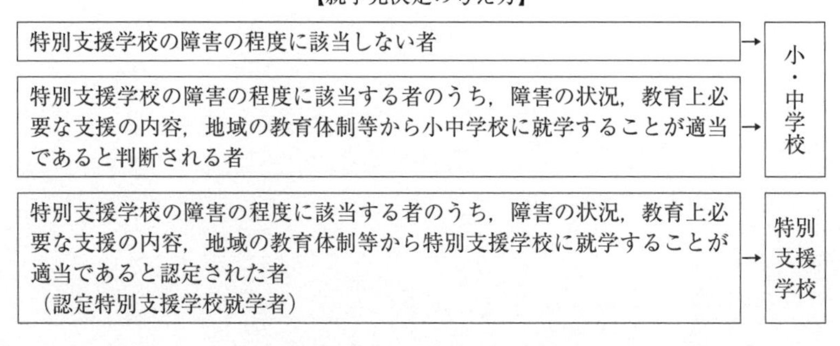

第5章

教職員に関する法律

本章のねらい

教職員の任命，服務，懲戒，免許等に関する事項は，教師として勤務するうえで必須の知識である。また，教員研修は，教師の職務において重要な位置づけを与えられていることを理解してほしい。

第1節　教職員の任命

1. 公立学校の教職員の任命権者

設置者管理主義・設置者負担主義（学校教育法第5条）に基づき，学校の教職員の任命権は，学校を設置する地方公共団体に与えられている。しかし，市町村立学校の県費負担教職員（校長，教諭等）については，その例外とされ，

表5.1　公立の義務教育諸学校における教職員の任命権の所在

都道府県教育委員会に任命権 （県費負担教職員）	市町村教育委員会に任命権 （市町村費負担の教職員）
校長，副校長，教頭，主幹教諭，指導教諭，教諭，養護教諭，栄養教諭，助教諭，養護助教諭，寄宿舎指導員，講師，学校栄養職員，事務職員	司書，事務補佐員，給食調理員，用務員，その他市町村による独自任用の職員

（注）市町村立学校給与負担法第1条

任命権（任用，分限，懲戒等）は都道府県教育委員会に与えられている（地方教育行政の組織及び運営に関する法律第37条）。

Topics

県費負担教職員制度〜設置者管理主義・設置者負担主義の例外〜

教育の機会均等，教育水準の維持向上を図るうえで教育条件整備という観点から，地方公共団体間の財政力格差に対応するため，経費の一部を国や都道府県が負担するなどの例外的な制度が設けられている。学校の設置者が，学校を管理し，その経費を負担するという設置者管理主義・設置者負担主義の例外が，「県費負担教職員制度」である。

市町村立（特別区を含む）の小学校，中学校，義務教育学校，中等教育学校の前期課程及び特別支援学校の教職員のその給与については都道府県の負担とされている（市町村立学校職員給与負担法第1条）。県費負担教職員の身分は，市町村にあり，服務は市町村教育委員会が監督するが，その任免権（採用，懲戒等）は都道府県教育委員会が有し，都道府県教育委員会は，市町村教育委員会の内申を待って任免等を行うこととされている（地方教育行政の組織及び運営に関する法律第37条，第38条）。県費負担教職員の定数は，都道府県の条例で定められ（同法第41条），また，県費負担教職員の給与，勤務時間その他の勤務条件についても，都道府県の条例で定められる（同法第42条）。なお，指定都市の県費負担教職員の任免，給与の決定，休職及び懲戒に関する事務は当該指定都市の教育委員会が行うこととされている（同法第58条）。

県費負担教職員制度は，自治体間の財政力格差によって地域によって教員確保やその質，教育水準に格差が生じないようにするため，また，広域で人事施策を展開するために設計された制度である。

2. 教職員の採用，昇任等

公立学校の校長の採用並びに教員の採用および昇任については，その職務の特性から，競争試験ではなく，「選考」によるとされている（教育公務員特例法第11条）。

Topics

競争試験と選考

地方公務員の任用の根本基準は，受験成績，勤務成績その他の能力の実証に基づいて行わなければならないということにある（地方公務員法第15条）。

地方公務員の採用は，成績主義の原則に基づき，競争試験によることを原則としているが，例外的に競争試験によらず，選考により採用を行うことができるとされている（地方公務員法第17条第3項）。教育公務員特例法第11条は，地方公務員法の特別法として，教員の採用は「選考」によると規定している。

「競争試験」は，受験者の有する職務遂行に必要な能力や適性を相対的に判定することを目的とするものであり，「選考」は，選考される者が，職の求める能力・適性を有するかどうかを，選考の基準に基づいて判定するものとされており，必要に応じ，経歴評定，実地試験，筆記試験その他の方法を用いることができるとされている。競争試験も選考も，受験者の能力・適性を実証的に判定するという点では同じであるが，前者が相対性，後者が基準性を重点としている点に違いがあるといえる。

〈参考〉人事院規則8-12第21条があげる「選考」の方法

① 一般的な知識及び知能若しくは専門的な知識，技術等についての筆記試験若しくは文章による表現力若しくは課題に関する理解力等についての論文試験若しくは作文試験又はこれらに代わる適当な方法
② 人柄，性向等についての人物試験，技能等の有無についての実地試験又は過去の経歴の有効性についての経歴評定
③ 補充しようとする官職の特性に応じ，身体検査，身体測定若しくは体力検査又はこれらに代わる適当な方法

3. 条件附任用

地方公務員の採用は，すべて条件附のものであり（臨時的任用，非常勤職員の任用を除く），その職において6月を勤務し，その間その職務を良好な成績で遂行したときに正式採用になる（地方公務員法第22条）。

しかし，公立の小学校，中学校，義務教育学校，高等学校，中等教育学校，特別支援学校，幼稚園，幼保連携型認定こども園の教諭，保育教諭等については，1年間の初任者研修の受講が義務づけられており，条件附採用期間は1年とされている（教育公務員特例法第12条）。

条件附採用期間中の職員は，本人の意思に反して免職等がなされないなど

の公務員の身分保障が適用されず，成績や非行等の事由により，本人の意思に反して免職される場合などがある（地方公務員法第29条の2）。

条件附採用制度の趣旨は，採用試験では職務を遂行する能力を完全に実証するとはいいがたいことから，試験等により一旦採用された職員の中に適格性を欠く者があるときは，その排除を容易にし，職員の採用を能力の実証主義に基づいて行うとの成績主義の原則を貫徹しようとすることにある[1)]。

第2節　服務

1. 服務の根本基準

都道府県立学校，市町村立学校の教員は地方公務員である。憲法は，「すべて公務員は，全体の奉仕者であつて，一部の奉仕者ではない。」（第15条第2項）と規定している。

これを受けて，地方公務員法は，服務の根本基準について「すべて職員は，全体の奉仕者として公共の利益のために勤務し，且つ，職務の遂行に当つては，全力を挙げてこれに専念しなければならない。」（第30条）と規定している。服務基準をはじめ，その他の服務事項も同法に定められている。

教育公務員としての服務については，教育公務員の職務とその責任の特殊性に基づいて教育公務員特例法にも，特例が規定されている。

2. 服務上の義務

(1)「職務上の義務」と「身分上の義務」

地方公務員としての教師は，地方公務員法の服務規定に従うことが求められ，職務遂行に関わって求められる「職務上の義務」と，地方公務員としての身分を有する限り勤務時間の内外を通じて求められる「身分上の義務」を果たすことが求められる。

職務上の義務としては，①「服務の宣誓」，②「職務専念義務」，③「法令及び職務命令の遵守義務」が規定されている。一方，身分上の義務としては，

④「信用失墜行為の禁止」，⑤「秘密を守る義務」，⑥「政治的行為の制限」，⑦「争議行為等の禁止」，⑧「営利企業等の従事制限」に服することが求められている。なお，「政治的行為の制限」，「営利企業等の従事制限」については，教育公務員特例法は特別の取扱いを定めていることに留意する必要がある。

表5.2　地方公務員法に規定されている服務事項

	服務事項	条　　文
職務上の義務	・服務の宣誓（31条）	第31条　職員は，条例の定めるところにより，服務の宣誓をしなければならない。
	・職務専念義務（35条）	第35条　職員は，法律又は条例に特別の定がある場合を除く外，その勤務時間及び職務上の注意力のすべてをその職責遂行のために用い，当該地方公共団体がなすべき責を有する職務にのみ従事しなければならない。
	・法令及び職務命令の遵守義務（32条）	第32条　職員は，その職務を遂行するに当つて，法令，条例，地方公共団体の規則及び地方公共団体の機関の定める規程に従い，且つ，上司の職務上の命令に忠実に従わなければならない。
身分上の義務	・信用失墜行為の禁止（33条）	第33条　職員は，その職の信用を傷つけ，又は職員の職全体の不名誉となるような行為をしてはならない。
	・秘密を守る義務（34条）	第34条　職員は，職務上知り得た秘密を漏らしてはならない。その職を退いた後も，また，同様とする。
	・政治的行為の制限（36条，教特法18条1項参照）	第36条　職員は，政党その他の政治的団体の結成に関与し，若しくはこれらの団体の役員となつてはならず，又はこれらの団体の構成員となるように，若しくはならないように勧誘運動をしてはならない。
	・争議行為等の禁止（37条）	第37条　職員は，地方公共団体の機関が代表する使用者としての住民に対して同盟罷業，怠業その他の争議行為をし，又は地方公共団体の機関の活動能率を低下させる怠業的行為をしてはならない。又，何人も，このような違法な行為を企て，又はその遂行を共謀し，そそのかし，若しくはあおつてはならない。
	・営利企業等の従事制限（38条，教特法17条参照）	第38条　職員は，任命権者の許可を受けなければ，商業，工業又は金融業その他営利を目的とする私企業を営むことを目的とする会社その他の団体の役員その他人事委員会規則（人事委員会を置かない地方公共団体においては，地方公共団体の規則）で定める地位を兼ね，若しくは自ら営利企業を営み，又は報酬を得ていかなる事業若しくは事務にも従事してはならない。

Topics

職務専念義務免除

地方公務員法は，職員に対し，「法律又は条例に特別の定がある場合を除く外」，職務に専念する義務を課している（地方公務員法第35条）。

「法律や条例に特別の定めがある場合」の代表的な例が，職務専念義務免除である。法律，条例に基づいて職務専念義務が免除される例としては，次のことがあげられる。

法律に基づく職専免：休職，承認による兼職・兼業，勤務場所を離れて行う研修等

条例に基づく職専免：修学部分休業，厚生計画へ参加，PTA活動参加等

(2) 教育公務員特例法による例外

① 政治的行為の制限

地方公務員である公立学校の教育公務員の政治的行為については，例外として，当分の間，「国家公務員の例による」（教育公務員特例法第18条）と規定され，国家公務員並みに制限されている。

つまり，国家公務員法（第102条等），人事院規則14-7が適用されることとなる（ただし，国家公務員法第110条第1項の規定する罰則は適用されない）。

なお，義務教育諸学校においては，義務教育の政治的中立性を確保するために，特定の政党を支持させる等の教育の教唆，せん動が禁止されていることにも留意する必要がある（義務教育諸学校における教育の政治的中立の確保に関する法律）。

② 教育に関する兼職・兼業

地方公務員法は，公務員の営利企業等への従事を制限している（人事委員会は，人事委員会規則で基準を定めることができる）。

教育公務員について，特例として，教育に関する他の職との兼職や，教育に関する他の事業・事務に従事することが，任命権者の判断で許可でき，給与を受けることもできる（教育公務員特例法第17条）。県費負担教職員については，市町村教育委員会の許可によるとされている（同条）。

第3節　分限と懲戒

地方公務員は，法律や条例に定める事由によらなければ，意に反して免職等の処分を受けることはなく，相当の身分保障がなされている。そのため，分限と懲戒は，法律や条例に基づいて，公正に行われなければならない。

分限は，公務の能率の維持向上の見地から行われるものであるのに対し，懲戒は，職員の義務違反に対する制裁として行われるものである点で，法的な性格が異なっている。

1. 分限処分

(1) 分限処分の種類

法律に定める分限処分には，免職，降任，休職，降給がある（地方公務員法第28条第1項～第3項）。

(2) 分限処分の事由

【降任，免職の事由】（同法第28条第1項）

①勤務実績がよくない場合

②心身の故障のため，職務の遂行に支障があり，またはこれに堪えない場合

③前二号に規定する場合のほか，その職に必要な適格性を欠く場合

④職制もしくは定数の改廃または予算の減少により廃職または過員を生じ

表5.3　分限処分と懲戒処分の違い

分限処分	懲戒処分
①職員の道義的責任を問題としない。 ②校務の能率の維持向上の見地から行われるので，その事由について特に本人の故意又は過失によることを要しない。 ③分限処分の事由として，一定の期間にわたって継続している状態をとらえるとみられる。	①職員の道義的責任を問題とする。 ②職員の義務違反に対する制裁として行われるので，その行為が，本人の故意又は過失によることを要する。 ③懲戒処分の事由としては，必ずしも継続した状態ではなく個々の行為又は状態をとらえるとみられる。

（出所）窪田・澤田（2023：311）

た場合

【休職の事由】（同法第28条第2項）

①心身の故障のため，長期の休養を要する場合

②刑事事件に関し起訴された場合

2. 懲戒処分

(1) 懲戒の種類

任命権者は，戒告，減給，停職，免職のように法律に定められた懲戒処分の他，訓告，厳重注意などの事実上の懲戒を行うことができる。

法律上の処分	戒告，減給，停職，免職（地方公務員法第29条）
事実上の措置	訓告，厳重注意，口頭注意，始末書の提出等

なお，県費負担教職員の懲戒については，市町村教育委員会の内申を待って，都道府県教育委員会が行うとされている（地方教育行政の組織及び運営に関する法律第38条）。

Topics

懲戒処分による事実上の不利益

免職となれば，職を失い，退職手当も支給されない。停職，減給，戒告の処分を受けた場合，それぞれの懲戒処分に服するほか，昇給，期末・勤勉手当，退職手当に影響を与え，定年までに得られるであろう経済的な損失も相当額に及ぶといわれる。例えば，30代半ばの教員が戒告の処分に処せられた場合，昇給等への影響によって，定年までの経済的損失は数百万円に及ぶという試算もある。

(2) 懲戒（戒告，減給，停職，免職）の事由

①法律，条例，地方公共団体の規則，地方公共団体の規程に違反した場合

②職務上の義務に違反し，または職務を怠った場合

③全体の奉仕者たるにふさわしくない非行のあった場合

3. 指導が不適切である教員の人事管理

指導が不適切な教員等の取扱いについては近年，人事管理が厳格化されてきている。2001（平成13）年の地方教育行政の組織及び運営に関する法律の改正によって，指導が不適切な教員を教員以外の職に配置転換する制度が設けられ，2007（平成19）年には教育公務員特例法，教育職員免許法の改正によって，指導が不適切である教員の指導改善研修，分限等の手続，免許状の失効について制度が整備されている。

(1) 指導が不適切である教員に対する配置転換

都道府県教育委員会は，地方公務員法第27条第2項，第28条第1項（分限に関する規定）の規定にかかわらず，その任命に係る教諭等（県費負担教職員）について，次のいずれにも該当するものを免職し，引き続いて当該都道府県の常時勤務を要する職（教員等以外）に採用することができるとされている（地方教育行政の組織及び運営に関する法律第47条の2）。

① 児童または生徒に対する指導が不適切であること。

② 研修等必要な措置が講じられたとしてもなお児童または生徒に対する指導を適切に行うことができないと認められること。

つまり，指導が不適切な教員（県費負担教職員制度）については，市町村から免職し，都道府県に採用して教員等以外の職へ配置転換できるという規定である。

(2) 指導が不適切である教員の指導改善研修と分限措置

公立の小学校等の教諭等の任命権者は，幼児・児童・生徒に対する指導が不適切であると認定した教諭等に対して，その能力，適性等に応じて指導改善研修を実施しなければならないとされ，その指導力の改善の程度の認定により，分限免職等の措置が行われる（教育公務員特例法第25条の2等）。

Topics

教育職員等による児童生徒性暴力等の防止等に関する法律

教育職員等が，児童生徒等に対して性暴力等を行い，このような行為によって懲戒処分を受けている例が後を絶たない。このような状況を背景にして，令和3年に「教育職員等による児童生徒性暴力等の防止等に関する法律」が制定された。同法は，「教職員等は，児童生徒暴力等をしてはならない」（同法第3条）と，明確に「児童生徒等」（学校に在籍する幼児・児童・生徒，18歳未満の者）を対象にした「児童生徒性暴力等」を禁止している。「児童生徒性暴力等」とは，①不同意性交等（刑法第177条の不同意性交等罪，児童福祉法第34条第1項第6号の淫行罪，青少年健全育成条例の性交等が含まれる），②わいせつな行為（刑法第176条の不同意わいせつ罪，児童福祉法第34条第1項第6号の淫行罪（①を除く），青少年健全育成条例のわいせつ行為が含まれる），③児童ポルノの所持・提供等（児童買春，児童ポルノに係る行為等の規制及び処罰並びに児童の保護等に関する法律第5条～第8条の行為を含む），④著しく羞恥させ不安を覚えさせるようなもの等（迷惑防止条例による痴漢，盗撮を含む），⑤静的羞恥心を害し心身に有害な影響を与えるもの（悪質なセクシャル・ハラスメントを含む）。児童生徒等の同意や暴行・脅迫の有無を問わず，刑事罰が科されなかった行為も該当し得ることに留意する必要がある。

同法第4条では，基本理念として，性暴力等がすべての児童生徒等の心身の健全な発達に関係する重大な問題であるという基本認識，児童生徒等の安心の確保，被害児童生徒等の保護，適正かつ厳格な懲戒処分等を定めている。文部科学大臣の基本方針（第12条）は，「実際に教育職員等による児童生徒性暴力等があった場合には，原則として懲戒免職とする」など厳正な対処を求めている。また，同法は，防止に関する措置，早期発見に関する措置をとるべきことについて規定していくことに加え，教職員等の任命・雇用に関する施策として，性暴力等によって免許状が失効・取り上げとなった者（特定免許状失効者等）についてのデータベースの整備と活用，再免許における厳格な条件と判断を求めている。

〈参考〉

- 文部科学省「教育職員等による児童生徒性暴力等の防止等に関する基本的な指針」（令和4年3月18日文部科学大臣決定）
- 東京都教育委員会「教職員等による児童生徒性暴力等が発生した場合の初動対応」（令和5年4月1日）

Topics

教員免許状の失効・取上げ

懲戒免職，分限免職の処分を受けた時は，教員免許状は，失効，取上げとなることがある（教育職員免許法第10条，第11条第1〜5項）。

失効については，欠格条項該当するに至った時，懲戒免職処分を受けた時，分限免職を受けた時（ただし，勤務実績不良・不適格による場合）には，失効すると規定されており，失効した者は免許管理者へ返納しなければならない。

国立学校・私立学校の教員が懲戒免職に相当する事由による解雇された時，分限免職の事由により解雇された時（ただし，勤務実績不良・不適格による場合）等には，免許管理者は，免許状を取り上げなければならないとされている。

第4節　免許・資格，研修

教師は，教育内容についての専門的知識や技能を身につけているだけでなく，豊かな人間性や深い教育的愛情など，全人的な資質能力が求められる。法令上，これらの資質能力は，資格要件，免許要件として規定されている。

1. 教職員の資格要件

校長や教員としての資格要件，免許要件は，大まかに積極的資格と消極的資格に区分される。

(1) 積極的資格要件

○校長，副校長，教頭（学校教育法施行規則第20条）

・教諭の専修免許状，一種免許状を有し，かつ教育に関する職に5年以上あったこと。

・教育に関する職に10年以上あったこと。

Topics

民間人校長の登用

任命権者（私学は設置者）は，学校の運営上，とくに必要である場合には，校長の資格を有する者と同等の資格を有すると認める者を校長として任命，採用できる（学校教育法施行規則第22条）。

つまり，教員免許状を持たず，教育に関する職に就いたことがない者でも，「校長の資格を有する者と同等の資格を有すると認める者」は，校長として採用することができるのである（副校長・教頭に準用）。学校教育法施行規則により，校長については2000（平成12）年4月1日より登用が可能となり，その後，副校長・教頭についても同様の資格要件の緩和が行われた。

○教員（教育職員免許法第3条第1項）

教育職員は，法律により授与される各相当の免許状を有する者でなければならないとされている（相当免許状主義）。

(2) 消極的資格要件

免許法上の欠格条項として次の事項があげられている（教育職員免許法第5条）。

・18歳未満の者
・高等学校を卒業しない者（文部科学大臣が同等の資格と認めた者を除く）
・禁錮以上の刑に処せられた者
・免許状失効，取り上げの処分を受け，3年を経過しない者
・日本国憲法またはその下に成立した政府を暴力で破壊することを主張する政党その他の団体を結成し，またはこれに加入した者

2. 教員免許

(1) 相当免許状主義

教育職員は，各相当の免許状を有する者でなければならない（相当免許状主義）とされている（教育職員免許法第3条第1項，第22条）。

教員免許状は，普通免許状，特別免許状，臨時免許状に区分される。普通免許状は，学校の種類ごとの教諭の免許状，養護教諭の免許状，栄養教諭の

表 5.4　教員免許状の種類

種　　類	特　　　　徴
普通免許状	一般的な教員免許状，全国で通用
特別免許状	社会人登用等を想定，授与した都道府県で有効
臨時免許状	普通免許状保有者が確保できない場合を想定，授与した都道府県で有効，3年間の有効期限

免許状とし，それぞれ専修免許状（修士が基礎資格），一種免許状（学士が基礎資格），二種免許状（短期大学士が基礎資格）に区分されている。ただし，高等学校教諭は，専修免許状，一種免許状のみである。

特別免許状は，教員免許を持たない社会人の登用を想定して作られた制度であり，学校の種類ごとの教諭の免許状である。

臨時免許状は，普通免許状をもつ教諭等が確保できない場合を想定しており，学校の種類ごとの助教諭の免許状および養護助教諭の免許状となっている。中学校および高等学校の教員の普通免許状および臨時免許状は，教科ごとに授与されている。

(2) 免許状主義の例外

① 免許外教科担任制度

授与権者は，中学校，義務教育学校の後期課程，高等学校，中等教育学校の前期課程・後期課程，特別支援学校の中学部・高等部において，教科を担任する教員を確保できないときは，校長および主幹教諭・指導教諭・教諭の申請によって，1年以内の期間に限って，免許外の教科を担任することを許可できる（同法附則2）。例えば，ある小規模中学校の英語科の教員が，教員が確保できないために家庭科の授業を担当することを意味する。

中学校等においては，学校規模が小さい学校を中心に，教員が教員免許状を持たない教科を担当している状況（免許外担当）が常態化しているとの指摘もある。

② 特別非常勤講師制度

多様な専門的知識や経験を有する人材を，学校教育に活用するために，設けられた制度で，教員免許を有しない非常勤講師が，教科の領域の一部を担当することができる（教育職員免許法第3条の2）。例えば，音楽家が，高校の音楽の授業の一部を単独で担当することを意味する。

Topics

開放制の教員養成　教壇に立つ教員は，国公私立の区別なくすべての教員に対し，その基本的な資質を確保するため，相当の免許状を求めている（相当免許状主義）。戦前は，教員免許は，原則として教員養成を目的とする師範学校，高等師範学校を卒業した者に制限される「閉鎖制の教員養成」であったが，戦後は，学問研究に基礎をおいて教職の専門職性を高めるため，教員養成学部等に限定されず，広く課程認定を受けた大学において教員を養成するという「開放制の教員養成」へと転換されている。

(3) 違反者への刑事罰

相当免許状主義の違反者は，刑事罰によって処罰される。

相当の免許状を有しないにもかかわらず教育職員となった者は，30万円以下の罰金に処せられる（教育職員免許法第22条第2項）。

相当の免許状を有しない者を教育職員に任命し，雇用した場合にも，その違反行為をした者も同様に処罰される（同法第22条第1項）。

3. 研修

(1) 教員にとっての研修

教員にとっての研修について，「法律に定める学校の教員は，自己の崇高な使命を深く自覚し，絶えず研究と修養に励み，その職責の遂行に努めなければならない。」（教育基本法第9条），「教育公務員は，その職責を遂行するために，絶えず研究と修養に努めなければならない」（教育公務員特例法第21条）と規定するなど，教員に対して職責として「研修と修養」を課している。教員にとって「研究と修養」（研修）は，職務と不可分なものとして特別な位置づけが与えられているのである。

その一方で，一般の公務員の研修については，「職員には，その勤務能率の発揮及び増進のために，研修を受ける機会が与えられなければならない」（地方公務員法第39条）と規定されるのみである。一般の公務員については，任命権者に対し義務を課すにとどまり，さらに研修は「勤務能率」のためのものとして位置づけられるにとどまっている。

(2) 研修の主体

教育基本法第9条第2項は，「前項の教員については，その使命と職責の重要性にかんがみ，その身分は尊重され，待遇の適正が期せられるとともに，養成と研修の充実が図られなければならない」と規定し，国や任命権者等に対し研修の充実を図るべき義務を課している。

これを受けて，具体的に，地方公務員法は職員の研修は任命権者が行うという原則を定め（同法39条第2項），教育公務員特例法も「教育公務員の任命権者は，教育公務員の研修について，それに要する施設，研修を奨励するための方途その他研修に関する計画を樹立し，その実施に努めなければならない」（同法第21条第2項）と任命権者に研修計画の策定，実施義務を課している。研修義務は，原則として，任命権者に課されているのである。

教員については，県費負担教職員については，その例外として都道府県教育委員会が行うとされている（指定都市，中核市の県費負担教職員の研修については，それぞれが行うこととされている（地方教育行政の組織及び運営に関する法律第58条第2項，第59条））。もちろん，県費負担教職員の研修は，都道府県教育委員会だけでなく，市町村委員会も行うことができる（地方教育行政の組織及び運営に関する法律第45条）。

(3) 現職研修の種類

教師には，法定研修として，採用から1年間にわたって行われる初任者研修（教育公務員特例法第23条），相当の経験を有する者を対象とする中堅教諭等資質向上研修（同法第24条）の受講が義務づけられている[2)]。任命権者は，初任者研修，中堅教諭等資質向上研修を含め，基本研修，専門研修等を体系的な研修として実施しなければならない。

例　各都道府県教育委員会が行う研修の種類

経験研修：初任者研修，中堅教諭等資質向上研修等

（初任者研修と中堅教諭等資質向上研修は法定研修として義務化）

職務研修：校長研修，副校長・教頭研修，教務主任研修など

専門研修：教科研修，教育課程研修，ICT研修，カウンセリング研修

長期研修：教育センター研修，大学院派遣研修，海外派遣研修

(4) 教育公務員の研修の特例

教育公務員特例法は「教育公務員には，研修を受ける機会が与えられなければならない」（第22条第1項）と規定し，それを受けて，勤務場所を離れて行う研修，長期研修などさまざまな研修機会を保障すべきことを規定している。

① 勤務場所を離れて行う研修

教育公務員特例法第22条第2項は「教員は，授業に支障のない限り，本属長の承認を受けて，勤務場所を離れて研修を行うことができる」と規定し，夏休みなど授業に支障のない時期に学校を離れて研修を行うことを認めている[3)]。

② 長期研修

また，同法同条第3項は「教育公務員は，任命権者の定めるところにより，現職のままで，長期にわたる研修を受けることができる」と規定し，職を保有したままで，教職大学院，海外派遣等における長期研修を行うことを認めている。

(5) 研修記録等を活用した対話に基づく新たな研修の仕組み

教育公務員特例法や教育職員免許法の改正により，教員免許更新制（教員免許に10年の有効期限が設けられ，更新のために講習受講・修了が義務づけられていた）が発展的に解消され，教師の個別最適・協働的な学びの充実を通じて主体的・対話的で深い学びを実現する，新たな研修制度へ形成された。校長・教員の資質の向上のための施策を合理的かつ効果的に実施するため，公

立の小学校等では，任命権者等が校長・教員ごとに研修等に関する記録を作成し，指導助言者が校長・教員に対して，資質の向上に関する指導・助言等を行う新たな研修の仕組みが作られた。

〈国〉

①文部科学省は，教師の資質向上に関する指針を策定する義務（同法22条の2）

〈任命権者〉

②任命権者は，指針（①）を参酌し，教員育成指標を策定（同法22条の3）

③任命権者は，校長・教員ごとに研修等に関する記録を作成（同法22条の5）

※記録の範囲（同法22条の5第2項）

- 研修実施者が実施する研修（第一号）
- 大学院修学休業により履修した大学院の課程等（第二号）
- 任命権者が開設した認定講習及び認定通信教育による単位の習得（第三号）
- その他任命権者が必要と認めるもの（第四号）

〈研修実施者〉

④研修実施者は，指標（②）を踏まえ，教員研修計画を策定（同法22条の4）

※中核市の県費負担教職員制度の場合，研修実施者は中核市教育委員会

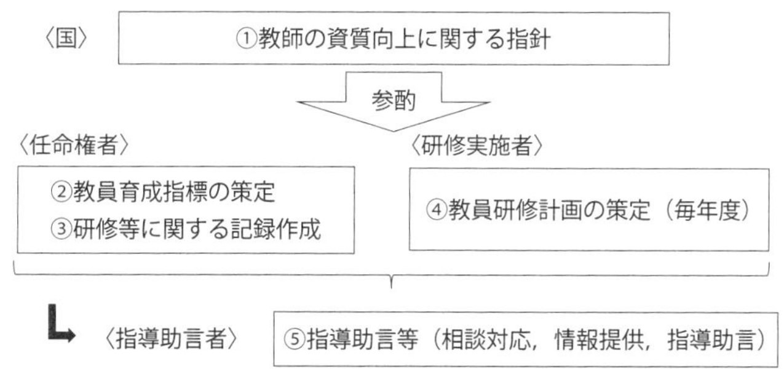

図5.1　新たな研修制度のイメージ

（出所）文部科学省資料「教育公務員特例法及び教育職員免許法の一部を改正する法律の概要」を参考に作成

〈指導助言者〉

⑤指導助言者は，校長・教員に対し，資質の向上に関する指導助言等（同22条の6）

※県費負担教職員制度の指導助言者は市町村教育委員会，その他は任命権権者。教員の指導助言は，教育委員会の指揮監督に服する校長等による実施を想定。

［佐々木 幸寿］

考えてみよう！

- 服務において，職務上の義務と身分上の義務の質的な違いは，どこにあるのか。
- 教員にとっての研修とは，法令上どのような位置づけが与えられているのか，また，それは，教職のどのような特質に由来するのか。

注

1）使用期間中の教員に対する免職等の処分は，純然たる自由裁量ではなく，その処分が合理性をもつものとして許容される限度を超えて不当なものであるときは裁量権の行使を誤った違法となる（最判昭和53年6月23日）。実務上は，条件附採用期間中の職員に関する条例が制定されていない場合には，条件附採用期間中の国家公務員の分限について定めた人事院規則11－4（職員の身分保障）第10条に準じて行われ，同条では「官制もしくは定員の改廃または予算の減少により廃職または過員を生じた場合」「特別評価の全体評価が下位の段階である場合または勤務の状況を示す事実に基づき勤務実績がよくないと認められる場合」「心身に故障がある場合」「客観的事実に基づいてその官職に引き続き任用しておくことが適当でないと認められる場合」があげられている。

なお，民間の試用期間については，判例・通説は，試用期間中も当初から期間の定めのない労働契約であり，ただ，試用期間中は使用者に労働者の不適格性を理由とする解約権が留保されている（解約権留保付き労働契約説）と解している（最大判昭和48年12月12日）。

2）教育公務員特例法の改正により「10年経験者研修」は「中堅教諭等資質向上研修」に改められた（平成29年4月1日施行）。

3）勤務場所を離れて行う規定について法解釈上重要な争点が存在している。第一には，この規定は，教員に対し勤務時間内に勤務場所を離れて自主的な研修を行う具体的な権利を保障したものであるのか（自主的職務研修説），それとも，校外における自主的な研修は，職務とは認められず，校長の承認によって職務専念義務免除によって勤務場所外での研修を認めるとしたもの（職専免研修説）であるのかということにある。第二には，「授業に支障のない限り」「本属長の承認を受けて」における校長の研修承認について，校務への支障や研修内容等を踏まえて実質的にその承認の判断を行えるのか（自由裁量説），それとも，文字通り授業への支障だけを確認する制約された裁量（羈束裁量説）であるのかということにある。

最高裁は，どの学説に立つかは明示してはいないが，前者については教員の自発的，自主的な研修をできる限りに与えるべき一般的，抽象的義務を定めたものと解したうえで，教員に対し自主的研修を行う具体的権利を付与したものではないとしている。後者については，校長は個々の学校の具体的教育目的，個別的教育状況に照らし実質的に支障を及ぼすのか否かの見地から総合的に判断しなければならないとしている（最判平成5年11月2日）。

● 引用・参考文献

窪田眞二・澤田千秋（2023）『令和5年度　教育法規便覧』学陽書房

第6章

教育行政組織，制度に関する法律

● 本章のねらい ●

教育行政は，一般行政とは異なる特質を有している。不当な支配の排除の原理と法律主義，国と地方における教育行政のシステム，新しい教育委員会の仕組みと教育委員会－学校の関係について理解してほしい。

第1節　教育行政とは

教育行政は，一人ひとりのかけがえのない人格や文化・価値に関わる営みであり，また，教育実践において専門的自律性を発揮することが期待される点で，一般行政とは異なる固有の特性を有している。

1．不当な支配の排除，教育の法律主義

教育は，人格，文化，価値に関する営みであり，教育行政は，一部の党派勢力の影響の下で行われることは許されない。このことについて，教育基本法は「教育は，不当な支配に服することなく，この法律及び他の法律の定めるところにより行われるべきものであり，教育行政は，国と地方公共団体との適切な役割分担及び相互の協力の下，公正かつ適正に行われなければならない。」（第16条）と規定し，不当な支配の排除（教育の不偏不党性），教育に

おける法律主義の原則を掲げている。

2. 教育振興基本計画

政府は，教育基本法第17条にうたわれた教育振興基本計画（教育の振興に関する施策の総合的かつ計画的な推進を図るための基本的な計画）を策定し，国会に報告し，公表しなければならない。教育振興基本計画は，閣議決定された政府全体の計画であり，その実効性は高い。

地方公共団体は，政府の計画を参酌して，地域の実情に応じて教育振興基本計画を裁定する努力義務が課されている。多くの地方公共団体は，教育振興基本計画が策定，実施しており，成績や不登校など教育に関する数値目標を掲げるものも見られる。

第2節　国と地方の教育行政機関

1. 国の教育行政機関

行政権は，内閣に属し，内閣総理大臣は，首長として，国務大臣の任免を行い，閣議を主宰し，内閣を代表し，行政各部の指揮監督にあたる。

(1) 文部科学省

文部科学大臣は，内閣の一員であると同時に，文部科学省の長として，内閣の方針に従って，教育，学術，スポーツ，文化，科学技術等に関する所掌事務の管理執行にあたる。文部科学大臣を直接的に支えるのが，政治家である副大臣，政務官であり，事務方のトップである事務次官である。

文部科学省の部局は，大臣官房と六局（生涯学習政策局，初等中等教育局，高等教育局，科学技術・学術政策局，研究振興局，研究開発局）に分かれており，外局として文化庁，スポーツ庁が設置されている。

重要施策については審議する際には，国民各層の利益や公益を反映させたり，実務的，専門的知見を施策に反映させるために審議会等が設置されてい

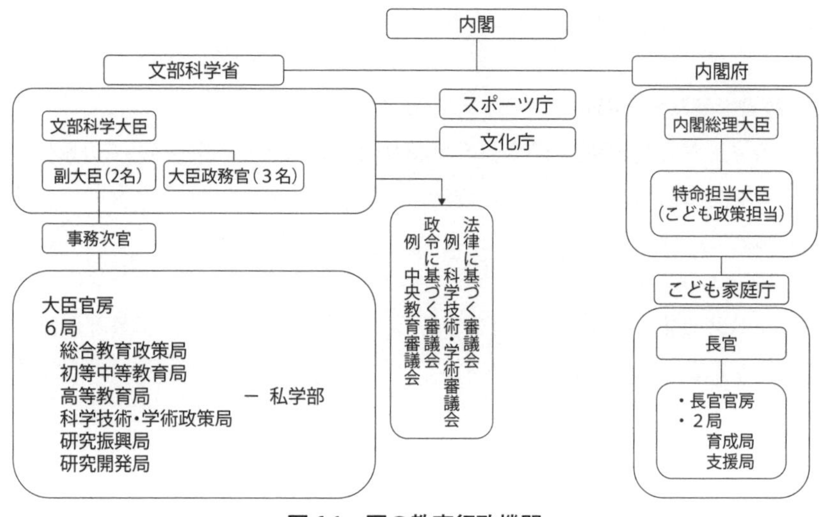

図 6.1　国の教育行政機関

る。例えば，中央教育審議会（有識者等で構成）は，文部科学大臣の諮問に応じて，教育に関する重要事項について審議し，答申する。中央教育審議会には，教育制度分科会，生涯学習分科会，初等中等教育分科会，大学分科会が置かれている。答申に法的拘束力はないが，文部科学省の教育施策を展開するうえで重要な根拠として活用されている。

(2) こども家庭庁（内閣府の外庁）

2023 年 4 月にこども家庭庁が発足している。こども家庭庁は，内閣府の外庁として設置され，政府の子どもを取り巻く行政施策について，主に，従来，内閣府，厚生労働省等が担ってきた児童福祉，子ども・子育て支援，家庭福祉，虐待防止等の事務を担い，切れ目のないこども施策の展開のために，関係省庁にリーダーシップを発揮することが期待されている。内閣府には，特命担当大臣が置かれ，内閣府設置法第 12 条に基づき自らの所掌事務について関係する行政機関に資料提出や説明を求め，勧告を行う権限を有する。外庁としてのこども家庭庁には長官が置かれ，企画や総合調整を担う長官官房と二つの局（育成局，支援局）が置かれる。学校教育に関する事務としては，いじめ・不登校の指針等の協議を受け，いじめに係る地域の体制整備，重大ないじめ事案への対応等を担うが，学校教育に関する主要な事務事業は，引き続き，文部科学省が担っている。

2．地方公共団体の教育行政組織

(1) 教育行政の二元システム

地方公共団体の教育行政は，地方公共団体の長（知事，市町村長）と教育委員会がそれぞれ，事務を分担する二元システムとなっている。一般行政は，長が最終的な決定権をもっているが，教育行政は，長（知事や市町村長）から独立して運営される行政委員会である教育委員会が担っている。

教育は，人格，文化など個人や集団にとってかけがえのない価値に関わる営みであるため，地方においては，教育行政は一般行政から独立性をもって行われている。また，一部の党派勢力によって教育施策が決められたり，選挙の度に教育の基本方針が短期的に変更されたりすることは望ましくないと考えられることから，教育行政の中立性，安定性・継続性を旨として，一般行政から独立した教育委員会が戦後の地方公共団体の教育行政を担ってきた。

その一方で，地方公共団体の長は，地方教育行政においては，行財政に関する事務（教育財産の取得処分・契約等），私立学校に関する権限等を有している。教育に関する財産の取得処分，契約，地方公共団体の人事については，長が調整しながらその権限を行使することとなる。

(2) 新しい教育委員会制度と長・教育長の役割の強化

教育委員会制度は教育行政の中立性，安定性・継続性を担保する制度として戦後の教育行政の中核を担ってきたが，その一方で，教育の諸問題に迅速に対応ができない，責任の所在が不明確であるなどの批判がなされてきた。このような政治世論を背景にして，地方教育行政の組織及び運営に関する法律が改正され，2015（平成27）年4月から首長との連携を強化した現行の教育委員会制度がスタートした。改正により行政委員会として独立性を有する

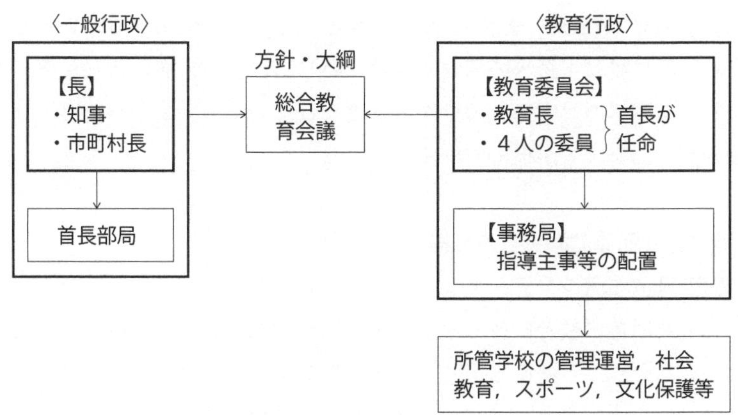

図 6.2　教育委員会制度（教育行政と一般行政の関係）

合議制執行機関としての位置づけは維持されたが，教育長が教育委員会の責任者であることが明確化され，長も総合教育会議を通じて教育行政の方針・大綱の策定に関与ができるように変更された。

教育委員会は，基本的に教育長（任期 3 年）と 4 人の委員（任期 4 年，保護者が含まれる）によって構成される。両者とも，長が議会の同意を得て，任命する。教育長は，当該地方公共団体の長の被選挙権を有する者で，人格が高潔で，教育行政に識見を有する者のうちから任命され，教育委員会の会務を総理し，教育委員会を代表するとともに，事務局の長でもある。教育委員については，特定の政党，年齢，性別，職業等に著しい偏りが生じないように配慮するとともに，保護者が含まれるようにしなければならないとされている。

地方公共団体の長は，教育振興基本計画を参酌し，その地域の実情に応じ，教育，学術，文化の振興に関する方針・大綱を定めるとともに，長と教育委員会によって構成される総合教育会議を招集する。総合教育会議においては，教育等に関する重点施策や児童生徒等の生命又は身体に現に被害が生じるなどの緊急の場合に講ずべき措置について協議，調整を行う。なお，地方公共団体の長は，大綱の策定に関する事務のほか，行財政に関する事務（教育財産の取得処分・契約），さらに，大学，幼保連携型認定こども園，私立学校に関する権限が付与されている。

第3節　教育委員会による学校の運営

1. 学校と国，都道府県教育委員会，市町村教育委員会

国は，教育課程の基準である学習指導要領の設定，義務教育諸学校の施設や教員人件費の補助，教育に関する事務への指導，助言，援助等によって，全国的な教育機会の均等と教育水準の確保に役割を担っている。

公立小中学校，高等学校，特別支援学校等の設置，管理運営は，当該学校を所管する都道府県教育委員会，市町村教育委員会が担っている。都道府県教育委員会は，都道府県立学校（高等学校，特別支援学校等）を直接的に管理運営するだけでなく，域内の市町村立学校の教職員の給与を負担するとともに，その採用，昇任等の人事，研修を担い（県費負担教職員制度），市町村教育委員会や市町村立学校への支援を行っている。

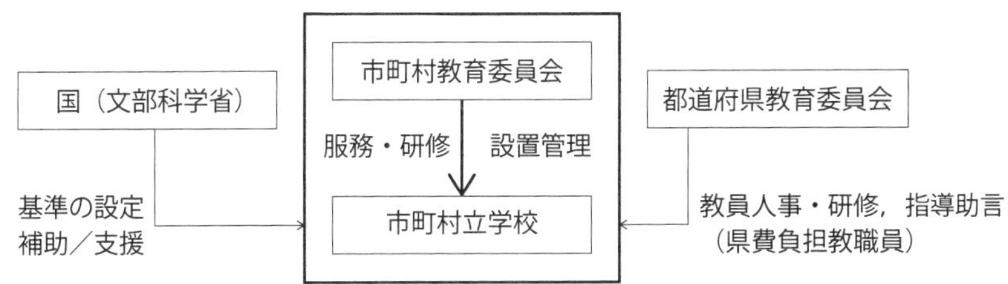

図6.3　市町村立学校と国，都道府県教育委員会，市町村教育委員会

2. 学校と教育委員会の関係～学校管理規則～

教育委員会は，地方教育行政の組織及び運営に関する法律第21条に基づいて，学校の管理・運営を行う権限を有している。その際に，教育委員会と学校の権限関係を定めた教育委員会規則が「学校管理規則」（通称）である。

学校管理規則には，通常，教育機関の組織編制，学期や休業日，教育課程の届出，教材の取扱い，児童生徒の懲戒，権限の委任や専決，学校事務の取

扱い，教職員の服務管理の内容や手続等が記載されている。学校管理規則には，これらの事項を通じた教育委員会と学校の権限関係が示されているといえる。

従来，学校管理規則は，全国画一的な内容であったが，地方分権の進展に伴って，各教育委員会ごとに学校の自主性・自律性を確立するために学校裁量権を拡大したり，また，学校評議員制度，職員会議，学校評価，学校経営計画などの法改正や新しい制度の導入に伴って規則の見直しが進めれたりした結果，教育委員会によって規定の内容に独自性が見られるようになっている。

［佐々木 幸寿］

考えてみよう！

- 教育行政には，なぜ，中立性，安定性・継続性が求められるのか，また，それは，どのような制度として実現されているのか。
- 新しい教育委員会制度における教育長の位置づけ，教育委員会と長の権限関係はどのようなものであるのか。

第Ⅱ部

学校法

2006年に行われた教育基本法の改正，規制緩和・地方分権を核とした統治システム改革，政権交代による政治主導の定着等によって教育関係法の体系は，大きく変化したといわれる。

また，その後の子ども権利条約，障害者権利条約が国内法として浸透し，いじめや貧困などの個別の教育課題に対応するための法令が次々に制定されている。

このような変化に伴って，「学校法」という視点から教育関係法規のあり方を考える必要が指摘される。第Ⅱ部では，教育法規がどのように変化しているのかを確認するとともに，「学校法」という視点によってどのような法的課題が見えるのかについて具体的に提示したい。

第7章

教育法の変化と学校法という視点

● 本章のねらい ●

近年，教育法（「教育に関する法」という一般的な意味で使用している）は大きな変化にさらされている[1]。ここでは，教育基本法改正による変化，教育法の個別化・分権化，政治と教育法の関係の変化の観点から，教育法の変化について述べる。そして，学校教育における法のあり方を考えるうえで，「学校法」という枠組みを考える。

第1節　現代における教育法の変化

1. 教育基本法改正の影響

(1) 教育法制の体系化～教育根本法としての性格の強化～

制定法における教育法の体系は，基本的に，憲法－教育基本法－個別法という関係にある。2006年に教育基本法が改正されるまで，憲法も，教育基本法も制定以来一度も改正されず，憲法－教育基本法の関係は不変であったのに対し，その一方で，教育基本法が改正されない中で学校教育法などの主要な個別法はその時々の政権によって頻繁に改正されてきた。2006年の教育基本法改正は，従来の憲法－教育基本法－個別法の関係を大きく変更するものであった。改正教育基本法（以下「改正法」）においては，旧法の文言が基本的に継承されているものの，条文は大幅に加筆修正され，憲法に直接的

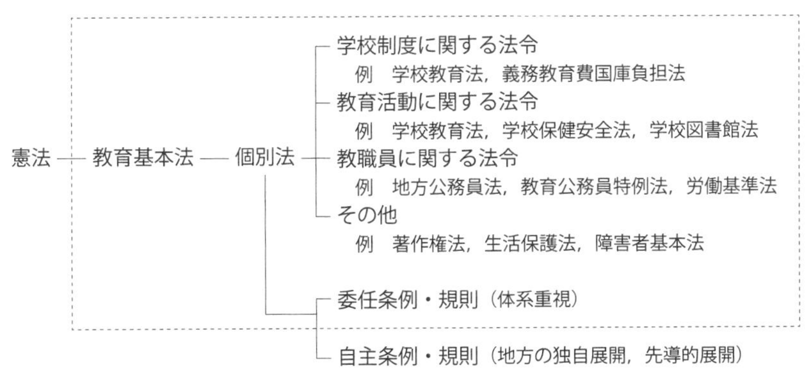

図7.1　教育基本法を中心とした法体系の形成

に根拠をもたない文言も加えられた。憲法－教育基本法の直接的な関係は大幅に失われ，その一方で，教育基本法は，個別法の根拠法としての地位が強化され，教育基本法－個別法の間により密接な関係が形成されるようになったのである。このことによって，教育基本法は，憲法との直接的な関係から離れて，個別法に対しての根本法となり，教育関係法令の根拠，基準としてより強く機能するようになった。このことによって事実上，教育基本法を頂点とした法体系が形成されているといえる。

(2) 教育内容の法体系化

教育基本法改正は，全部改正によって，大幅な改正がなされている。改正の主なターゲットが，学校教育であることは言を俟（ま）たない。

第2条（教育の目標），第5条第2項（義務教育の目的）を根拠として，学校教育法改正（各校種ごとの目的，目標の改正），学習指導要領改訂，教科書検定基準改正がなされている。第6条（学校教育）における学校教育の体系性・組織性を根拠として学校に副校長，主幹教諭等が導入され，学校組織が重層化された。また，第9条（教員）に基づいて，私学教員を含めた教員全体の研修義務が明確化されるとともに，その後の指導が不適切である教員の人事管理の法制，教員職員等による児童生徒性暴力等の防止等に関する法律の整備がなされるなど，教員法制の改革がすすめられている。

とくに，教育基本法改正の最大の争点は，第2条（教育の目標）であった。学校教育によって達成されるべき，具体的な資質項目が，条文上に列挙されたのである。第2条の規定は，法的には教育を行う者の一般的な責務を規定したものであって，個々の教師は教育目標を達成すべき具体的な法的義務までを負うものではない。しかし，実態として，第2条は，学校における教育実践や研修活動の指針となったり，学校教育法における校種ごとの目的，目標等の設定，学習指導要領の改訂，教科書検定基準改正の根拠となっている。このことによって，教育基本法は，制度基準として機能するだけでなく，実質的に内容基準，実践基準としても機能することになったのである[2)]。

2. 学習権保障の個別化・多様化

1990年代以降，規制緩和，地方分権を両輪とする行財政改革，統治システム改革が展開された。規制緩和（例えば，通学区の弾力化，学習指導要領の特例的措置の拡大など），地方分権改革（地方分権一括法による国の関与の縮減）が相まって，地方における法制度の運用の自由度が高まったことによって，小中一貫教育，学校選択制，コミュニティスクールの導入など，地方の教育施策が多様化してきている。このことによって，地方レベルの条例，教育委員会規則，学校管理規則等において，教育基本法を中心とする法体系に位置づくもの（委任条例・規則等）と，国の教育政策とは別個に，地方独自に展開しているものや国に先行する形で展開しているもの（自主条例・規則等）とに分化する傾向を見せている。

そして，これは，条例レベルで分権化が進んでいるだけではなく，国法レベルにおいても，重要な法制の運用について地方の判断を尊重するような動きが見られる。例えば，義務教育制度の根幹をなす就学に関わって，「認定特別支援学校就学者」制度（2013年9月施行），障害者差別解消法における合理的配慮の義務付け（2016年4月施行），医療的ケア児及びその家族に対する支援に関する法律（2022年9月施行）による医療的支援保障など，一人ひとりの障害の状況や本人・保護者の意向，地方や学校の状況等に応じて就学先が決定されることにつながっている。

義務教育でありながら，教育機会の保障が一人ひとりの状況に応じて個別化され，地方自治体や学校の条件に応じて多様化するという動きが進んでいるのである。

3. 政治と教育法との関係の変化

教育基本法改正後に政権についた民主党政権の下では，政務三役を中心とした政治主導による政策の形成が行われた。民主党政権下では，自由民主党・公明党政権下で成立した現行教育基本法の条項よりも，むしろ，廃案となった民主党の日本国教育基本法案の趣旨に従って，子ども手当，高校無償化などの政策が展開された。その後，2012 年に自由民主党と公明党が再び政権を奪回すると，今度は，一転して，道徳の教科化など教育基本法を根拠とした教育施策が強力に展開された。その後，第二次安倍内閣以降，内閣，与党主導で教育政策が形成される動きが顕著となってきている。

また，従来，内閣法制局による法解釈によって憲法を頂点とした法体系の安定性，整合性が維持されてきたが，政治主導によって教育法制度が策定されることになって，むしろ教育政策にあわせて，法解釈が調整されるという現象が起きている[3)]。

地方においても，2015 年４月から新教育委員会制度がスタートしたことに伴い，総合教育会議や教育長の任命を通じて長の教育行政への関与がより強化されたり，長の姿勢によってその関与の実態が多様化してきている。すでに一部の自治体においては，長主導の教育行政改革，学校改革が進展しており，教育委員会制度改革を機に，地方においても「政治」と「教育」の関係が大きく変化していくものと考えられる。

今後，我が国における教育法体系の実質は，国においても地方においても顕在化している政治主導の動き，地方分権の進展によってもたらされる国と地方の関係の多様化によって，さらに流動化することが予想される。

4. 学校教育法制の多様化　―戦後の多様な法制の併存と二つの教育法制―

(1) 学校教育法制の変化と多様な法制の併存

戦後，我が国は，その時々の社会状況や政治状況の中で，学校教育関係法令が形成されてきた。いわゆる55年体制下では，左右の政治対立，官僚主導の政策形成，教育行政の縦割り等を背景にして全国一律に学習機会や学習権を保障する法制が整備されたといえる。その後，2000年前後を中心に地方分権と規制改革を両輪とする行財政改革，地方分権一括法によって地方分権が進展すると，情報公開条例，子どもの権利条例など自主法制の動きが拡大し，学校教育分野でも通学区弾力化，コミュニティスクール導入など独自の教育政策が広まっていった。そして，現在は，いじめ，貧困などの教育課題に対応するための法律が矢継ぎ早に制定され，法改正が進められている。いじめ防止対策推進法に代表されるこれらの法制は，従来の一律の解釈・適用は困難であり，また，福祉や警察等との連携等も必要となっていることから，学校現場や教育行政が受け止めきれず，一部で混乱も見られる。

現在の学校教育は，戦後の教育法制の形成の積み重ねの中で，多様な性格をもった法令が，混在した中で運営されている[4)]。学校教育関係者には，まずは，多様な法制の構造的理解が必要とされている。

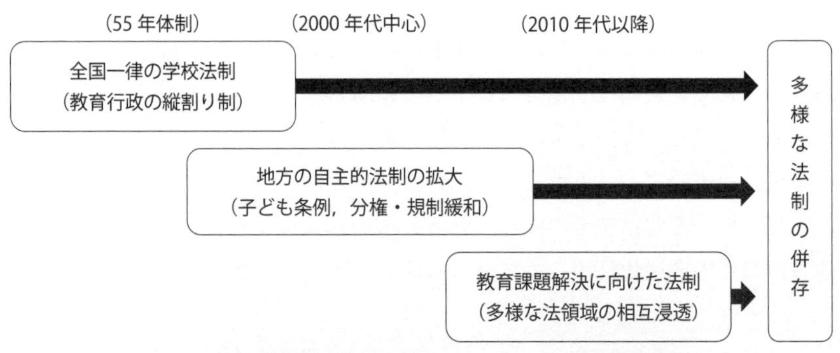

図7.2　学校教育をめぐる法制の変化と多様な法制の併存

(出所) 佐々木幸寿 (2023) 25頁を一部修正。

(2) 教育基本法法制（学習権の体系的保障）と権利条約法制（学習権の個別的保障）

前述したように，教育基本法改正を契機として，現在，教育基本法を根本法として，国レベルの教育関係法令，地方レベルの委任条例・規則の根拠・基準となり，制度上も，教育内容上も，体系性の強い学校教育法制が形成されている。この法制の下で，国や地方の教育政策が策定され，子どもの学習権は体系的，組織的に保障されてきたといえる（政策基盤アプローチによる学習権保障）。

その一方で，近年，子どもの権利条約，障害者の権利条約等を基盤として，一人ひとりの権利保障によって学習権を保障しようとする法制が形成されつつある（権利基盤アプローチ）。子どもの権利条約は，1994年に批准（1989年採択）されたが，当初，国内的には，大きな影響力をもたなかった。しかし，教育政策の政治主導が進む中で，国連の子どもの権利委員会の勧告等が政治的な争点となり，権利条約を根拠とした国内法の整備や制度改正がなされるようになってきている。この動きは，自治体レベルで「子どもの権利条例」

表7.1　教育基本法法制と権利条約法制

	「教育基本法法制」 （政策基盤アプローチ）	「権利条約法制」 （権利基盤アプローチ）
憲法との主な関係	憲法26条	憲法11条，13条，14条，25条
法制の核となる法関係	教育基本法－学校教育法等 国内法体系化－委任条例・規則	子ども権利条約－児童福祉法等 障害者権利条約－障害者基本法等
法制を構成する法律	学校教育法，教育職員免許法など	児童福祉法，子どもの貧困対策推進法，障害者差別解消法など
法制の趣旨・ねらい	体系的な学習権保障（画一性・組織性）	個別的な学習権保障（開放性・柔軟性）
対象とする領域	学校教育	教育，福祉，医療等の総合展開
国と地方の関係	国と地方の整合性確保	地方における国の施策の活用 地方における自主性展開
体系的保障・個別的保障の原理的関係	「原則」－「補完」	「原則1」－「原則2」

（出所）佐々木幸寿・牛玄（2020）「学校教育における教育基本法と子どもの権利条約の意義―普通教育における学習権保障の二つの法体系―」『教職大学院年報』第8号，8頁を一部修正。

の制定などとして進むとともに，国レベルでも，児童福祉法改正，教育機会確保法の制定，子どもの貧困対策推進法制定が進み，子どもの「権利者」としての位置が強化されることで，一人ひとりの子どもの学習権を個別的に保障しようとする法制の整備につながっている。同様に，障害者権利条約の国内法への浸透によって，障害者基本法，障害者差別解消法に「合理的配慮」が盛り込まれ，一人ひとりの障害の状況や，個別の教育委員会，学校，地域の条件に応じて学習権保障を実質化させている点で法制上の大きな変化が生じている。

表7.1は，現在の日本の学校教育を支える教育基本法を基盤として形成されてき法制，子どもの権利条約や障害者の権利条約等を根拠に形成されつつある法制の二つの枠組みを，「政策基盤アプローチ」と「権利基盤アプローチ」の次元で整理したものである。

第2節　学校法という視点の重要性

1. 学校法の対象

学校法の対象とは何かを考える際に，「学校という場」に着目するのか，「学校教育という機能」に着目するのかという論点がある。しかし，場と機能は元来相互に依存しており，最近の「チーム学校」「社会に開かれた教育課程」「教育機会確保法」等の登場に見られるように，期待される役割の変化に応じてその意味は相互に影響しながら変容している。場（学校）と機能（学校教育）を厳格に区別することは，その期待される役割が総合的なものであれば有益とはいえないことから，学校法の対象としては両者は密接に結びついた一体のものとして扱っていく必要がある。

また，学校法の対象を考えるうえで，「学校」と「学校外」，「学校教育」と「学校教育外」の区分も重要である。学校および学校教育は，公教育として国家の一定の関与が前提とされていること，組織的，体系的な教育として展開されるものであること，専門性が制度的に担保された教職の制度を基盤としていること等の基本的な性格は，これらの違いを区分する基準となる。しかし，今後，個別最適な学びの実現やAI（人工知能）の活用が次世代の重要な教育課題となっていることを考えれば，これらの区別はさらに相対化していくものと推測される。学校法の対象としての学校，学校教育については，その固有の基本的性格を不断に確認しながら，継続的にその境界を問い直していく作業が必要であると思われる。

2.「学校法」において中核となる法的価値――子どもの学習権の保障

「学校法」において追究されるべき中核となる法的価値とは何か。それは，換言すれば，憲法上の教育人権として学校教育の位置づけとは何かという問いとして理解される。これについて，昭和51年旭川学力テスト事件最高裁判決は，憲法第26条第1項は，「福祉国家の理念に基づき，国が積極的に教育に関する諸施設を設けて国民の利用に供する責務を負うことを明らかにする」ものであるとし，同条の背後には，「国民各自が，一個の人間として，また，一市民として，成長，発達し，自己の人格を完成，実現するために必要な学習をする固有の権利を有すること，特に，みずから学習することのできない子どもは，その学習要求を充足するための教育を自分に施すことを大人一般に対して要求する権利を有する」と判じている。

憲法第26条が，学校教育に期待していることは，子どもが学習を自主的に行う権利を保障することであるにとどまらず（自由権的側面），その学習要求を充足するための教育を要求する権利を含むものであるといえる（社会権的側面）。それは，子どもの側からは学校（学校教育）において学習をする権利を享受できるよう国家が積極的にその役割を果たすことを求める権利であり，国家にとっては，子どもの学習権を充足する責務として理解される。憲法上，学校法において中核となる法的価値は，「子どもの学習権」にあるといえる。

問題となるのは，子どもの学習権を，自由権・社会権として保障することの難しさ，現実の多様な権利・権限の錯綜する現実の中で保障することの難しさである。学習とは，本質的に自主的，自発的な営みであるのに対し，教育とは，外部から学習者に働きかける営みであり，それは一定の強制や指導を伴うことは避けられない。また，学校教育の現場は，国家の設定した制度的な枠組みの中で展開され，さらに，国や地方公共団体の教育権限，教師の教育の自由，親の教育権等がぶつかりあう場でもある。このような複雑に絡み合った教育実践上の諸課題を解決することは容易ではないが，あくまで，「子どもの学習権」を中核に据えることで課題の解決を図ることの重要性について合意しておく必要がある。

3.「学校法」の法的意義

刻下，学校における法的諸問題は，法解釈に基づく規範論だけでは，十分に対応できない状況にある。現実に起きている教育問題・教育課題に具体的にどのように対応するのか，多様な教育実践ニーズにどのように応えていくのかという視点から，法解釈論だけでなく，運用論，政策論，立法論を含めて総合的，実践的な視点から法的対応が求められているといえる。その点で，法的検討の対象を学校あるいは学校教育に焦点化することで，子どもの学習権の保障が前進することが期待される。その理由は，次のとおりである。

第一には，教育と法の最大の焦点は，その本質である「国家と教育の関係のあり方」にあり，それは，公教育として国家の法的な統制・管理を受けて展開される学校教育において最も重大な意味をもっており，学校法に注目することでそのあり方が明確になるからである。とくに義務教育においては，国家と教育の関係は顕著であり，学校の公的性格と国家の関与の関係を明らかにできるということである。

第二には，学齢期という成長段階に対応した「子ども法」としての性格をより明確にして，法制のあり方を検討することが可能であるということである。教育法のあり方は，成人を含めた一般法としての視点から見たのでは，一つの人格として対等でありながら，自らは未成熟で親や国家に対して適切な教育を施すことを求める子どもにとっての権利の性格が曖昧になってしまう。学校法（学齢期）という視点によって，一定の自立能力，判断力を備えた子どもの立場がより明確になる。子ども法と成人法を区別する基準は主体の自律性，独立性にあり，他律によって自律性を育むという近代公教育の中心課題は[5)]，「学校における子ども」というより具体的な枠組みによってこそ明確に理解されるからである。

第三には，学校教育の「組織的，体系的な性格」は，家庭教育や社会教育など他の教育領域と明確に区別される特性であり，学校の有するそのような内在的性格に着目することで，学校における法的課題の処理のあり方を明確にできるからである。学校における教育課程と学習指導要領の関係，教育目標の法定と教師の専門的裁量権の関係などが争点となる。

第四には，学校教育は，生涯における学びという視点からも学習権保障の中核に位置しており，学校における学びが，一人ひとりの生存を実質的に支える基盤となっているということである。学校における学びによりもたらされるのは，民主社会を生きるための政治的能力を身につけるという意味での政治的生存，生涯の生活を支える経済的な自立能力を身につけるという意味での経済的生存，個人・集団を支える文化の担い手としての能力を身につけるという意味での文化的生存，それぞれの基盤である。学校教育の有する制度的な裏づけが，生存権保障の基盤的性格をより明確にしている。

第五には，学校教育は教職の制度を基盤として運営されているということに着目することで，教育の専門性，教職の専門職性，ひいては，「教員法」（教師法）のあり方を検討する視点が提供されるということである。我が国は，統一した教員法制をもたず，国公立学校教員の法制と私立学校教員の法制が明確に区分され，分裂している。しかし，公教育を担う存在として「法律に定める学校の教員」（教育基本法第９条）とは国公立だけでなく，私学を含む概念である。「学校」に注目することで，国公私立を含めた教師の専門的自律性（教育専門的裁量権）や職務職責の特殊性，研修権のあり方を追究する枠組みや視点が得られるということである（例えば，教員研修システムは，教員法制としての教育公務員特例法では，私学教員を含めた教員全体の資質向上に結びつかないことから，国公私立を含む教員免許法制として実質化させなければならないという制度的な要請が生じている）。

4.「学校法」という枠組みに期待される効果

学校または学校教育に関する法のあり方の研究は，講学上の検討に貢献するだけでなく，次のような点で学校教育やそれを支える教育行政のあり方に影響を与えることが期待される。

第一には，学校という「実践の場」を通じて，理念と現実を調整するための具体性な素材が提供されるということである。教育法については，教育というその射程の広さ，概念の抽象性ゆえに，理念的，原理的に論じられる傾向にある。その一方で，学校法が対象とする学校という場は，まさに「実践の場」であり，そこは，教師と子ども，学校と地域住民・保護者，学校と教育委員会，国と地方が，それぞれの利害や考え方，それを支える論理がぶつかりあう。素材としての紛争や葛藤，桎梏は，多様な意見や主張を調整して，一定の判断を導く動きを形成していく。そのため，学問的検討が，理念的，抽象的な議論に終始することは許されず，素材を通じて具体的な解決が志向されることになるのである（理念・抽象から実践・具体へ）。

第二には，学校における子どもや教師の「教育ニーズ」に触れることで，国家の作用としての法と区別した機能が追求されるということである。従来，教育法においては，「教育行政」と「教育法」を一体的に捉えて，国家という「主体」の行政作用のあり方として教育法を論じる傾向にあった。しかし，現在，規制緩和や地方分権の動き，地方政治の自立化の動きの拡大に伴って学校教育に関するステークホルダーは拡大しており，コミュニティスクールの導入等によって現実に多様な主体が政策の立案・実施過程に参画する状況が形成されつつある。このような状況の中で，学校における多様な教育ニーズに触れることで，権限の所在（主体）から権限・権利の調整や運用によって実現されるニーズ（機能）の視点がより明確になるということである（主体から機能へ）。

第三には，学校現場は，法と教育の関係を再構成する機会を提供するということである。従来，「法」とは，「国家」そのものを意味し，ややもすると「教育」と対立するものとして論じられる傾向にあった。しかし，「法」には，国家によるものもあれば，教師によるものもある。また，子どもたちによる生徒会規則など仲間内のルールとしての法も存在している。「法」と「教育」という二項対立的な理解を克服し，法を教育に生かすという実践を生み出す契機を提供してくれるということである（「教育対法」から「教育と法」へ）。

第四には，学校における諸課題に着目することで，関係者の権利・権限関係が動態的なものとして可視化されるということである。現在，学校は，国・自治体，教師，親，子ども，地域社会，企業，NPO 等が子どもに対する教育を核としてそれぞれの方針や利害によって密接に結びついており，その関わりは社会や環境の変化とともに日々変化しており，教育と法の関係のあり方について固定的に捉えるだけでは対応が難しいことから，権限・権利関係の不断の捉え直しが必要とされているということである（法関係の静態的把握から動態的把握へ）。

［佐々木 幸寿］

● 考えてみよう！

- ▶ 現代における教育法の変化について，自分の身近において，どのようなところでその変化を感じることがあるか。
- ▶「教育法」ではなく，「学校法」という視点を設定することの法的な意義は，どのようなところにあるのか。

● 注

1）「教育法」の定義については，兼子仁「教育制度に特有な法論理の体系」（兼子 1978），永井憲一「教育基本権・教育人権を保障するための法の総体とその体系」（永井編 1992），牧柾名「人間の学習過程の条件を社会的に統制し，人間の発達を保障する法体系」（平原春好・牧柾名編 1994）など多様である。教育法の定義・位置づけについては広沢明「教育法の理念と構造」（姉崎洋一他編 2009：2-20）参照。

2）具体的な教育内容や教育実践の目標を法定したことは，その一方で，教育基本法第２条は，教育ニーズ，社会変化等によってより改正の圧力にさらされる可能性が高まることを意味している（佐々木 2015）。

3）事務処理特例制度を活用した大阪府の豊能地区への県費負担教職員の人事権

移譲など。
4）佐々木幸寿（2023）参照。
5）岡田敬司（2004a）参照。

●引用・参考文献

姉崎洋一他編（2009）『ガイドブック　教育法』三省堂
遠藤孝夫（2004）『管理から自律へ―戦後ドイツの学校改革』勁草書房
岡田敬司（2004a）「教育目的として自律性概念の再確立のために」藤田英典・黒崎勲・片桐芳雄・佐藤学編『教育学年報10　教育学の最前線』世織書房，pp.261-277
岡田敬司（2004b）『自律の復権』ミネルヴァ書房
兼子仁（1978）『教育法（新版）』有斐閣
牛玄（2017）東京学芸大学大学院修士論文「義務教育における『多様な学び保障法案』の意義―法案作成プロセスと『個別指導計画』の意義の検討を中心に―」
佐々木幸寿（2015）「教育基本法の準憲法性についての一考察―改正法における教育根本法の概念の再検討」『武蔵大学教職課程研究年報』第29号：59-66
佐々木幸寿（2023）『学校法務―公教育を担う法務実務の視点と論理』ジダイ社
永井憲一編（1992）『基本法コンメンタール教育関係法』日本評論社
結城忠（2012）『日本国憲法と義務教育』青山社

第8章

学校法の課題を考える

● 本章のねらい ●

本章では，学校および学校教育が抱えているさまざまな法的課題について学ぶ。学校法のあり方を考えるうえで，どのようなことが，どのような視点から問題として把握されているのか，確認してほしい。

第1節　我が国の学校法が抱える法的課題

学校という組織・社会は，特殊な性格を有しており，一般社会の法的なルールのもとでは，容易に処理することができない課題を抱えている。その背景には，人格全体を対象として行われる教育実践に対する法の解釈や適用の難しさ，独立した人格でありながら未成熟である子どもに働きかけるうえでの基準の複雑さ，法的な価値と教育上の価値の違いなど多様な要素が存在している。

学校はこれらの困難に対応するために，従来から多くの慣例や解釈を積み上げてきており，それに依存して学校が運営されている。しかし，その多くは，従来の政治，社会環境の中で形成されたものであり，必ずしも普遍的な性質のものだけではない。変化の激しい現状においては実態とそぐわなくなってしまっているものも少なくない。学校法のあり方を考える前提として我々は，現代において，どのような法的課題に直面しているのか確認する必要がある。

1. 人格全体を対象とした教育実践に由来する解釈，運用の難しさ

人格全体を対象にして行われる学校の教育実践において，一人ひとりの個性や実態に応じるなど教育の本質的要請から，一義的な解釈による法令運用では，対応できない現実がある。そのため，法解釈においても複合的な視点から，個別の事例に応じて判断せざるをえず，判例においても現場における教育実践にそのまま生かせるような判断基準が示されることが少ないのが現状である。この解釈の難しさが，学校現場において法令の適切な運用を妨げる要因の一つとなっている。

我が国の学校教育においては，その教育実践が知徳体の全体を対象にして行われているということに大きな特徴があり，学校教育における児童生徒や親の権利義務の不明確さ，教師の職務領域の曖昧さなど学校教育が抱える法制上の矛盾の多くはその点に由来している。このことから，学校，教師は，法令のみに依拠して教育実践を行うことはできず，慣習となっているルールや曖昧な指導理念や指導方法に従って行動することになる。

○課題①：体罰の判断基準と指導の行動基準

学校教育法第 11 条は「校長及び教員は，教育上必要があると認めるときは，文部科学大臣の定めるところにより，児童，生徒及び学生に懲戒を加えることができる。ただし，体罰を加えることはできない」と規定している。法的には，「有形力の行使」（物理的な力を意味し，違法なものも，違法でないものも含む）と「体罰」（有形力の行使のうち，違法なもの）は区別されている。しかし，何が体罰にあたるのかということについて，判例も，政府の通知も，学校現場で教員が活用できるような明確で具体的な基準を示すことができないでいる。最高裁判例（最判平成 21 年 4 月 25 日）は，同法第 11 条が有形力の行使のすべてを否定しているわけではないこと，その違法性は，有形力行使の目的，態様，継続時間等から，社会通念に照らして教育指導の範囲を逸脱しているかどうかを基準にして判断するとしている。一方，文部科学省の体罰に関する通知（「体罰の禁止及び児童生徒理解に基づく指導の徹底について」（平成 25 年 3 月 13 日付）は，体罰は許されないとしながらも，通知では，体罰として禁止されている典型的な事例，懲戒として行うことができる典型的な事例が示されているのみで，現実の生徒指導の場面で活用できるような具体的な判断基準は示されて

いない[1)]。これは，判例や通知の側の問題というよりは，「ぎりぎりの場面」「さまざまな状況」で行われる教育実践が内在的に抱えている法令適用の難しさに由来するものである。学校における有形力の行使の是非を，一義的な基準で判断できるほど，生徒指導は簡単ではないということである。しかし，難しさを理由に問題を放置すれば，体罰が温存される原因となったり，その逆に教師が指導において萎縮することにつながる。法の解釈・適用の複雑さ，難しさを，教育実践への障害としてはならない。学校管理職としては，「手を出さない」（有形力を行使しない）という基本的な姿勢を前提としたうえで，自他の生命を守るという姿勢，毅然とした指導を行うとはどのような対応であるのか，それぞれの教師の内面に，実態として行動基準を形成させることが必要である。

2. 学校教育におけるパターナリズムの問題

学校においても，児童生徒の基本的な人権が尊重されなければならないことは言を俟たない。しかし，学校においては，一般社会では保障されている権利や自由が，指導の名の下に制限されることがある。学校における人権制限の根拠としては，一般的な人権制限原理であるハームプリンシプル（危害原理：人の権利や自由を制限できるのは，他者に危害を加える可能性がある場合であるとする原理）が根拠とされているだけでなく，パターナリズム（父親的温情主義）が大きな影響を与えている。パターナリズムとは，一般的には，「相手の利益のためには，本人の意向にかかわりなく，生活や行動に干渉し制限を加えるべきであるとする考え方」（『広辞苑』第七版，2018 年）とされており，法的なパターナリズムとは，個人（とくに弱者）を保護するために，国家が個人の自由や権利に制限を加えることを意味している。健全育成，安全確保などのために，市民社会では保障されている児童生徒の権利を制限することが認められるという考え方である。とくに我が国の学校教育においては，教師によるパターナリズム的な関与が，知徳体の全体を対象とした教育，指導として行われるため，児童生徒の人権や自由を制限しているという認識が曖昧なままに行われる傾向にあることに注意する必要がある。教師の教育実践におけるパターナリズムは，漠然と，「親代わり論」「擬似家庭観」に基づいて行われることは許されない。子どもの人格的自律性を育むうえでやむを得ない限度で行使されるべきものであることを理解しなければならない。

○課題②：校則による制約と「限定されたパターナリスティックな制約」

パターナリズムによる児童生徒の自由や権利の制限は，しばしば校則の中に見られる。校則は，法的には，学校の内規と考えられているが，その対象は多岐に及ぶ。飲酒・喫煙の禁止など法的に禁止されているものから，一般には認められているバイクの免許取得を校則で制限したり，頭髪・服装，さらには男女交際のあり方まで規制しているものもある。子どもは，人間として成長途上にあり，十分な判断能力が備わっていないことを前提にして行われるこのようなパターナリスティックな自由や権利の制限は，学校教育においては，「教育指導」として無自覚に運用されやすく，「子どもの人権や自由を制限している」という認識が希薄である。未成熟な子どもを対象とする学校教育において法的なパターナリズムを排除することは現実的ではないが，パターナリズムは，国家の国民に対する義務の履行としての「社会権」，人権衝突の調整原理としての「公共の福祉」とは異なる概念であり，国家による干渉がどこまで許されるのかという基準が不明確となる傾向にある。教師は，学校教育において認められているのは「限定されたパターナリスティックな制約」であることを自覚するとともに[2)]，「パターナリズム的干渉」の合理性とそれによって得られる子どもの利益，それによって制約される権利と自由とは何かということを常に明確にしておく必要がある。

3. 法的価値と教育の価値の調整の難しさ

法の目的と教育の目的は，同じではない。法によって達成される価値（正義，公正など）と教育によって達成される価値（人格の涵養など）は，必ずしも一致しないのである。つまり，学校教育は，児童生徒一人ひとりのかけがえのない人格を対象に，その成長と発達を促す営みであるが，このような教育の目的を，法的な権利義務の問題として解決するには限界があるということである。視点を変えれば，学校における教育実践上必要とされていることであっても，法的な視点からとられた措置が教育的価値の実現の障害になってしますこともある。学校においては，教育ニーズを踏まえながら，法的な制約との桎梏を克服するうえで，教育実践上の工夫が求められることが少なくない。

○課題③：教育裁判における対立と修復的正義の追求

いじめ事件等においては，いじめの解消と教育活動の正常化の努力にもかかわらず，学校側，加害者側，被害者側が対立し，紛争に発展するケースがしばしば見られる。加害行為に対しては刑事責任，民事責任が問われることがあり，学校側にも安全配慮義務違反による民事責任，国家賠償法上の責任が問われることがある。対立が深まると，法的責任を回避しようとする動きが強まるため，社会的正義を実現するための動きが，いじめの実態の解明やいじめの指導など本来，関係者が優先して取り組むべき活動の障害となるという事態が生じる。対立を正義の原則によって強制的に調整するシステムは不可欠であるが，それだけで，教育目的が達成されるわけではなく，むしろ重大な障害となる場合もあるのである。

大津いじめ自殺事件では，原告と大津市の和解が成立している（平成27年3月3日）。この和解には，対立を乗り越えて，当事者間の関係を修復しようとする意図がみられる。つまり，原告と被告が相互の利害を超えて，いじめの再発防止のために関係者が共有すべき見方や考え方，方向性を示した点で大きな意義を有すると思われる[3)]。

4. 我が国における一般社会の法規範と学校特有の法規範の齟齬

我が国の教育界，とくに，学校教育においては，特別法の適用を受けたり，一般法の除外規定の適用を受けたりすることが多い。このことは，我が国の学校教育は，一般社会において通用する法規範を直接適用することが難しい状況に置かれていることを意味している。

これまでにもみてきたように，我が国の学校は，知育のみではなく，徳育や体育を含めて児童生徒の生活全体を対象にして教育活動を展開しており，それに伴って，教員の職務も包括的なものとなっている。教員にはこのような職務の特殊性と態様の多様性に対応した法制が適用されてきたのであるが，このことの帰結として，一般社会において確立している法規範と，学校（教員）に適用されている法規範が，解離することとなる。両者の齟齬によって学校運営や教員の社会生活に矛盾が生じた場合には，多くの場合には学校（教員）の責任において調整が図られることになる。

従来，この矛盾の調整は，主に学校（教師）がその負担を担ってきたが，元来この負担は関係者が共有または分有すべきものである。事案の内容や文脈等を踏まえ，関係者の権利権限・義務責任の関係，負担関係を整理する必要があるものと考えられる。

○課題④：勤務時間外，休日等における部活動指導の性格

教員の勤務状況を考えるうえで，勤務時間を超えた部活動指導の職務性の問題があげられる。部活動は，学校の教育活動の一貫として展開されているものである。部の顧問は，校務分掌として位置づけられており，その指導は一般的には職務として位置づけられるものである。しかし，部活動の性格上，放課後，休日などの勤務時間外に及ぶことが避けられず，教師にとっては，部活動指導は，実質的には義務的な性格を有しながら，法的には職務命令によらない教師の側の自主的な活動として位置づけられているのである。このことによって，実質的な職務活動でありながら，学校管理職は職務命令を発することが制限されており，そのことが逆に教員の過重労働の温床となっていながら，放置されているという結果を生んでいる。その矛盾は，校長のマネジメントの工夫や教員の自己管理能力によって，調整される他ないという状況を生んでいるのである。

5. 法令の運用に消極的な学校現場の法文化

憲法や教育基本法，さらにはこれらの趣旨を踏まえて制定された個別法の規定は，条文の一義的な解釈が困難であり，その具体的な事案への適用においても，そのあり方は多様であるが，裁判の積み重ねの中で，多くの法的争点について，一定の基準が形成されてきている。しかし，その法的基準が一定の確立を見ても，多くの教育委員会や学校では，それを学校教育のために積極的に運用しようとしない傾向が見られる。この背景には，従来から，我が国の学校現場におけるリーガリズムに対して消極的な法文化（社会倫理や人間関係に関する問題を権利義務の問題として法的な手続によって解決しようとすることを良しとしない文化）があることが指摘される。このような学校の姿勢は，法的に決着を見ているものであっても，現場に混乱を生みそうなものは先送りしたり，排除したりしようとする動きとなってあらわれる。教育実践上の意義，教育上の価値があるにもかかわらず，そのような萎縮した法令

運用が行われる場合には，必ずしも学校教育や学校運営に好ましい影響を与えるものとはならない場合がある。

○課題⑤：学校における寄附金の受取禁止と寄附文化の醸成

学校行事で学校が受け取った祝い金について，判例（東京高判平成 20 年 6 月 25 日，最高裁の上告不受理により確定）では，その祝い金が市への寄附金にはあたらず，その支出は校長の裁量に委ねられているとしている。法的には必ずしも，学校への寄附が禁止されているわけではないが，教育委員会の方針によって，事実上，学校に対し寄附金を一切受け取らないよう指導している例が広く見受けられる。寄付金の授受にまつわる不正，寄付金の適正な処理のための業務負担等に配慮したものと思われるが，学校に対して一律に寄附金等の禁止をするという硬直した対応が，我が国の寄附文化の醸成を妨げているとの指摘もある。

東日本大震災においては被災した学校に対して多くの寄付金や義援金が贈られ，それが学校の教育活動の復旧復興に大きく寄与した。このことは，教育委員会が，透明性のある手続を整備し，学校が安心して寄附を受け取り，子どもたちのために活用できる仕組みをつくるという努力によって，篤志が学校教育に活用される道が開かれ，ひいては，寄附文化の醸成につながる可能性があることを示している。

6. 学校教育の中立性に関する規定の曖昧さ

公教育としての学校教育には，政治教育や宗教教育などその中立性の要請が高い。しかし，中立性とは，非常に曖昧な概念であり，その基準を明確に示すことは難しい。法令においては，適用される事案について中立性の基準を具体的に明示することは困難であることから，一般的に，抽象的に規定される傾向にある。このことによって，条文の解釈に柔軟性や多様性を確保することができる一方で，教育実践を制約する形であらわれることがある。

法文や解釈の曖昧さは，法令を運用する者を萎縮させる効果（chilling effect）があることは従来から指摘されていることである。定義の曖昧さ，適用範囲の曖昧さ，基準の曖昧さが，法令を運用する側に，慎重で，安全で，消極的な運用をさせるという影響を与える。結果として，学校教育の現場には，政治色，宗教色を排除しようとするあまり，教育上の意義を損なう動きを生み出すことがある。学校教育において政治や宗教に触れてはいけないという誤解から，政治的教養，宗教的教養の教育が形式的に展開されてしまうというのは，その例であろう。

○課題⑥：宗教教育の中立性とその実質化の要請

従来，学校において広く行われてきたクリスマス会，七夕などの行事を取りやめるなど，学校から宗教色を排除するという動きが広がっている。保護者からの苦情やそれによってもたらされる混乱に配慮したものと思われる。最高裁判例（昭和52年7月13日津地鎮祭事件）によれば，憲法第20条第3項が禁止している宗教的活動とは「当該行為の目的が宗教的意義をもち，その効果が宗教に対する援助，助長，促進又は圧迫，干渉等になるような行為をいうもの」（目的・効果基準）としており，教育基本法第15条第2項の解釈もその基準によっていることを踏まえれば，親睦のために行われるクリスマス会，年中行事を学ぶための七夕などは禁止されてはいないと考えられる。

保護者との無用の対立や混乱を避けたいという学校現場の立場も理解できるところである。しかし，その一方で，その教育的意義や代替的な教育活動を検討することもなく，宗教的なものを無自覚に学校から排除するという動きができているとすれば，宗教的教育に関する真剣な取り組みは萎縮していくことになろう。教育基本法第15条第1項は，宗教教育の重要性を指摘しており，本来であれば，宗教的なものを，憲法，教育基本法に触れない形で学校教育に取り入れていくことが追求されなければならないはずである。特定の宗教，宗派に偏しないように宗教的な情操の教育を行うことができるのかということは，長い間の課題でありながら，そのための法解釈の工夫やそれを裏づける教育実践は十分に蓄積されているとはいえないように思われる。

7. 社会状況の変化と対抗的な法解釈の桎梏

法解釈においては，個々の具体的事象に妥当な結論を導くとともに（具体的妥当性），どのような条件があればどのように判断されるかについて一貫性を重視して行われる（法的安定性）。法的安定性と具体的妥当性のバランスの取り方は文脈によって異なるものであり，当然に背景となる時代によっても異なってくる。

従来，学校教育においては，適切な学校運営，効果的な教育活動のための法解釈が追求されるというよりは，ややもすると左右の政治対立から対抗的な法解釈が行われ，それが学校教育に大きな影響を与えてきた。その結果，行政の側は，権力寄りの固定的な行政解釈を行い，反対勢力もそれへの対抗理論として法解釈を追究してきた。しかし，現在，左右の政治対立はすでに過去のものとなりつつあり，それに伴って55年体制下で形成された行政解釈は現下の学校ニーズに適切に対応したものとなるように変更される必要があるのであるが，現実には従来の行政解釈が固定的なものとして扱われているという実態がある。

○課題⑦：職務としての自主研修についての行政解釈

教育公務員特例法第22条第2項の規定する「勤務場所を離れて行う研修」について，職務として自主的研修を行うことは可能であるのかということが教員研修に関する重要な法解釈上の争点となっている。現在の文部科学省の示す行政解釈によれば，校外における自主的な研修は，職務とは認められず，校長の承認を受け職務専念義務免除により行われるべき研修であるとされている。この件について，判例は（最判平成5年11月2日）は，教育公務員特例法の規定は，教員に対して，自主的研修を行う具体的な権利を付与したものではないとしているものの，同法の規定は，研修に対する努力義務を，理念的，職業倫理的観点から抽象的に規定し，任命権者にも職務命令によるものばかりではなく，教員の自発的，自主的な研修をできる限り与えるべき一般的，抽象的義務を定めたものと解している。また，過去の行政解釈においては，勤務場所を離れて行う研修が勤務として見なされていたこと（文部次官通達昭和24年2月5日初学46・甲第23号証，昭和33年9月13日文部省初中局長の岩手県宛回答甲第22号証では，勤務として見なしていたが，昭和39年の行政実例（12月18日初中局長回答）によって変更され，職務専念義務免除による研修とされたという経緯がある）を踏まえると，左右の政治対立が終わりつつある現在，職務としての自主研修という位置づけを，選択肢の一つとして回復し，法制定時の元来の趣旨を踏まえて，地方がそれぞれの判断で教員の職能開発の機会を与えられるような法解釈が検討されるべき時期に来ているように思われる。

8. 学校の枠組みの相対化と学校法制の見直し

従来から，学校組織の一体性は，校長の「校務掌理権」によって確保されてきたが，これは，学校を構成するコアな教職員を対象として想定した法制を前提としている。今日，学校組織は，学校の果たすべき役割期待の変化，新しい教育課題への対応，地域住民や保護者の学校参加の要請に応じて変化を余儀なくされている。具体的には，「チーム学校」の考え方が提起され，多様な人材の登場（ALT，スクールカウンセラー，スクールソーシャルワーカー），学校外関係者の参加（学校評議員，学校支援地域本部），学校外組織の活用（民間の学習塾，社会教育関係団体，NPO）のために，学校は多重な柔組織のチームとして機能するための法制の整備が求められている。

多様な人材，学校外関係者，学校外組織を，学校の教育ニーズに基づいて効果的に活用するうえで，従来の法制では，対応できない困難な法的問題（例えば，組織としての指示命令系統の確保と責任の分担の問題，意思決定における調整権限など）が生じており，学校の枠組みの変化に応じた法的問題の整理が必要となっている。

○課題⑧：スクールカウンセラーの守秘義務

多くの学校にスクールカウンセラーが配置されている。スクールカウンセラーは，児童生徒へのカウンセリングや教職員へのコンサルテーション（指導・助言）を行っている。スクールカウンセラーは，多くの場合，パートタイム会計年度任用職員として雇用されていると考えられ，地方公務員法上の守秘義務が適用されるが，さらに，職業倫理上，相談者との関係から守秘義務を負っている[4)]。この時，校長への報告義務や組織中での情報共有が問題とされる。

スクールカウンセラーは，外部者であること，専門家であることから，校長や他の教職員に対しても秘密を守る義務があると考えられているが，学校組織を構成するチームの一員であり，上司である校長への報告義務や教職員との情報共有が問題となる。日本臨床心理士会倫理綱領第2条第1項は，「自他に危害を加える恐れがある場合」「法による定めがある場合」は守秘義務の例外としている。しかし，学校がチームとして機能するためには，不登校やいじめ問題など，日常的な校長や担任への情報提供が必要となる。スクールカウンセラーのように外部の専門家が学校組織を構成するようになった今日の状況を踏まえた，守秘義務や校長による職務命令の関係などをあらためて構築することが求められている。

具体的には，スクールカウンセラーと学校管理職，担任教員等との情報連携上の実態と課題を具体的に把握すること，教育委員会，教職員，スクールカウンセラーが，相互の立場を尊重しながら効果的に機能するための情報連携のあり方を検討すること，そして，スクールカウンセラーの契約上の報告義務と職業倫理上の守秘義務の関係を具体的な場面を想定して整理することが求められる。

9．就学義務制度の矛盾の顕在化と学習権保障の実質化の要請

我が国の義務教育は，すべての国民が，基礎的な普通教育を受ける機会が享受できるように，親等に対して学齢期の児童生徒を学校に就学させる義務を課している。就学義務は，保護者に対し子を学校に就学させる義務を課すことによって，子どもに普通教育を受ける教育機会を保障しようとする制度である。この制度は，家事労働や虐待等によって子どもが就学できない場合等保護者の側に責任がある事態を想定して設計されたものであり，不登校という事態は想定されていないのである。2021（令和5）年度の国・公・私立の小・中学校の不登校（30日以上欠席）の児童生徒数は小学生は81,498人，中学生は163,442人にのぼる。就学義務とは，保護者に対する義務であり，「その出席させないことについて保護者に正当な事由がないと認められるときは」（学校教育法施行令第20条）（長期欠席者等の教育委員会への通知），「保護者が法第十七条第一項又は第二項に規定する義務を怠つていると認められるときは」（同施行令第21条）（教育委員会の行う出席の督促）に該当しないことから，事実上，教育を受ける権利が確保されない状況を放置することを認めざるを得ない状況となっている。現在，フリースクールやホームスクーリングは，保護者に対する義務の履行形態としては，就学義務の枠組みの中にあるものとしては認定されてない。しかし，事実上，不登校児童生徒にとっては，貴重な教育を受ける機会となっていることから，保護者に対する就学義務と児童生徒の教育を受ける権利を調整する新たな原理が求められているといえる。同様のことは，日本語を母語としない子どもの教育においてもいえることである。

○課題⑨：不登校問題と教育機会確保法

学校現場では，不登校が深刻である。学校の先生方や様々な教育施策にもかかわらず，一向に減る様子が見られない。学校に登校できない子どもたちは，教育委員会等が設置する教育支援センター（適応指導教室）などの公的施設に通う者もいるが，NPO等の開設するフリースクール等の民間施設も多くの子どもたちの居場所としての役割を果たしている。

フリースクール等を運営する民間団体関係者からは学校外での学びも義務教育として認めるべきではないかという指摘もあったが，一条校への就学を求める就学義務を内容とする我が国の義務教育法制の下では，学校に行かないことを助長する恐れがあるなどの反対意見も根強く，フリースクールは長い間，義務教育法制の枠組みの外に置かれたままであった。

こうした中で，2012（平成24）年に民間団体によって「多様な学び保障法を実現する会」が設立され，2013（平成25）年に「子どもの多様な学びの機会を保障する法律骨子案」を提示した。こうした民間運動の高まりを受けて，「超党派フリースクール等議員連盟」（会長：河村健夫衆議院議員）は，学校以外の多様な学びの場を公的に確保するための法律を議員立法として成立を目指す意向を示し，法案を公表した。その後，紆余曲折を経て，2016（平成28）年12月に「義務教育の段階における普通教育に相当する教育の機会の確保等に関する法律」（教育機会確保法）が成立した。同法の基本理念は，次のとおりである。

〈基本理念〉

1　全児童生徒が豊かな学校生活を送り，安心して教育を受けられるよう，学校における環境の確保

2　不登校児童生徒が行う多様な学習活動の実情を踏まえ，個々の状況に応じた必要な支援

3　不登校児童生徒が安心して教育を受けられるよう，学校における環境の整備

4　義務教育の段階の普通教育に相当する教育を十分に受けていない者の意思を尊重しつつ，年齢又は国籍等にかかわりなく，能力に応じた教育機会を確保するとともに，自立的に生きる基礎を培い，豊かな人生を送ることができるよう，教育水準を維持向上

5　国，地方公共団体，民間団体等の密接な連携

同法において特筆されるべき点は，個々の休養の必要性を認めていること，学校以外の場における学習活動等を行う不登校児童生徒に対する支援の必要性を確認していることである。学校に行かないという選択があり得ることを認め，

また，学校外におけるフリースクール等の民間施設の活用やそれに対する公的な支援に大きく道を拓くものであると考えられる。一部の地方自治体においては，すでに，フリースクールを運営するNPO等への不登校支援事業の委託，公設民営（指定管理）による施設運営，不登校支援事業費の支援等に動き出しているところも見られる。

しかしその一方で，折しも同法の制定前後から，不登校児童生徒数は一貫して増加傾向を見せるようになっており，その増加に歯止めがかかっていない状況にある。

10. 実践ニーズに対応した法令運用への要請（進む分権化，私的セクター活用）

我が国において，学校教育は伝統的に国の強い統制の下で展開されてきた。しかし，近年，学校教育制度に対する画一的規制が，子どもや保護者の教育ニーズに柔軟に対応できない状況を生んでいるという批判を背景に，規制緩和と地方分権等の改革によって，公立学校においても義務教育の基幹部分を地方に委ねる動き（例えば，認定特別支援学校就学者制度），私的セクターを活用する動き（例えば，株式会社立・NPO立学校，公立学校における塾の活用）が見られるようになっている。「公的枠組み」を維持しながら，どのように「地方の独自性」「私的セクターの活用」を図るのかということが重要な課題となりつつある。

例えば，公立中学校における私的セクターの活用は，民間活力による学校の教育機能の補完，家庭の教育力・経済力格差，地域格差への対応という側面がある。私的セクターの活用によって，公的組織では困難な事業展開，人材の活用，学校経営の効率化などの効果がもたらされるであろう。

しかし，こうした動きは，必ずしも手放しで喜んではいられないことも指摘される。教育委員会や公立中学校が，私的セクターを無原則に活用することは，公的セクターとしての歯止めを失い，際限のない教育の市場化への道を開き，公教育の基本原理（教育の機会均等，義務教育の無償制）を解体する危険性を孕んでいるからである。

○課題⑩：公立学校における塾の活用

公立学校において，民間が運営する塾を活用することは，憲法上，教育基本法上，いくつかの問題を抱えている。第一には，憲法第89条の公の支配に属しない教育の事業に対する公金の支出の禁止であり，具体的には民間の塾に対して公金を支出したり，学校施設を使用させることの問題である。第二には，憲法第26条の教育の機会均等，義務教育の無償の規定について，公立学校が，受講を一部の者に制限したり，受講料を徴収することがこれらに抵触することとなることの問題である。第三には，公務員である公立学校教員が，民間の業務である塾・課外活動に関わることの問題である。

こうした法的問題について，教育委員会が直接，塾を活用する場合には，学校教育としてではなく，教育委員会の実施する社会教育事業への児童生徒の参加として展開することによって，または，学校支援地域本部，PTA等の「社会教育関係団体」が実施する社会教育の事業への児童生徒の参加という形で展開することによって，これらの問題を法的に乗り越える工夫が行われている。

11．顕在化する危険受忍の法理の検証の動き（任意性と義務性）

近年，運動会において組体操や騎馬戦などの種目の練習中における事故が大きく報道され，一部の教育委員会では種目そのものを禁止する動きが見られる。従来からこれらの種目は学校教育で採用されてきた。この背景には，これらの種目，活動は教育上の意義を有しているという理解を前提に，課外活動（任意性）と正課（義務性）の区別を問題とせず，体育には内在的に一定の危険性が伴っており，参加する者はその危険を引き受けなければならないという考え方が通用してきたという事情がある。

こうした中で2008（平成20）年の学習指導要領改訂により，2012（平成24）年度から中学校の保健体育では武道が必修化され，多くの学校で柔道などの種目が採用されている。

武道の必修化によって学校における正課の教育活動として全国一律に危険を伴う種目が義務づけられたことは社会に対し相当なインパクトを与えた。危険性を内在させる活動を正課として児童生徒に一律に義務づけるうえでは，教師の法的責任は，任意性が確保されている一般のスポーツや課外活動と異なり，「危険受忍の法理」（同意による危険の引き受け）によって管理者の責任を回避することが困難であることが明確になりつつある。一律に義務づける場合には，教育上の意義を明らかにするとともに，これらの活動を採用する際に学校（教員）側に求められる安全配慮のための対応と法的責任の基準を明確にしなければ，活動の継続自体が困難に直面することなる。

○課題⑪：組体操の事故と教師の留意事項

組体操の指導，監督にあたった教員に対し，過失が認定される事例（名古屋地判平成21年12月25日等）が見られる。組体操など危険を内在する活動を正課として採用する際には，児童生徒に同意の余地がないことから，次のことに留意する必要があると考えられる。

第一には，教育上の意義を明確化する必要があるということである。組体操を学校教育として継続するためには，組体操等にどのような教育上の意義（社会的な有用性）があるのかということについて保護者等に明確に示す必要がある。「伝統」「恒例」というだけでは不十分であろう。社会的な有用性が承認されることなしに，社会が児童の危険を許容するはずはないからである。

第二には，学校側の責任について教員の「過失」の問題を考える必要があるということである。教員の「過失」については，事故の危険を予測できる可能性があり，かつ，それを回避することが可能であるにもかかわらず，回避のための相当の対応がとられていない時に注意義務違反が問われる。求められる注意義務とは，当該活動の危険性，参加者の発達段階，施設環境等によって個別に異なってくる。学校が，危険性を伴う活動を継続できるかどうか，その教育上の意義を明らかにするとともに，個別具体的に危険性を回避する措置を検討し，社会が許容できる程度に事故の危険性を低下させることができるかどうかということにかかっている。

第三には，「信頼の原則」が適用されることの難しさを理解する必要があるということである。「信頼の原則」とは，事故が予見可能で，事故回避が可能であっても，相手方がルール違反に及ぶことまでを予測して行動する義務まではないという考え方であり，加害者側の責任を免ずる効果がある。しかし，この原則は，幼児など相手に発達段階や心身の状況等によって通常のルールに則った行動が期待できない場合には適用されない。小学生などを対象としている場合には，「信頼の原則」は適用されにくいことを理解しなければならない。

（佐々木 2016）

第２節　学校法学において追求されるべき法理

前述のような学校法が抱える課題を解決するためには，教育法規の解釈は，憲法および教育基本法の理念を基本として，子どもの学習権（教育を受ける権利）を保障するとともに，その人格的な成長発達，社会性の育成に資するように行われる必要がある。

これは，憲法的な価値を学校教育において実現するというだけでなく，「人格の完成」という教育根源的な価値を学校において追求することを主眼とし，学校教育の特色と役割を踏まえてこれらの価値を教育実践によって実現するための学校法学が追求される必要があるということである[5)]。学校法学においては，憲法的価値と教育的価値の関係，学校教育の意義と役割を現代の文脈において整理することが必要である。このことは，憲法的価値を教育，学校教育において展開することの意義と限界を，現代の文脈において確認するとともに，教育一般に解消できない学校教育の意義と役割を明確にすることであるといえる。換言すれば，憲法秩序の内部において，学校固有の使命を果たすにふさわしい教育実践の場を保障する法制のあり方を追究することであるいえる。

教育基本法は，前文で「我々は，日本国憲法の精神にのっとり」「我が国の未来を切り拓く教育の基本を確立し，その振興を図るため」と，教育基本法制定の趣旨を規定している。教育基本法法制の下では，人権，民主主義等の憲法の理想を教育において実現するということが期待されているが，その一方で，政治的法である憲法の示す枠組みは「国家権力の抑制」であり，教育上の根本法である教育基本法の示す枠組みとは本質的に異なる側面を有している。例えば，教育基本法の掲げる「伝統の継承」「生命への畏敬」などは憲法的な価値からは直接導くことはできない。

このことは，学校教育は，憲法という法の枠組みを超えて，自由に展開できるということを言っているのでない。公教育としての学校教育は，憲法という法的枠組み以外に，どのような原理や枠組みから学校教育を展開する可能性を引き出せるのか，あるいは制約されるべきであるのかということを，憲法とは異なる次元から追究する必要があるということである（憲法価値の意義と限界に由来する視点）。

学校および学校教育における教育実践の視点から法的事象を考察することによって学としての法学が追究される必要がある。その取組みは，我が国においては未だ成熟していないが，今後，次のことが重要な課題となるものと考えられる。

1. 諸規範と教育実践が前提としている人間像・教育観の整理

第一には，憲法・教育基本法の想定している人間像・教育観を確認するとともに，各学校において具体的に想定されている人間像・教育観の妥当性を検証し，それに基づいて各学校における法の解釈・適用のあり方を検討する必要があるということである。前提となる人間像，教育観なくして，学校教育における法令の具体的な解釈や適用のあり方を論じることはできないからである。

憲法は，個人の尊厳を最も重視する近代西洋文明の中で形成された立憲的な価値を中心においており，その前提となっているのが，主体的な精神をもって合理的な判断を行う自律的個人という人間像である。自由で民主的な国家・社会を支える自立した個人である。しかし，公教育としての学校に期待されているのは，憲法的価値を学校教育において実現することだけではない。現代を生きる子どもたちが変化する社会の中で生きていくために必要とされる資質能力を育むこと，地域の学校として地域が大切にしている教育理念を実現することも求められている。また，私学においては建学の精神の実現を校是として追求することが求められている。学校法学に期待されているのは，法を解釈する側にとっても，運用する側にとっても，まず，諸規範と教育実践が前提とする人間像，教育観を明らかにすることである。そして，それが公教育として認められるものであるのか妥当性を検討する作業が前提として求められるということである（人間教育であることに由来する視点）。

2. 学校（学校教育）という特殊領域の普遍性と固有性の明確化

学校には，学校（学校教育）という特殊な社会，教育領域としての法のあり方が追究される必要がある。国や地域を超えた普遍的な特質が確認される一方で，それぞれ国や地域に固有の性格も有しており，その区別を明確にしておく必要がある。

学校（学校教育）には，家庭教育や社会教育などの他の領域とは異なる次のような普遍的な性格を有しているといえる。①一定の国家の関与を前提として教育が推進されるという性質，②人格として対等でありながら学齢期という成長段階にある子どもを対象に行われるという性質，③体系的な教育が組織的に行われるという性格，④生存権保障の制度的な基盤としての性格，⑤専門性に裏づけられた教職制度を基盤として提供されるという性質等がその特性としてあげられる。

その一方で，学校制度の成立過程やその歴史的経緯は，地域や国によって異なる固有の性質を有している。親や地域住民によって地域の学校として形成されてきた国・地域もあれば，近代における国民国家の成立とともに国家政策によって学校が設立され普及してきた国や地域もあるのであり，これらを学校（学校教育）として一律に論じることはできない。我が国における学校という社会において通用する一般的な規範とは何かということが追究されなければならないということである。

3. 実践ニーズに応える政策論，立法論を含めた総合的法学の追究

教師の側の教育上のニーズ，子どもの側の学習上のニーズが合致していながら，規範的制約のために教育実践ニーズが犠牲となるという状況が見られる。学校における現実の教育実践ニーズに対応するためには，規範論だけに終始することは許されず，生起している個別状況に具体的な解決策を提起できる法のあり方が追求される必要がある。

そのためには，権利，権限の存否の議論だけでなく，どのように法を行使，運用することが可能であるのかという議論，さらには，どのような政策に基づいてどのような法が策定されるべきであるのかという立法論も含めた法学

の構築が必要とされる。従来，教育法学においては，対抗理論としての議論が展開されてきた経緯もあり，法解釈学，法社会学として理論が展開される傾向にあったが，現代においては，時代に応じて法の制定にも積極的に取り組んでいく必要があり，学校における実践に対応するために立法論を含めた総合的，実践的法学の構築が求められているといえる。

憲法，教育基本法の提示した基本的な理念や枠組みの中で，子どもたちの成長と発達を保障しようとする教育行政の支援ニーズ，学校の教育ニーズに基づいた法解釈，立法のあり方について，国や地方自治体の教育政策や学校の教育方針のあり方の検討と密接に結びついた形で探求される必要がある。

4. 関係者の権利・権限等の見直しプロセスの法的構築

実定法上，国や地方公共団体には，教育の制度や内容に関与する権限や権能が付与されており，校長にも校務掌理権が明文で規定されている。その一方で教師にも一定の範囲内で教育の自律性や自由が保障されるべきとの考えは共有されている。教師の自律性は，学校の自律性，教育の中立性・専門性，教職の専門職性などその論拠は多様であり，また，実定法上の根拠も不明確である。教師の教育権・教育の自由についても，人権・職務権限の二項的理解の中で混乱しており，実定法上の権利としてどのように保障しているのか議論はとまったままである。また，親の教育権は，自然的関係に由来する原初的，根源的な性質を有していることについて合意されているものの，学校教育については「親の教育の自由は，主として家庭教育等学校外における教育や学校選択の自由にあらわれているもの」(最大判昭和51年5月21日) と限定的に解されたままで，学校教育においてどのような権利として具体的に保障していくのかということは未だに明確になっていない。

このような関係者の権利，権限についての議論が，立法化や参加の手続きの整備に結びついていない現状は，その背景となっている原理が静的なものとして理解されてきたことに一因があるものと思われる。関係者のパートナーシップや協働によって展開される教育実践の性質を考えれば，権利，権限の議論は，子どもや保護者などのデマンドサイドの要求によって，絶えず見直しが図られていくべきものであると考えられる。学校法学のアイデンティティとして，そのような捉え直しを促す不断のプロセスを確立することも含み込まれる必要がある。

第3節　学校における法的教育実践

1.「法的教育実践」という考え方

一般的に，学校現場においては，学校を統括する校長においては，法令は所与のものとして存在している。法律によって与えられた権限や責任の範囲内で，学校教育を展開するのが通例である。

そのため，教育活動においても，外部資源の活用においても，施設設備の整備においても，自己の判断によって法令を解釈し，運用するということが十分に行われていない現状がある。学校管理職が子どもの学習ニーズに最大限に応え，教師の実践ニーズをできる限り保障してやりたいと考えることは当然であろう。このようなことは，校長に限らず，教育委員会事務局職員，一人ひとりの教職員にとっても同じことである。

それぞれの思いが，法令に向かう具体的な動きとなった時に，個々の教育現場の状況に応じた，適切・柔軟な法解釈，効果的な権限や権能の行使・運用につながるものと思われる。ここでは，そのような法令意識に基づいた教育経営上の営みを「法的教育実践」と呼ぶこととする。

2. 基本的な姿勢

教育関係者が法的教育実践を行ううえで、次のようなことに留意することが大切であると思われる。

・自己の与えられた権限・権能・権利を理解し，法令の解釈，運用上における自己の使命と責務を自覚すること。

・憲法，教育基本法，学校教育法をはじめとした学校教育関係法令が，どのような法的，社会的，教育的意味をもつものであるのかを理解すること。

・具体的な教育実践ニーズ（教育ニーズ，支援ニーズ，学習ニーズ等）に応えるための法的な実現可能性，教育実践上の負担などを考慮した現実性のある法解釈，運用を行うこと。
・教育実践が，関係者のパートナーシップや協働によって展開されることを踏まえ，さまざまな関係者の権限や権利の対立等を適正に調整できるように自らの権限，権利を運用すること。
・自らのミッションを遂行するうえでその必要に応じて，権限のある機関や組織に対して法解釈の変更や柔軟化，法令の改正，立法化を働きかけること。

［佐々木 幸寿］

考えてみよう！

▶ 学校法が抱える個々の法的課題について，具体的に学校現場においてどのような問題が生じているのか。
▶ これらの法的課題は，法的に解決可能なものであるのかどうか。それとも，実践上の工夫やマネジメントの改善等によって対応すべきものであるのか。

注

1）平成19年通知と平成25年通知では文部科学省の姿勢が大きく異なっている（「問題行動を起こす児童生徒に対する指導について」（平成19年2月5日），「体罰の禁止及び児童生徒理解に基づく指導の徹底について」（平成25年3月13日付）参照）。
2）佐藤幸治は，「限定されたパターナリスティックな制約」について，「基本的人権が人格的自律性に由来すると解する立場からは，未成年者の自律の助長促進という観点から積極的措置が要請されるとともに，基本的人権の制約は未成年者の発達段階に応じ，かつ，自律の助長促進にとってやむをえない範囲内にとどめなければならない」「成熟した判断を欠く結果，長期的にみて未成年者自身の目標達成諸能力を重大かつ永続的に弱化せしめる見込みである場合に限って正当化される」としている（佐藤 2011：136-138）。
3）ハワード・ゼアは，修復的正義とは単なる調整ではなく，被害者に対して出来事の内容を知りたいという要求に応えること，被害者を癒し，乗り越えるために自らが語る機会を保障すること，被害によって奪われた自己をコントロールする力を回復すること，負った傷を理解されたいという欲求に応えることが求められるとしている（ゼア 2008）。

4）公認心理師法第41条，日本公認心理師協会倫理綱領5，臨床心理士倫理綱領第3条等参照。

5）結城忠は，「教育行政と学校法制の有りようを基本的人権の尊重・自由主義・民主主義・法治主義・社会国家原則といった憲法の普遍基本法原理との係留・緊張において検証し，それを踏まえた構造を形成すること」「我が国の教育行政と学校法制を，規範概念としての自律的人間型を起点に，自由で民主的な社会的法治国家型のそれとして構築し運用することが，憲法上，強く求められている」と述べて，国家・社会の基本構造法である憲法の価値原理と組織原理を規範として学校法制を構築することの必要性を提唱している（結城 2009）。

● 引用・参考文献

岡田敬司（2004）『自律の復権』ミネルヴァ書房
佐々木幸寿（2009）『改正教育基本法―制定過程と政府解釈の論点』日本文教出版
佐々木幸寿（2016）「組体操の事故において，教員の安全配慮義務違反を認めた事例」『週刊教育資料』No.137，日本教育新聞社，pp.21-23
佐藤幸治（2011）『日本国憲法論』成文堂
ゼア，H. 著，森田ゆり監訳（2008）『責任と癒やし』築地書店
高橋洋平・栗山和大（2011）『現代的学校マネジメントの法的論点』第一法規
谷口聡（2016）「教育の多様性と機会均等の政策論的検討」『教育制度研究』：22-19
出口治男監修（2009）『カウンセラーのための法律相談―心理援助をささえる実践的 Q&A』新曜社
日本教育法学会編（2001）『教育法学の展開と21世紀の展望』三省堂
日本教育法学会編（2014）『教育法の現代的争点』法律文化社
結城忠（2009）『教育の自治・分権と教育法制』東信堂，p.iii

第Ⅲ部

教育課題と法

近年，学校教育，教育行政等における実践においても，法務実務の視点の重要性が指摘されている。ここでは，スクールロイヤー，いじめ，生徒指導，ネット中傷，少年非行，教師の働き方など，現実の法務実務上の課題を素材にして，学校現場においては，どのようなことが法的争点となっており，どのような法令の運用や工夫がなされているのかについて弁護士の視点から解説する。

第9章

弁護士の活用とスクールロイヤー

本章のねらい

本章では，スクールロイヤーについてその制度的な変遷と実態，および，スクールロイヤーに必要な知識を概観する。また，今日までの教育法の研究を俯瞰することを通じて，スクールロイヤーが学校現場に関わることによる法的な影響について検討する。

第1節　弁護士と学校の関わり方の整理

1. 政策的な変遷について

2020年以降「スクールロイヤー」という言葉がメディア等を通じて一般的に認知されてきた。

まず簡単に，学校と弁護士の関わりに関する文部科学省の政策について整理したい。ここでは簡単に概要のみ記載する（詳細は，鬼澤 2021a 参照）。

① 不当な要望等への対応

近年の文部科学省の政策の中で，弁護士の関与を政策として位置づけたのは，2015 年12月21日に発表された中央教育審議会「チームとしての学校の在り方と今後の改善方策について（答申）」である。その中で，「不当な要望等」への対応のための弁護士との連携が具体的な改善方策として提案された。

② いじめ防止等対策のためのスクールロイヤー活用

一方，いじめ分野においては，「いじめ防止等対策のためのスクールロイヤー活用」に関する調査研究事業が，2017年度から2019年度まで3年間実施された。当該事業では，「スクールロイヤー」の業務の中に，学校に対する助言のみならず，学校における児童生徒向けのいじめ予防授業，教員向けの研修等も含めていた。

日本弁護士連合会は，同調査研究事業の期間中である2018年1月18日付にて「「スクールロイヤー」の整備を求める意見書」を発出している。同意見書では「スクールロイヤー」を「各都道府県・市町村の教育委員会，国立・私立学校の設置者において，学校で発生する様々な問題について，子どもの最善の利益を念頭に置きつつ，教育や福祉等の視点を取り入れながら，法的観点から継続的に学校に助言を行う弁護士」と定義した。スクールロイヤーは「学校側の代理人となって対外的な活動を行うものではない」としている点が特徴的である。

③ 虐待対応等

2020年度における普通交付税措置の大きなきっかけの一つとなったのは，千葉県野田市における小学4年生の児童が虐待を受けて死亡した事件である。その事件では，学校が保護者に，虐待の事実が記載されたアンケートを渡したことが問題とされそのような虐待事案に関する再発防止策としてもスクールロイヤーの配置が提言されるに至った。

さらに，教員の長時間労働の問題が顕在化してきている中で，保護者等からの過剰な苦情や不当な要求等への対応が求められる場合や，児童生徒を取り巻く問題に関して法的側面からの助言が必要な場合に学校が組織として対応できるようスクールロイヤー等の専門家の配置を進めるべきと，スクールロイヤーの活用が提言されるようになった。

④ 教育行政に係る法務相談体制

以上のような変遷を経て，2020年から都道府県および指定都市における法務相談経費について，地方財政措置が取られることとなり，文部科学省は教育行政に係る法務相談体制の構築をすすめていくことになった。この制度では，「子供にとって最適な教育環境を守り続けることで，子供の最善の利益を実現する」ことが目指されている（文部科学省 2022：1）。

とくに，学校現場においては，事案が訴訟等に発展してしまう前に，初期対応の段階から，予防的に弁護士等（スクールロイヤー）に関わってもらうことで，速やかな問題解決につながったり，教職員の負担軽減が図られたりすることが期待されている。

2. 関わり方の類型

文部科学省の「教育行政に係る法務相談体制構築に向けた手引き」（以下「手引き」という。）には，弁護士が担うことができる業務として，①助言・アドバイザー業務，②代理業務，③出張授業，④出前授業の四つが掲載されている。各自治体における法務相談体制において，自治体が弁護士に各業務をどの程度依頼しているのか，分析したのが**図 9.1** である。

図 9.1 によると，ほとんどの自治体が助言・アドバイザー業務を依頼しているが，半数の自治体は研修業務も依頼している。さらに，代理・保護者との面談への同席を依頼している自治体と出前授業を依頼している自治体は両方とも 2 割弱程度である。なお，「代理」と「保護者との面談への同席」は同じ項目にまとめられているが，「代理」は，弁護士が特定の事案について保護者からの窓口を担うという意味で「保護者との面談への同席」とは大き

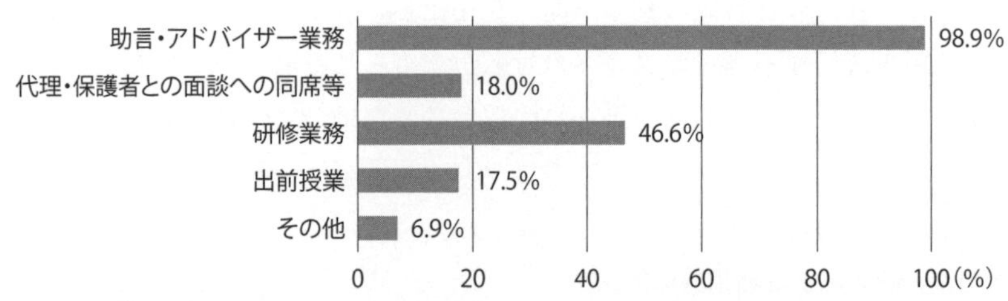

（注）「教育行政専従弁護士による法務相談体制がある」と回答した教育委員会の合計（189）に占める割合

図 9.1　弁護士に依頼している業務の内容（複数回答）

（出所）「法曹の質に関する検証結果報告書」p.119

くその性質は異なる業務である。そのため，「代理」も依頼している自治体はこれよりかなり数は少ないと見るのが妥当だと思われる。

3. 活動の実態について

スクールロイヤー等に関する活動の実態について，弁護士および学者から現在のスクールロイヤーの実態を調査し分析したさまざまな書籍が出版されているので参照されたい（松原・間宮・伊藤 2022，高橋 2023等）。

第2節　有効な助言をするために必要なこと

1. 学校・教育委員会と弁護士とで共通理解を図っておくべき事項

文部科学省は，手引きの第2版で「学校の特徴や教育の特性等を踏まえて学校・教育委員会と弁護士とで共通理解を図っておくべき事項」を追記した。学校に関わる弁護士の考え方として非常に重要なので，ここで引用する（文部科学省 2022：1-2）。

> **①教育機関である学校の特徴等を踏まえた対応**
>
> 子供には教育を受ける権利が保障されており，学校は当該権利を保障するための教育機関であることから，学校や教育委員会が子供・保護者と関係を断つことは原則としてできません。したがって，学校や教育委員会と子供・保護者との関係は継続的なものであることに留意する必要があります。
>
> こうした関係の継続性に鑑みれば，問題の解決にあたっても時間的な広がりを持った視点で対応する必要があります。すなわち，短期的な視点で子供・保護者とのコミュニケーションを絶ってしまったり，むやみに対立したりすることは適切ではありません。また，問題の解決にあたっては，実際に問題となっている具体的な行為のみに着目するのではなく，当該行為に至った経緯や当該子供・保護者と学校・教育委員会との関係性等の背景事情を確認した上で対応を検討することが必要です。
>
> **②教育の特性に関する理解**
>
> 教育は，教職員の職務の特殊性も含め，多くの特性を有しています。特に学

校教育においては，成長過程にある子供に対し，時機を捉え，かつ，将来的な視点を踏まえた対応をする必要があります。
　そのためには，法的な観点に加え，子供の全人的な発達・成長を保障するため，子供本人の発達特性や家庭の経済的・社会的環境等に配慮した対応を行う，問題の解決にあたって子供の意見をよく聴く機会を持つ等，教育的・福祉的な観点を踏まえた検討が必要になります。

　これらを踏まえると，教職員が弁護士に相談するにあたっては単に法的な解釈について相談するのみならず（例えば，ある行為は違法なのか，○○罪に該当するのではないか等），具体的な対応方針についても併せて相談することが有効と考えられる。また，学校も，弁護士に助言を求めるにあたって，必要に応じ弁護士の助言等に対して意見を述べて協議する等，主体性をもって判断することが必要である。

2. スクールロイヤーに必要な知見

　上記の「学校・教育委員会と弁護士とで共通理解を図っておくべき事項」を踏まえると，やはり，学校分野においては，①法律の知識のみならず，②教育・福祉に関する知識が不可欠であることがわかる。
　教育について必要な知識としては，学校の組織体制，年齢に応じた発達について，生徒指導の考え方等が考えられる。また，福祉に関する知識としては，各連携機関の機能と役割，福祉に関する基本的な考え方（バイスティックの７原則等）などがある。
　教育については教員が，福祉についてはスクールソーシャルワーカーが専門家である。しかし，学校の校務分掌について理解できていなければ，次にとるべき行動について具体的に提案できない。また，教員やスクールソーシャルワーカーと協議するにあたって，そのような知識があることでより内容に踏み込んだ議論が可能である。
　これらの知見については，ここですべては詳述しないが，関心のある方は鬼澤（2023a）を参照いただきたい。

3. 学び方

スクールロイヤーが教育分野の知識を得るためには，教員との意見交換が有用である。文部科学省は，ホームページにおいて，学校・教育委員会と弁護士がお互いの専門性を学びつつ相互理解を深めることができるよう，事例をもとに意見交換を行うワークショップ型の研修の実施に際し，参考となる資料やその資料を活用する研修の具体的な流れ等を紹介した解説動画を作成している。また鬼澤（2022）の中では，判例や第三者委員会の報告書に基づく，教員と弁護士の対話の在り方が提示されている。

第3節　弁護士が教育分野に関わることの法的な影響

1. いじめ分野における議論状況

スクールロイヤーが学校現場に関わることの効果は第1節1. ④の通りだが，ここでは，とくに法的な影響について検討したい。ここで参考になるのが児童生徒間のいじめについて学校が負う法的責任に関する研究を概観することである（鬼澤 2023b 参照）。

いじめ分野については，判例に関する研究，制度に関する研究のみならず，制度・判例・教育分野の関係に関する研究が，今後の教育現場の課題解決に資する研究として重要と考えられる。

とくに，弁護士が現場に関わることで，スクールロイヤーが制度に関する法解釈を具体化し，教育現場に対して法に基づく対応の指針を提供することも可能と考えられる。また，学校に関わる弁護士は具体的なアドバイスや研修を通じて判例や第三者委員会の報告書に関する知見を教育現場に還元するという重要な役割を担うことができる。

他方，判例や第三者委員会の報告書についての教育現場の立場から批判的検討がほとんどされていない（**図9.2**の点線部分参照）。今後判例や第三者委員会の報告書の知見の共有が図られていく中で，教育現場から批判的検討が促進されることを期待したい。

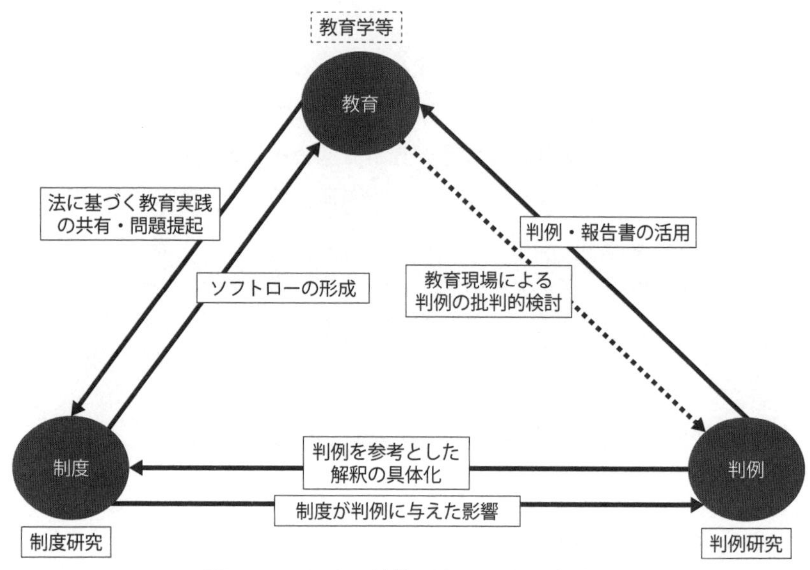

図 9.2　いじめの法的研究に関する全体像

（出所）鬼澤（2023b）

2. 他の分野への応用可能性

前項の分析は，基本的にいじめに関する分野についてのものであった。しかし，①判例，②制度，③教育現場の三つが関わる分野はほかにも数多くある。したがって，前述のフレームワークは，いじめに関する学校の法的責任以外にも，他の学校分野（例えば，学校事故，わいせつ教員防止法等）の検討にあたっても応用可能であると考えられる。なお，法制度や判例の幅広い論点について，その解釈を提案している文献（神内 2018）もあり参考にされたい。

3. 教育的な観点

教育分野の専門家は教員である。しかし，現代では，ますます価値観が多様化し，教育分野において教員と保護者，あるいは教員間や保護者間でも「正しい対応」が異なる状況である。そうすると，適切な対応を見極めるには多様な視点を入れて判断するプロセスが極めて重要になる。スクールロイヤーが法律の専門家として，子どもの最善の利益を実現するために，一つの意見を述べることも，多様な視点の確保という意味でも有益だと思われる。ただし，このような立場で助言をする場合，あくまでも意見の一つに過ぎないことを明確にすることが重要だと思われる。

第４節　今後の展望

今まで「スクールロイヤー」の制度がどうあるべきか，という観点からの議論がなされてきた。ただし，全国各地で学校の設置者と弁護士との関係は非常に多様であり，具体的に「スクールロイヤー」を一つの制度に限定することは困難である。

むしろ，今後は，子どもにとって最適な教育環境を守り続けることで，子どもの最善の利益を実現することを目的とすることを前提に，どのような助言・関わり方（他の職種の専門家との連携も含む）が適切なのか議論を深めることが重要と考えられる。

［鬼澤 秀昌］

考えてみよう！

- 教員の立場として弁護士（スクールロイヤー）に相談する場合，どのような相談をすることが有効か，考えてみよう。
- 弁護士が学校に関わる意味としてはどのようなことがあるか，考えてみよう。

引用・参考文献

鬼澤秀昌（2021a）「スクールロイヤー制度の変遷と実務」日本弁護士連合会『自由と正義』Vol.72 No.5，pp.8-16

鬼澤秀昌（2021b）『教員×弁護士　対話で解決　いじめから子どもを守る』エイデル研究所

鬼澤秀昌（2023a）『改訂版　実践事例からみるスクールロイヤーの実務』日本法令

鬼澤秀昌（2023b）「いじめに関する法的研究の役割と今後の課題〜学校が負う法的責任を中心に〜」日本スクール・コンプライアンス学会編『日本スクール・コンプライアンス学会創立10周年記念出版　スクール・コンプライアンス研究の現在』教育開発研究所（未刊行）
神内聡（2018）『スクールロイヤー　学校現場の事例で学ぶ教育紛争実務』日本加除出版
高橋寛人（2023）「論説　教育行政における法務相談体制の整備過程とその課題―スクールロイヤーの職務と弁護士の自律性」『横浜市立大学論叢』第74巻第1号, pp.21-50
松原信嗣・間宮静香・伊藤健治（2022）『子どもの権利をまもるスクールロイヤー―子ども・保護者・教職員とつくる安心できる学校』風間書房
文部科学省（2022）「教育行政に係る法務相談体制構築に向けた手引き―学校・教育委員会と弁護士のパートナーシップ　第2版」

COLUMN

 スクールロイヤーの議論から考える対話のコツ

筆者は，2020年1月から，文部科学省のスクールロイヤー配置アドバイザーとして，また，日弁連においても，学校に関わる弁護士の役割について存在するさまざまな意見や議論をどのようにまとめていくかにとくに腐心してきた。そのような経緯の中で，弁護士のみならず多くの方々にとって役立つと思われる議論のコツが見えてきたのでここで紹介したい。端的に言えば，そのコツとは，①その意見の背景となる経験を考える，②具体的な事例に基づく議論をする，という2点である。

まず，①その意見の背景となる経験を考える，ということについて説明する。基本的に人の意見というのは，その人の経験および価値観に深く根づいている。筆者自身，自分では理解しがたい意見をもっている人に対して，どのような経験からそのような意見をもつに至ったか，具体的な経験を聞くことで，その考え方を理解できたことは少なくない（なお，理解することと賛同することは別である）。スクールロイヤーでも学校に関わる弁護士のスタンスについてさまざまな意見があったが，各意見をもつに至った経験を共有することでより深い相互理解に至ることができた。

次に，②具体的な事例に基づく議論についてである。上記の方法にて各立場の価値観を共有したら，とくに具体的な事例に基づき議論を進めることが有益である。これにより，当該価値観・意見の違いが具体的な対応にもたらす影響が分かるとともに，各立場によって異なる部分と重なる部分をより明確化することができる。なお，具体的な事例について議論する場合であっても，上記の価値観の背景を十分理解していない場合には，単に見解の違いが顕在化するだけで議論がまとまらない危険がある。また，具体的な事例を想定するにあたっては，前提に関する認識について齟齬が生じないようにすることも重要である。

以上，議論のコツを二つ紹介した。以上を踏まえ，本書の読者の方々も，①あなたは，どのような経験からその意見を持つようになったのですか。②そのような考え方をした場合，具体的にどのように行動することになりますかという二つの質問をぜひ積極的に活用してみてはいかがだろうか。

［鬼澤 秀昌］

第10章

いじめ問題と学校教育

● 本章のねらい ●

本章では，どの学校でも起こりうるいじめについて，いじめ防止対策推進法の規定をもとに，いじめの未然防止や早期発見，いじめが実際に起きた際に取るべき対応について留意すべきポイントと共に概説する。

なお，本文中で，児童生徒を「児童等」といい，紙幅での便宜上（内容の適切性を問わず），いじめを受けたとされる児童生徒を「被害児童等」，いじめを行ったとされる児童生徒を「加害児童等」という。

第1節　いじめ防止対策推進法

1. いじめ防止対策推進法制定の経緯

2011年10月，滋賀県大津市において中学2年生の男子がいじめによって自死するという痛ましい事件が発生し，いじめを背景とする自死事案の再発防止に向けて，学校，教育委員会，文部科学省等の関係者が一丸となって取り組んでいくことが改めて確認された。そのような背景のなか，2013年6月，「いじめ防止対策推進法」（以下，「法」という）が成立した。

2. 国のいじめ防止等のための基本的な方針

法第11条第1項に基づき，「いじめの防止等のための基本的な方針」（文部科学大臣決定，2017年3月14日最終改訂。以下，「基本方針」という）が策定された。基本方針は，法の規定についての解釈を示し，「いじめの防止」「早期発見」「いじめに対する措置」および「地域や家庭・関係機関の連携等」をより実効的にするための重要な指針である。本章においても，以下，基本方針の内容を中心に概説する（※以下，個別の箇所における「基本方針引用」の記載は割愛する）。

第2節 「いじめ」の定義

1. 法律上のいじめの定義

法第2条において，初めて法律上のいじめが定義された。同条において，「いじめ」とは，「児童等に対して，当該児童等が在籍する学校に在籍している等当該児童等と一定の人的関係にある他の児童等が行う心理的又は物理的な影響を与える行為（インターネットを通じて行われるものを含む。）であって，当該行為の対象となった児童等が心身の苦痛を感じているもの」をいう。すなわち，①一定の人間関係，②心理的又は物理的な影響を与える行為，③行為を受けた児童等の心身の苦痛の三つの要件が揃えば，法律上の「いじめ」に該当する。「一定の人的関係」とは，学校の内外を問わず，同じ学校・学級や部活動の児童生徒や，塾やスポーツクラブ等の仲間や集団なども含む。

具体的ないじめの態様として，冷やかしやからかい，悪口や脅し文句，嫌なことを言われる，仲間はずれ，集団による無視，軽くぶつかられる，遊ぶふりをして叩かれたり，蹴られたりする，金品をたかられ，隠され，盗まれ，壊され，捨てられたりする，嫌なことや恥ずかしいこと，危険なことをされたり，させられたりする，パソコンや携帯電話等で，誹謗中傷や嫌なことをされる等が挙げられる。

2. いじめの定義についての留意点

法律上の「いじめ」か否かの判断は，行為を行った側の悪意や，行為者と被行為者の力関係，行為の継続性や悪質性は問題とされず，行為を受けた側の心身の苦痛のみで行われる点に注意が必要である。

法以前は，文部科学省が実施する「児童生徒の問題行動等生徒指導上の諸問題に関する調査」（以下，「問題行動等調査」という）において，いじめの定義が示され，そこでは，「自分より弱い者に対して」「一方的に」「攻撃を継続的に加える」などの要素が含まれていたが，法律の定義にはこれらの要素は含まれず，また，「心理的，物理的な『攻撃』」という定義から「心理的又は物理的な『影響を与える』行為」と変更され，より広い行為が「いじめ」と認定されることとなった。

個々の行為が「いじめ」に当たるか否かの判断は，表面的・形式的にすることなく，被害児童等の立場に立ち，「心身の苦痛」の要件を限定的に解釈しないようにする必要があるが，このことは，被害児童等の主観のみならず，行為が行われた時の本人や周辺の状況等を客観的に確認することを排除するものではない。

第3節　学校に求められる対応

1. 法律上の規定

法律上，学校に求められるいじめの対応は，①学校いじめ防止基本方針の策定（第13条），②学校におけるいじめの防止（道徳教育等の充実や児童等の自主的活動への支援等）（第15条），③いじめの早期発見のための措置（第16条），④いじめの防止等のための対策に従事する人材の確保及び資質の向上（学校の教職員に対するいじめ防止の研修の実施等）（第18条第2項），⑤インターネットを通じて行われるいじめに対する対策の推進（第19条第1項），⑥学校におけるいじめの防止等の対策のための組織の設置（第22条），⑦いじめに対する措置（第23条），⑧重大事態への対処（第28条）である。

以下，とくに，学校現場でよく問題となる第16条，第22条，第23条および第28条について詳述する。

2. いじめの早期発見のための措置（法第16条）

(1) 定期的な調査（第1項）

学校において，いじめの早期発見のため，在籍児童等に対する定期的な調査その他必要な措置を講ずることが求められている。「定期的な調査その他の必要な措置」の代表的な例は，アンケート調査や児童等との面談を通じた聴き取りなどである。実際に多くの学校においては，アンケート調査が定期的に行われており，いじめの認知について一定の効果を挙げている。

しかし，実際には，いじめがあってもアンケートに記載できない（しない）場合や，アンケートの実施時期によって申告の機会を逸する場合，アンケートの質問が分かりにくく，適切な回答が行えない場合なども考えられ，アンケートによっても発見できない事案があることに留意する必要がある。また，児童等向けだけでなく，保護者向けのアンケートを実施することや，各種の連絡ツールを通じて保護者からの訴えを適時に受けられる体制を整えることも重要である。

担任との個人面談やスクールカウンセラーの全員面談なども，いじめの早期発見に繋がり得る機会である。ただし，個人面談によって児童等が話した内容が，担任からいじめ対策組織（後述）に共有されなかったり，児童等が面談等で発した初期のSOSが適切に拾われなかった結果（例えば，児童生徒が「大丈夫です」と言ったからそのまま放置されてしまったなど），後に，長期の不登校に至るなどのケースも多くあることから，アンケートや面談の結果だけを過信せず，普段から児童等の様子やクラスの人間関係等を丁寧に観察し，アンテナを張っておくことが重要である。

基本方針においても，児童等が自らSOSを発信すること，およびいじめの情報を教職員に報告することは多大な勇気を有するものであることを理解し，学校の教職員が迅速に対応することを徹底するようにと強調されている。

(2) 相談体制の整備（第3項）

学校の設置者および学校は，児童等およびその保護者並びに教職員がいじめについての相談を行えるような体制を整備しなければならない。

通常，いじめを受けた，あるいはいじめを見聞きしたなどの場合，まずは担任教諭に相談することが考えられるが，時には，担任に話しにくいことや，相談後の対応への不安などから，少し離れた立場の教員に相談したいというケースもあり得る。そこで，相談窓口を広く設け，児童生徒が自由に相談先を選択できるようにすることや，相談の受け皿をいじめ対策委員会（後述）として，初期段階から組織で対応できる体制を整える等の工夫も求められる。

また，前述のとおり，相談者は，相談すること自体への不安や葛藤を抱えるため，相談者のプライバシーが守られ，相談しやすい環境を整えることも必要である。近年，GIGA 構想によって，児童等に１人１台端末が与えられていることから，当該端末を利用して簡単に相談フォームにアクセスできるような方策も有用であるし，その場合に，匿名での相談を可能とすることも重要である。実際に，そのような形態で相談体制を整えている自治体も複数見られる。さらに，学内外の相談窓口の周知徹底を図ることも必要である。

(3) 児童等への権利擁護に対する配慮（第４項）

学校の設置者および学校は，相談体制の整備にあたって，家庭や地域社会等と連携のもと，被害児童等の教育を受ける権利その他の権利利益が擁護されるよう配慮しなければならない。

相談したことによって，かえっていじめが悪化するのではないかとの不安や，いじめを目撃した児童等においても，自分自身に不利益が及ぶのではないかとの不安を抱えるものであり，相談者のプライバシーへの配慮や，相談者・通報者を守り抜くという姿勢およびそのための体制作りが重要となる。最初の相談先を，学校（または学校の設置者）が委託する第三者機関とすることで，相談者・通報者の匿名性が守られる仕組みを担保することも有用である。

3. 学校におけるいじめの防止等の対策のための組織（法第 22 条）

学校は，いじめの防止等に関する措置を実効的に行うため，当該学校の複数の教職員，心理，福祉等に関する専門的な知識を有する者その他の関係者により構成されるいじめの防止等の対策のための組織（以下，「いじめ対策組織」という）を設置することを義務づけられている。

「当該学校の複数の教職員」とは，学校の管理職や主幹教諭，生徒指導担当教員，学年主任，養護教諭，学級担任，教科担任，部活動指導に関わる教職員，学校医等から学校の実情に応じて決定される。また，「心理，福祉等に関する専門的な知識を有する者」として，スクールカウンセラー（SC），スクールソーシャルワーカー，弁護士，医師，警察官経験者等が挙げられる。実際には，教職員に加えてSCが委員とされているケースが多い。

いじめ事案については，個々の教員が抱え込むのではなく，組織として対応することが求められる。したがって，担任等がいじめを認知した場合，学年主任や管理職への個別の報告のみならず，いじめ対策組織にも情報が共有され，当該組織にて協議のうえ，対応方針を決定していく必要がある。

また，いじめ対策組織には，個々のいじめへの対応のみならず，学校全体におけるいじめ未然防止と早期発見のための中核的な役割が期待されている。具体的には，学校のいじめ防止基本方針の策定や見直し，いじめの取組みの状況についてのチェック，対処事案のケースの検証，必要に応じた計画の見直しなどがその例である。

定期的に行ういじめアンケートについても，いじめ対策委員会において，質問項目の検討や，アンケート結果の集計，内容分析等を行い，組織として早期発見に努めることが重要である。そのような機能を果たすためにも，いじめ対策委員会は，何かあった場合だけでなく，定期的に開催し，普段からいじめ防止等の取組みや情報共有を行っておく必要がある。そして，いじめ対策委員会が開催された場合には，その内容を議事録として残しておくことも重要である。

4. いじめに対する措置（法第23条）

(1) いじめに対する措置および調査義務（第1項および第2項）

学校の教職員等は，児童等からいじめの相談を受けた場合において，いじめの事実があると思われるときは，学校への通報その他適切な措置をとるものとされている（第1項）。そして，学校は，前項の通報を受けるなどしていじめを認知した場合，速やかに，いじめの事実の有無の確認を行うための措置（調査）を講ずるとともに，その結果を学校の設置者（公立学校の場合は市区町村等の自治体，具体的には管轄の教育委員会）に報告する義務を負う（第2項）。

前述のとおり，個々の教員がいじめを認知した場合であっても，直ちにいじめ対策組織にその情報を共有し，同組織が中心となって，関係児童等から聴き取りを行うなどして事実確認を行う必要があり，各教職員は，そのためにもいじめにかかる情報を適切に記録しておく必要がある。

いじめは単に謝罪をもって安易に解消とすることはできず，いじめが「解消している」と言えるためには，少なくとも，①心理的・物理的影響を与える行為（いじめにかかる行為）が3カ月は止んでいること（いじめ被害の重大性等からさらに長期の期間を要する場合がある），②いじめられたとされる児童等が心身の苦痛を感じていないことの二つの要件が必要とされている。ただし，これもあくまで一つの指標に過ぎず，一旦解消したと思われた場合でも，いじめが再発する可能性が十分あり得るため，それ以降も関係児童等の状況を注意深く観察する必要がある。

(2) 児童等への支援および指導等（第3項ないし第5項）

学校は，いじめの事実を確認した場合は，いじめをやめさせ，その再発防止のため，複数の教職員によって，心理，福祉等に関する専門家の協力を得ながら被害児童等またはその保護者への支援および加害児童等への指導またはその保護者に対する助言を継続的に行う必要がある（第3項）。

ポイントとしては，複数の教職員が協力していじめの対応や再発防止に取り組むことや，加害側へは厳しい指導・被害側へは支援という二項対立的な対応を行うのではなく，いじめの一般的特徴として，加害と被害が入れ替わり得ることや，観衆や傍観者も含めた「いじめの四層構造」（森田洋司 1986）という関係性なども十分理解したうえで，周りの児童等も含めた指導や支援を総合的に行うことなどが挙げられる。

また，被害児童等が安心して教育を受けられるために必要がある場合は，加害児童等について別室学習を行うことも規定されているが（第4項），学校現場においては，被害児童等のみならず，加害とされる児童等に対しても学習権を保障する必要があり，別室学習を行うとしてもその期間や態様については，必要最低限度のものとする等，十分な配慮が必要となる。さらに，関係児童等の保護者と連携していじめへの対応を行うことも重要であり，本条項が求める保護者への支援および助言を適切に行うためにも，個人情報には十分配慮したうえで，いじめに関する情報をこれらの保護者と適時に共有することも必要である（第5項）。

第4節　いじめ重大事態

1. いじめ重大事態とは（法第28条）

いじめの重大事態とは，いじめにより，①児童等の生命，心身または財産に重大な被害が生じた疑いがある場合，②児童等が相当の期間学校を欠席している疑いのある場合をいう（第1項）。「生命，心身又は財産に重大な被害」とは，児童等が自殺を企図した場合，身体や金品等に重大な傷害を負った場合，精神性の疾患を発症した場合などである。また，「相当の期間」とは年間の欠席日数が30日であることが目安とされているが，児童等が一定期間連続して欠席している場合には，上記目安にかかわらず，迅速に調査に着手することが必要である。

2. いじめ重大事態が生じた場合の対応

(1) 調査・報告義務

いじめの重大事態が生じた疑いがある場合，学校の設置者または学校は，当該重大事態の事実関係を明確にし，同種の事態の発生を防止するための調査を行わなければならない（第1項）。児童等や保護者からいじめにより重大な被害が生じたという申立てがあった際に，その時点で学校が「いじめの結果ではない」または「重大事態とはいえない」と考えたとしても，重大事態が発生したものとして報告・調査に当たらなければならない。

学校は重大事態が発生した場合，速やかに学校の設置者を通じて地方公共団体の長等（国立の場合は文部科学大臣，私立の場合は都道府県知事）にその旨を報告し（第29条ないし32条），学校の設置者は，その事案の調査を行う主体やどのような調査組織とするかを判断する。調査組織は，学校のいじめ対策委員会が行う場合や，学校の設置者のもとに組織を設置する場合があるが，とくに重大な被害が生じている事案や被害側の要望がある場合等に，外部の専門家のみで構成する第三者委員会が調査を行うケースも多い。また，学校のいじめ対策委員会（中心メンバーは教職員）に，第三者である弁護士や臨床心理士が加わる形態も増えている。

調査においては，アンケートや児童等・教員への聴き取り，過去の指導記録等の精査等を行うことが一般的である。聴き取りの結果や調査組織で協議した議事内容の記録化および当該記録の保存（少なくとも5年間）は必須である。

(2) 情報の提供・説明，その他留意点

学校の設置者または学校は，前項の調査を行った際，被害児童等およびその保護者に対し，重大事態の事実関係その他必要な情報を適切に提供しなければならない（第2項）。調査によって明らかになった事実関係（児童等の言動等や教職員の対応等）のみならず，いじめがあると認める場合，再発防止策についても示すことが求められる。情報の中に第三者に関する個人情報が含まれている場合は，個人情報保護法等における配慮が求められる。その他，重大事態調査に関する留意点は，文部科学省の「いじめの重大事態の調査に関するガイドライン」（平成29年3月）および「不登校重大事態に係る調査の指針」（平成28年3月）等の指針を参照されたい。

［森本 周子］

考えてみよう！

- いじめアンケートについて，どのような質問項目とすれば児童等が答えやすいか，考えてみよう。
- クラスで他の児童の乱暴な言動が気になり，休みがちな児童がいた場合，何に気をつけどのように対応すればよいか，法の規定を踏まえて考えてみよう。

引用・参考文献

坂田仰編（2018）『いじめ防止対策推進法 全条文と解説（補訂版）』学事出版

第二東京弁護士会子どもの権利に関する委員会編（2022）『どう使うどう活かすいじめ防止対策推進法（第 3 版）』現代人文社

森田洋司・清水賢二（1986）『いじめ―教室の病い』金子書房

文部科学省（2013）「いじめの防止等のための基本的な方針」（文部科学大臣決定，最終改定平成 29 年 3 月 14 日）

文部科学省（2017）「いじめの重大事態の調査に関するガイドライン」（平成 29 年 3 月）

COLUMN

いじめの定義をめぐる解釈

いじめ防止対策推進法（2013年）において，これまでよりも広い定義が採用されたことにより，「いじめかどうか」の解釈について，教育現場でしばしば混乱が起こることがある。「いじめ」を広く捉えることの狙いとしては，児童生徒間で起こる些細なトラブルや軽微ないじめであっても見逃すことなく，広く「いじめ」あるいは，「いじめの芽」として認知し，学校等による早期の対応を促すことにある。いじめを広く認知することで，行為を受けた児童生徒の心身の苦痛に寄り添い，もって，大きないじめや重大な結果を防ぐことが重要であり，学校にはその対応が求められる。

一方で，このような広い定義が採用されたことにより，一定の人的関係にある他の児童生徒から何らかの行為があり，それに対して，被行為者が「不快」「不満」のような感情をも含む心の苦痛を感じれば，どのような行為でも法律上のいじめになり得る。例えば，クラス内で，授業を妨害する生徒に対して，他の生徒が注意をした場合に，注意された生徒が苦痛を感じれば，その注意という行為は，法律上の定義としては「いじめ」に該当してしまう。

ただし，基本方針においても，このようないじめの定義の広さから，そのすべてが厳しい指導を要するとは限らず，例えば，好意から行った行為が意図せずに相手の児童生徒に心身の苦痛を感じさせてしまった場合や，軽い言葉で相手を傷つけたが，すぐに謝罪して教員の指導によらずして良好な関係を築けた場合等においては，「いじめ」という言葉を使わず指導するなど，柔軟な対応が可能であるとしている。

心身の苦痛を訴える児童生徒の気持ちには丁寧に寄り添いつつ，その行為の性質や当該行為が起きた際の状況等に応じた対応を行うことが学校現場には求められる。

［森本 周子］

第11章

生徒指導提要の活用と法

本章のねらい

「生徒指導に関する学校・教職員向けの基本書」である生徒指導提要は，2010年に作成され，2022年には大幅に改訂された。この生徒指導提要を，学校教育でどのように活用していけばよいのか。本章では，生徒指導提要の法的問題等を踏まえ，生徒指導提要の活用方法を取り扱う。

第1節　生徒指導提要改訂の経緯

生徒指導提要（A4版・約240頁。以下「提要」といい，改訂前のものをとくに指す場合は「旧提要」という。）は，多様化・複雑化する生徒指導上の諸課題に対応するため，2010年に文部科学省によって作成された。提要は，「小学校段階から高等学校段階までの生徒指導の理論・考え方や実際の指導方法等について，時代の変化に即して網羅的にまとめ，生徒指導の実践に際し教員間や学校間で教職員の共通理解を図り，組織的・体系的な生徒指導の取組を進めることができるよう」に作成された，「生徒指導に関する学校・教職員向けの基本書」であると説明される（旧提要まえがき参照）。

その後，いじめの重大事態や児童生徒の自殺者数の増加傾向が続いていること，いじめや不登校等個別の重要課題を取り巻く関連法規や組織体制の在り方等，生徒指導を巡る状況がさらに大きく変化していることが指摘されるようになった。そのような社会背景のもと，2022年に，文部科学省は，提要を改訂した（A4版・全300頁。以下，改訂後のものをとくに指す場合は「新提要」という）。新提要は，新たに生じたさまざまな生徒指導上の教育課題に対応するべく，内容が大幅に修正された。レイアウトも見やすいように工夫されており，また，デジタルテキスト化によってリンク先の主要な通知等を手早く参照できる等，学校における活用がより一層期待されている。

第2節　新提要の概要

新提要は，「第Ⅰ部　生徒指導提要の基本的な進め方」と「第Ⅱ部　個別の課題に対する生徒指導」の2部構成となっている。第Ⅰ部は，生徒指導の総論であり，「第1章　生徒指導の基礎」「第2章　生徒指導と教育課程」「第3章　チーム学校による生徒指導体制」からなる。第Ⅱ部は，各論として，「第4章　いじめ」「第5章　暴力行為」「第6章　少年非行」「第7章　児童虐待」「第8章　自殺」「第9章　中途退学」「第10章　不登校」「第11章　インターネット・携帯電話に関わる問題」「第12章　性に関する課題」「第13章　多様な背景を持つ児童生徒への生徒指導」を扱う。

また，新提要には，旧提要では指摘されていなかった（または明示的ではなかった）いくつかの概念がある（いずれも法律上の概念ではない）。

1.「生徒指導」の定義・目的

法律上，生徒指導の定義はないが，新提要では，生徒指導を「児童生徒が，社会の中で自分らしく生きることができる存在へと，自発的・主体的に成長や発達する過程を支える教育活動のことである。なお，生徒指導上の課題に対応するために，必要に応じて指導や援助を行う。」と定義する。また，生徒指導の目的についても，「児童生徒一人一人の個性の発見とよさや可能性の伸長と社会的資質・能力の発達を支えると同時に，自己の幸福追求と社会に受け入れられる自己実現を支えること」と明確にしている。旧提要においても，生徒指導の意義や目的に関する記載はあり，その内容は大きく変わっていないようにも思えるが，新提要は，児童生徒の内在する力を引き出すという生徒指導における教職員の立ち位置を強調する。

2. 2軸3類4層構造

提要の公表以前から，問題行動を防止・矯正する消極的な生徒指導と児童生徒の健康な人格の発達を促す積極的な生徒指導に分ける（かつ積極的な生徒指導を中心目的とする）分類方法が指摘されていた。これに対して旧提要は，生徒指導の目的を，①成長を促す指導，②予防的な指導，③課題解決的な指導に分類することを提案した。新提要は，より具体的かつ充実した生徒指導にするという趣旨から，生徒指導を2軸（プロアクティブ／リアクティブ），3類（発達支持的／課題予防的／困難課題対応的），4層（発達支持的／課題予防的（未然防止教育）／課題予防的（課題早期発見対応）／困難課題対応的）構造に分類し，重層的な支援を目指している（新提要（以下省略）1.2.1）。

とくに，重要視しているのが，発達支持的生徒指導であり，「特定の課題を意識することなく，全ての児童生徒を対象に，学校の教育目標の実現に向けて，教育課程内外の全ての教育活動において進められる生徒指導の基盤となるもの」と定義する（1.2.2）。

3. チームとしての学校（チーム学校）

これからの学校の体制整備として，「チーム学校」が重要であるといわれているが（中央教育審議会 2015：12），生徒指導においても，個人で取り組むのではなく，専門家，関係機関，地域等と連携して取り組む方針を打ち出している（3.1，中央教育審議会 2015：7）。また，新提要では，上記中央教育審議会の答申で挙げられる3つの視点（①専門性に基づくチーム体制の構築，②学校のマネジメント機能の強化，③教職員一人一人が力を発揮できる環境の整備）に加え，④同僚性の形成（1.4.1）という視点も挙げられている（3.1.2）。

第3節　生徒指導提要の法的価値

1. 生徒指導提要の法的性質

先述のとおり，提要は「生徒指導に関する学校・教職員向けの基本書」であると説明される。ここでいう「基本書」が法的にどのような意味をもつのかは，必ずしも明確ではない。提要は，法律や条例ではなく，法的拘束力があるとは考えにくい。他方，法的価値が全くないかというと，そうでもない。文部科学省が公式に発表していることから，安全配慮義務違反等の生徒指導の違法性判断の指標になり得る。確かに，旧提要は裁判例ではほとんど活用されてこなかったが，改訂を経て詳細な指南が増えた新提要は，良くも悪くも，事実上の基準となる可能性を秘めている。

2. 権利義務関係の意識

しかし，新提要を読んでみても，実際の生徒指導の場面で，どの記載にどの程度コミットするべきかは読み取りづらい。この原因の一つには，教育紛争における「法」の捉え方と提要における「法」の捉え方の差があるように思われる。すなわち，教育紛争を予防・解決しようとする場合，学校が児童生徒に対してどのような義務を負うのか，反面，児童生徒が学校に対してどのような権利をもっているのか，という法的関係を具体的事案に即して整理したうえで，対応策を検討することになる。思考の出発点は，学校と子どもとの間の具体的な法的関係（権利義務関係）である（もちろん，教育紛争の解決のためには，権利義務関係を前提にした教育上の努力は必要である）。なお，ここでいう権利義務関係とは，憲法に定められている人権というよりは，在学関係や在学契約に基づく権利義務を念頭に置いている。

他方，提要は，権利義務関係についてほとんど意識していない。確かに，第Ⅱ部各章冒頭等で関連法規の紹介はある。しかし，法令により設計されている制度や仕組みの説明がほとんどを占め，権利義務関係がどうか，ひいては学校の対応範囲はどこまでか，という示唆はない。

第4節　生徒指導提要と教育紛争

新提要の内容を法的思考から理解するには，教育紛争（とくに教育裁判）と提要の内容を比較して，その関係性を検討することが有用である。訴訟類型で教育裁判を区分すると，(a)懲戒処分それ自体の違法性を争うもの（例えば，最判平成8（1996）年3月8日民集50巻3号469頁，最判平成8（1996）年7月18日集民179号629頁）や，(b)違法な生徒指導によって損害を被ったとして損害賠償請求をするもの等がある。さらに，(b)には，(ア)体罰事件等の，法的効果を伴わない懲戒の違法性を争うもの（例えば，最判平成21（2009）年4月28日民集63巻4号904頁）と，(イ)いじめ事件等の学校（および設置者）の安全配慮義務違反が問題になるもの（例えば，福岡高判令和3（2021）年9月30日判時2545号53頁（以下「筑紫台高校事件」という））等がある。

1. 提要と懲戒処分

退学や停学といった懲戒処分は，懲戒権者である校長の合理的な教育裁量に委ねられているとされており，一般的には，問題行為の軽重（悪質性・回数，基本的人権への配慮），反省の状況，平素の行状，従前の学校の指導および措置並びに自主退学勧告に至る経過等を考慮して，裁量の逸脱濫用の有無を決する。しかし，新提要には，どんな場合にどんな懲戒処分なら適法か，ということを示唆する記載がない。新提要には，学校と児童生徒等が対立する場面への言及がほとんどないことが指摘できる。

2. 提要と体罰・不適切な生徒指導

(1) 体罰

体罰については，文部科学省の通知が比較的充実していることから，これらの引用が主となっている。とくに，「体罰の禁止及び児童生徒理解に基づく指導の徹底について」（平成25（2013）年3月13日24文科初第1269号）がベースになっている。体罰該当性の考慮要素について，文部科学省の通知と判例・裁判例とでは多少表現に差はあるものの，大きな差はない。

(2) 不適切指導

身体的侵害や肉体的苦痛を伴わない不適切指導については，体罰とはあまり区別をせずに懲戒権の範囲逸脱の問題とするもの（例えば，名古屋高判平成28（2016）年9月30日 LLI/DB 判例秘書登載）や，安全配慮義務の問題とするもの（例えば，さいたま地判平成20（2008）年7月30日 LLI/DB 判例秘書登載）等があるが，いずれにせよ，子どもの性質（性格，行動，心身の発達状況）や指導の対象となる行為の内容，指導方法の態様・程度等を考慮要素に含むことは共通する。旧提要には体罰以外の不適切指導について指摘がなかったところ，新提要では，いくつかの例とともに記載が追加されている（3.6.2）。これらの指導が不適切であり，かつ違法性の判断枠組においても考慮すべき事情であることは疑いがない。裁判例においても，指導が威圧的なものであったか，指導が行われた場所の圧迫感や閉塞感，指導を行った時間や時間帯，指導後のフォローの内容等が考慮されている。他方，事実の評価に関する点が新提要においてもなお曖昧であることは留意が必要である。つまり，どのような場合に「威圧的」なのか，どのような場所が「不安感や圧迫感を感じる場所」なのか等の評価の問題は，決して一義的ではない。

3. 提要と安全配慮義務（いじめを例に）

学校の安全配慮義務違反が問題になるケースは，上記に見た不適切指導を含めてさまざまな場面があり得る。以下では，いじめに関する安全配慮義務を例に概説する。学校が負う安全配慮義務は，一般的に，「学校における教育活動及びこれに密接に関連する生活関係によって生ずるおそれのある危険から生徒を保護し，安全の確保に配慮すべき義務」であり，とくに，「生徒の生命，身体，精神，財産等に大きな悪影響ないし危害が及ぶおそれがあるような場合には，そのような悪影響ないし危害の現実化を未然に防止するため，その事態に応じた適切な措置を講じるべき義務」等といわれる（筑紫台高校事件）。

とくに問題となる義務内容としては，⑴いじめの発見可能性，⑵いじめ発見後の対処があり，さらに⑵の中には，①情報の共有，②いじめの事実関係の把握（調査），③児童生徒への支援や指導等の義務がある。

(1) いじめの発見（予見可能性）

まずは，いじめの発見について，希死念慮の発露や日常のアンケートの回答結果や授業中等の児童生徒の様子等，学校が「いじめの兆候」を発見し，または発見し得たかが問題となる。新提要は，いじめの密行性を前提としつつ，いじめの典型的な発見ルートの提示，アンケートの内容の確認やダブルチェックの必要性にも触れており，比較的詳細な指南がある（4.3.3⑴）。また，いじめ自殺に関する希死念慮の発露については，自殺に関する項目（8.3.3等）が参考になり得る。他方，具体的ないじめの端緒として何が考えられるかは，個々の学校ごとに検討が必要となる。例えば，アンケートにどんなことが書かれていたら注意すべきなのか，ということの詳細はない。

(2) いじめ発見後の対処

① いじめ発見後の対処—情報の共有

上記のようないじめの兆候等につき，教員や校長等との間で情報共有をしなかったことが義務違反の一つと認定されることもある。

新提要では，チーム学校を軸としていることもあり，子どもの状態に関する情報の共有や学校全体での組織的対応の重要性を指摘する。いじめの文脈では，学校いじめ対策組織やケース会議の中で解説がある（4.1.3および4.3.4）。

② いじめ発見後の対処—調査義務

いじめの事実関係の把握をすることも，その義務内容として問題となる。実務上は，児童生徒へのヒアリング調査等が一般的である。しかし，いじめの事実調査について，新提要に示唆はない。いじめに対する基本姿勢（4.3.3）にも，事実調査に関する事項の記載はない。この点，どのように対応をしていくかというフローの確認等が必要である。なお，学校が調査を始めたことで被害者にさらに増幅されたいじめが加えられないようにする義務が指摘されることもある（福島地いわき支判平成2（1990）年12月26日判タ746号116頁（以下「いわき事件」という））。新提要には，「いじめられている児童生徒の理解と傷ついた心のケア」，「被害者のニーズの確認」に関する記載があるが（4.3.3（2）①および②），調査時の被害者保護の姿勢として親和性が高い。

③ いじめ発見後の対処―支援・指導等

一例として，ア．児童生徒全員への集団的いじめ防止指導，イ．児童生徒の行動観察（一定期間特に注意深く当事者の行動を見守り，再発するなら加害児童生徒保護者等にも指導等を行う等），ウ．保護者協力および，エ．外部機関協力が挙げられる（いわき事件参照）。その中には，学校全体として協力体制を作ることも含まれる。新提要では，関係修復，いじめの解消（4.3.3⑵③，④）やケース会議によるアセスメント（4.3.4①～⑦）等の指摘があり，比較的示唆に富む。また，保護者協力（4.4.2⑴），外部機関協力（4.4.1等）については，比較的詳細に記述がある（いじめ防止対策推進法第23条第5項，同条第6項も参照）。

さらに，新提要は，専門家の活用を繰り返し強調する（4.3.4等）。とくに，スクールロイヤー，スクールカウンセラー，スクールソーシャルワーカー等，積極的に専門家の意見を取り入れることの重要性を指摘している。現時点の裁判例では，専門家の活用に関する問題はあまり表面化していないが，後述のように，新提要の今後の活用如何によっては，安全配慮義務違反の要素になる可能性は大いにありうる。

第5節　教育現場における提要の活用

懲戒処分の適法性，体罰の該当性，安全配慮義務の内容等，学校の法的責任に係る判断の多くが，個別具体的な事情の総合考慮である。そして，当時の時代背景等も考慮要素に入り得ることから，学校の法的責任の範囲は，時代の変化に影響を受けやすい。そのような中で，教育現場に浸透していなくとも，提要が，事実上，学校の法的義務を決定する基準となるシナリオが考えられる。その場合，提要に沿わない生徒指導は，裁量の逸脱濫用と判断されやすくなるため，実態と法的判断が乖離していく可能性がある。

このような乖離を避けて，学校教育において提要を有益に活用するためには，「基本書」たる提要を絶対的なバイブルとしないことが必要である。提要を批判の対象として扱い，提要を踏まえた生徒指導の実践を行い，その実践に関するフィードバックを行うことで知見を蓄積する。この実践とフィードバックが，提要を教育現場に有益なものとするために最重要である。提要の批判的な検討によって，教育現場に合わない法的義務の確立を防ぐほか，教育現場での議論を積み重ねることで，提要自体も，より実態に即した，より信頼のある指標となっていく。今後の生徒指導においては，学校全体として，それぞれの生徒指導上の課題を見極め，提要を批判した実践を試みることが求められる。

［國本 大貴］

考えてみよう！

- 自校における（または社会的に解決すべき）生徒指導上の課題は何であるか，話し合ってみよう。
- その課題について，提要の記載を踏まえて，どんなことを実践するべきか，話し合ってみよう。
- 実践してみて，その結果がどうであったか，共有して議論してみよう。

引用・参考文献

中央教育審議会（2015）「チームとしての学校の在り方と今後の改善方策について（答申）」（中教審第185号）文部科学省 HP

坂田仰（2022）「『生徒指導提要』と法化現象—教育裁判増加の中で—」日本生徒指導学会編『生徒指導学研究』第21号，学事出版，pp.29-34

文部科学省（2022）『生徒指導提要』（改訂版）文部科学省 HP

文部科学省（2022）『生徒指導提要の改訂に関する協力者会議（第9回）議事要旨』文部科学省 HP

文部科学省（2010）『生徒指導提要』文部科学省 HP

COLUMN

生徒指導提要と校則

校則は，生徒指導そのものではなく，個々の生徒指導の基準となるものであるが，校則自体の違法性が問題となる場面もある。裁判例では，校長に校則制定の裁量があるものとして，概ね，「社会通念に照らして（著しく）合理性を欠く」場合でない限り校長の裁量の逸脱濫用はない，という判断枠組を採る。その判断に際しては，目的の正当性（学校教育との関連性）や手段の適合性（目的達成のために有用か）が基礎となる。なお，過去の裁判例で，校則そのものが違法と判断された例はない。他方，新提要は，校則の法的位置づけではなく，教育的意義を示すことに重点を置いている（3.6.1）。すなわち，校則を「児童生徒が健全な学校生活を送り，よりよく成長・発達していくために設けられるもの」という積極的な意義から説明している。さらに，校則の見直しについて「ホームページへの公表が望ましい」旨や具体的な取組例を指摘し（3.6.1(3)），校則を見直す際に児童生徒が主体的に参加し，意見表明することを奨励する（3.6.1(4)）。その反面，校則が児童生徒の行動規制を伴うという消極的な面には触れていない。旧提要にあった「規律」や「決まり」といった言葉をすべて削除しているほか，「華美な頭髪や服装等の制限によって，学習や運動等への注力を図る」等，裁判例においてしばしば用いられる理論の当否については触れていない。もっとも，校則の内容を見直す際は，校則の目的と手段を吟味して検討することは重要であるから，具体的な見直しの際には，提要だけでなく，裁判例も踏まえた検討も必要になる。

また，校則自体は適法であることを前提としても，校則違反を理由とする懲戒処分や生徒指導の違法性は，別途問題となる。新提要においても，旧提要にはあった「懲戒」という言葉は削除しているものの，「行為を正すための指導にとどまるのではなく，違反に至る背景等児童生徒の個別の事情や状況を把握しながら，内省を促すような指導となるよう留意しなければなりません。」と，校則の運用に関する問題提起をしている（3.6.1(2)）。（懲戒処分や不適切指導と提要の関係性は，第11章本文を参照）。

「ブラック校則」とよく取沙汰されるものの，実際の教育紛争では，校則自体の違法性よりも，むしろ校則違反を理由とする懲戒処分や生徒指導の違法性が主戦場であることが多い。実際に法律家を交えて校則の見直しをしている学校もあり，校則の見直しはトレンドになりつつあるが，校則の見直しの際には，必ず，校則違反があった場合に何をするか，という点まで見直してほしい。その際には，関連する提要の記載を批判的に検討しながら進めていくことが重要である。

［國本 大貴］

第12章

ネット中傷問題への対応

本章のねらい

子どもも一人1台のスマートフォンを持つ時代になり，ネットリテラシー教育の重要性が増している。本来は買い与えている親が教育をするべきであるが，学校において問題を認知して，子どもへのアドバイスなどの対処をする必要も生じる。そこで，ネット問題についての基本的な考え方と対処方法を概説する。

第1節　誹謗中傷とは何か

総務省が運営を委託している違法・有害情報相談センターで受け付けている相談件数は，2022（令和4）年度は5,745件であり，ここ数年高止まりが続いている。この数が多いとみるかどうかは人それぞれであるとは思うが，少なくとも過去からの相談件数の推移からすれば，10年間で相談件数は2.4倍ほど増加していることが見て取れる。スマートフォンとSNSの普及によって，それだけ他者との間での軋轢も生じやすくなったということだろうと想定される。

この統計は，有害情報（例えば，薬物などの情報）に関する相談も含まれているものの，相談の多くは「誹謗中傷」に関するものと想定される。ここで，「誹謗中傷」＝「権利侵害」と一般的には捉えられていると思われるが，実

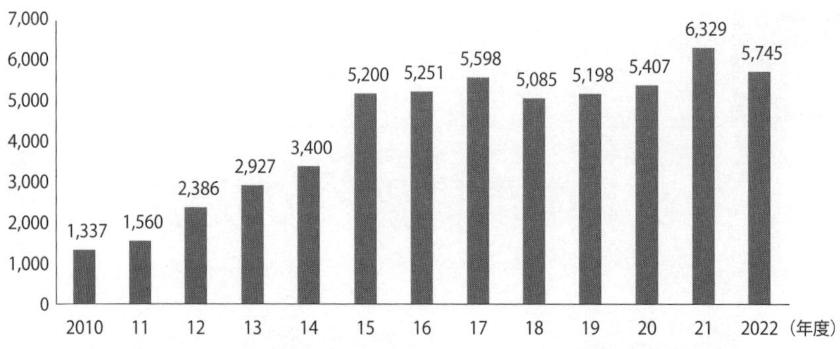

図 12.1　違法・有害情報相談センターにおける相談件数の推移

（出所）総務省（2023）より作成

際にはこれらは一致しない。そもそも，「誹謗中傷」という言葉は法律用語ではない。法律上は，公職選挙法第 142 条の 7 が唯一「誹謗中傷」という言葉を使っているが，その内容については説明がなく，法的に整理された概念とはいえない。

一般に「誹謗中傷」と言う場合，自分にとって不快な言動一般を指していることが多いと思われる。しかし，不快であることと違法であることは必ずしも一致しない。何かしらの対応をするためには，少なくとも違法性があるといえるものが必要になってくるため，まずはどういった権利があり，なにが違法と言い得るものなのかを考える必要がある。

このことを検討する実益は，例えば SNS に設置されている通報フォームでは，権利の類型ごとにフォームが別になっているため，どの類型に当てはまるのかを判断する際に意味をもつことになる。

1. 同定可能性

日本の法制度上，権利侵害を主張し得るのは，あくまでも「自分」だけであり，他人の権利の侵害を主張することはできない。そのため，権利侵害があるといえるには，まず自分に対しての投稿であると第三者から理解できることが必要になる。第三者から「自分」に対しての投稿であると理解できないのであれば，実在する人に対する侵害と評価することができないためである。

このことは，一般的に「同定可能性」の問題といわれている。例えば，オンラインゲーム上のアカウント名で，ゲーム内のチャットで中傷されているので中傷している者を特定した，という相談もしばしばされるところであるが，これでは権利侵害があるということは難しいということになる。オンラインゲームのアカウント使用者が，現実の誰であるかを第三者が認識できないからである。

なお，後述の名誉感情侵害であれば，間違いなく自分に向けられているということが理解できるのであれば，侵害と見る余地がある。

2. 保護され得る権利

「誹謗中傷」において問題になる代表的な権利として，名誉権，名誉感情，プライバシー権，氏名権，肖像権，平穏生活利益などが挙げられる。

名誉権とは，人の社会的評価を低下させる場合に侵害される。評判を下げられないことを保護の対象にしているものであるが，公共性，公益目的，真実性といった要件を満たすことで違法性がないとされる。

名誉感情とは，有り体に言えばプライド（自身について感じている価値や自尊心）を保護するものであるが，不快に感じれば何でも保護されるとすれば行きすぎであるため，社会通念上許される限度を超える侮辱的な内容である場合にはじめて保護される。

プライバシー権とは，私生活上の事実等を明らかにされないことを保護するものであるが，何でも保護されるというわけではなく，公表されない法的利益とこれを公表する利益とを比較衡量して侵害か否かを判断するとされる。

氏名権は氏名を他人に勝手に利用されないことなどを保護するもの，肖像権はみだりに写真等を公表されないことを保護するもの，平穏生活利益は平穏な生活を乱されないこと自体を保護するものであるが，いずれも侵害になるかは程度問題でもあり，プライバシー権と同じように対立する他の利益との比較衡量によって侵害といえるかどうかを判断することになる。

なお，誹謗中傷とは異なるが，自分で撮った写真や動画が勝手に使われているといったことであれば，著作権侵害が問題になる。

第2節　相談機関と事前準備

1. どこに相談をするべきか

児童生徒から，ネット中傷についての相談を受けた場合，相談を受けた側もどのような対応ができるのか，どこに相談をすればよいのかが分からないことは往々にしてあるように思われる。そこで，代表的な相談機関について紹介をしておく。

まず思い浮かぶだろう相談機関として，警察を指摘することができる。警察が対応できるのは犯罪行為があると思料される場合である。ネット上でしばしば問題になり得る犯罪行為の類型としては，名誉毀損罪，侮辱罪，脅迫罪，恐喝罪，詐欺罪，児童ポルノ法違反，リベンジポルノ法違反等が考えられるところ，裸の画像が流出しているといったわかりやすい状況があれば動いてもらいやすい一方，文書によるものの場合は，どのように読むべきかといった解釈や文脈が問題になるため，動いてもらいにくい傾向がある。なお，相談は基本的に所轄の警察署に行うことになる。

次に，法務省が行う人権相談がある。削除依頼の方法などの助言や，事案によっては削除要請を行ってくれる。ただし，削除要請までするには一定の時間を要することが多い。

また，総務省が運営を委託している違法・有害情報相談センターがあり，こちらも削除依頼の方法などの助言を行っている。人権相談と異なり，削除要請を行ってくれるわけではないが，そもそも何をどうしたらよいのかわからない，何ができるのか見当もつかないといった相談にも対応してもらうことができる。

また，一般社団法人セーファーインターネット協会が行う「ホットライン」や「セーフライン」があり，国内外のプロバイダ等に利用規約に沿った削除等の対応を促す活動をしている。ホットラインでは，誹謗中傷に関しては学校関係者からの相談も受け付けている。

なお，具体的な対応を求めたいというよりも，悩みを聞いてほしいといった場合には，厚生労働省が行う「まもろうよこころ」という相談サービスを利用することも考えられる。

法務省がまとめている相談窓口の案内も併せて参照されたい（参照：https://www.moj.go.jp/content/001335343.pdf）。

2. 相談前の準備

いずれの機関に相談をするにしても，問題としている対象がどこにあり，何が書いてあるのかを確認できなければ，対応していくことが難しい。そのため，問題投稿等の証拠化をしておく必要がある。

もっとも望ましいのは，問題投稿のURLと投稿日時が明確にわかる形で保存することであり，パソコンのブラウザで開いて，PDF出力などをしておくことである。パソコンを用いるのは，スマートフォンやタブレットだと，URLが表示されないか，されたとして見切れることが多いこと，またとくにSNSはアプリで閲覧されることが多く，URL自体が表示されないことが通常であるためである。なお，SNSの場合，問題投稿はタイムラインでも表示することはできるものの，実際に法的対応を取ろうと考えるのであれば，個別の投稿のURLや投稿日時がわかる必要があり，タイムラインの表示ではそれらがわからない。そのため，問題投稿ごとに保存をすることがポイントとなる。

このような形で対象の保存がされていれば，後々，投稿者に対して責任追及をしたいと考えた場合でも，有用な証拠として扱うことができる。

これらの対処が難しい場合でも，少なくともスクリーンショットは撮っておくべきであり，それも難しいということであっても問題投稿に辿り着くための検索方法を調べておくことはしておいた方がよい。

第3節　ネット中傷の削除

削除の方法は，裁判を使わない方法（以下「任意請求」），使う方法（以下「裁判手続」）があり，裁判手続においては仮処分，通常訴訟という選択肢がある。また，請求先として，投稿者への直接請求，サイト運営者への請求，サーバ会社への請求が考えられ，サイト運営者への請求としては，問題投稿があるサイトの運営者だけでなく，検索事業者（Google，Yahoo! 等）が考えられる。

裁判手続については，ここで説明をすることは専門的に過ぎるため，任意請求に関して概説する。

サイトに問い合わせフォームが設置され，または連絡用のメールアドレスが記載されている場合があり，そこから削除依頼をしていくことで削除をしてもらえる場合がある。SNS では，ヘルプページなどに削除フォームが設置されていることも多く，状況に合うものを選択していけばよい。ただ，単に不都合だから，あるいは不快だから削除してほしいとだけ述べても応じてもらうことは難しく，どのような権利を，なぜ侵害しているのかをできるだけ説明するべきである（ただし，一部 SNS では「通報」しかできず，理由を記載できないものもある）。

請求してみても返答がない，あるいはそもそも連絡ができない場合は，「送信防止措置依頼」を行うことが考えられる。これは，プロバイダ責任制限法のガイドラインに基づくサイト運営者，サーバ会社への削除依頼の手続きである。これについては，プロバイダ責任制限法ガイドライン等検討協議会が書式を公開している（参照：https://www.isplaw.jp/vc-files/isplaw/p_form.pdf）。

この書式に必要事項を記入したうえで，郵送するのが一般的な方法であるが，その際，本人確認書類を同封する必要がある。注意点としては，未成年者には，法律上，行為能力がないとされることから，親権者が法定代理人として対応する必要があるという点であり，親子関係を示すために戸籍謄本などを併せて送付する必要がある。書類に不備がなければ，サイト運営者やサーバ会社は，投稿者等に対して，自主的に削除するかどうかを１週間の期間を定めて意見照会を行う。必ず削除されるわけではないが，照会に拒否回答がなければ削除するという扱いをしているところも比較的多い。

これらの手続きを取っていくことは，権利侵害についての説明など法的な主張を要する部分もあるため難しい場合もあると思われるが，その場合は前記の各相談機関に相談をしてみてもよいだろう。

なお，検索結果に表示自体を削除したいという場合もあると思われるが，検索結果はあくまでもインターネット上にある情報を収集しているに過ぎない。そのため，基本的には各サイトに表示されている対象を削除することが原則として扱われ，容易には応じてもらえないことが多い。したがって，問題と考える各個別のサイトをピックアップして対処をしていくことが必要になる。

第4節　プロバイダ責任制限法の改正と発信者情報開示請求

1. プロバイダ責任制限法とは何か

インターネット上の投稿は，もっぱら匿名で投稿されており，投稿者の素性が知れないことがほとんどである。投稿者に対して責任追及をしようにも，そのためには相手の氏名，住所が明らかになっていることが必要になる（例えば，DMが送れるとかメールアドレスが分かっているだけという状況であれば，相手からの返信がない限りそこで止まってしまう）。

そこで，投稿者を特定するための手続きが必要になり，この手続きを「発信者情報開示請求」という。この請求権を定めている法律が，「特定電気通信役務提供者の損害賠償責任の制限及び発信者情報の開示に関する法律」，通称「プロバイダ責任制限法」である。

発信者情報開示請求は，裁判手続でなくても行うことは可能であり，前記のプロバイダ責任制限法ガイドライン等検討協議会が，発信者情報開示請求のための書式を公開している（参照：https://www.isplaw.jp/vc-files/isplaw/h_form202210.pdf）。

もっとも，開示請求を受けるサイトやプロバイダ等は，裁判所の判断が示されなければ開示に応じないとする例は多く，とくに国外事業者はその傾向が強い。そのため，開示請求を考えるのであれば，早期にそういった手続きを扱う弁護士に相談するべきである。

なお，開示請求を行うと，投稿した者（これを「発信者」という）に対して，2週間程度の期間を定めて，開示して良いか否かの意見聴取が行われる。開示に同意があれば，サイトやプロバイダ等は争われずに開示をしてくるが，そのような例は多くはない。

2. 開示請求の手続き

特定をするには，サイトに残された痕跡を辿る作業が必要になる。サイトに残される痕跡として，代表的なものがIPアドレスとタイムスタンプ（接続時間）であるが，その他にもアカウント登録時のメールアドレス，電話番号などがあり得る。

最も基本的な方法は，IPアドレスから辿っていくものであるが，これは，①サイトからIPアドレス，タイムスタンプを取得したうえで，②IPアドレスから判明するインターネット接続事業者から，契約者の氏名，住所等の情報を取得するものである。なお，IPアドレスはインターネット上の住所などと説明されることが多いが，IPアドレスからわかる情報は，どのインターネット接続事業者を用いたかくらいであって，これだけで誰が投稿したかがわかるものでは通常ない。どの時点で誰にIPアドレスを割り振っていたかが重要になることから，投稿された日時を証拠として残しておくことが重要となる。

なお，IPアドレス，タイムスタンプといった情報は，3か月程度しか保有されていないことが多い。そのため，発信者を特定したいということであれば，早期に動くことが肝要となる。開示には任意にはなかなか応じてもらえないことや，先に紹介した各機関も開示についての対応は難しいことから，特定をしたいということであれば早期に弁護士に相談することをおすすめする。

ただし，学校内でのトラブルと考えられる場合，人間関係が密であるため，誰がやっているのかについてのおおよその予想がつくことが少なくなく，教師などが積極的に関与し聞き取りをすることで，行為を認める例も多い。そのため，ネットいじめなどが発覚した場合は，関係する児童生徒などへの早急な聞き取り等を進めていくことが期待される。

3. 対応困難な場合

発信者情報開示請求を行うことができるのは，「特定電気通信」に限られている。特定電気通信とは，「不特定の者によって受信されることを目的とする電気通信」のことであり，つまり，インターネット上で誰でも閲覧可能なものを指す。そのため，特定の人の間でやり取りされる通信であるメール，ダイレクトメッセージ，チャット等の通信は，1対1の通信（同報等により，一度に多数送ることは可能であるが，それは1対1の通信が複数あるに過ぎない）であるため，「特定電気通信」に当たらず，開示請求できる対象に含まれない。

ただし，外部から誰でも参加可能なものであれば，「特定電気通信」に当たるので，一定のグループチャット（LINEのオープンチャットなど）は開示請求の対象になる場合がある。

その他，対応が困難なケースの典型例として，①海外サーバを経由した投稿，②ヘイトスピーチ，③違法ではない投稿の繰り返し，が指摘できる。

①海外サーバが経由されている場合は，海外サーバに開示請求をすることが必要になるものの通常応じてくれない。また，②ヘイトスピーチは特定の集団に対する言論であるところ，日本の法制度上，個人の権利が侵害されないと法的措置が取れないため，一般的には法的措置に馴染まない。③は，炎上で批判が殺到している例を想定してもらいたいが，例えば，不快さを覚える内容ではあるものの違法とすることは難しい内容が繰り返されている場合である。

対応困難な事例の場合は，いかに被害者の心情を落ち着かせるかを考えることが重要になる。周囲が支えていく，場合によっては厚生労働省が行う相談サービス「まもろうよこころ」の利用なども勧めるべきだろう。

［清水 陽平］

考えてみよう！

- インターネット上での誹謗中傷を受けた場合，どのような対策・対応があるのか説明してみよう。
- どういった行為が，何の権利を侵害することになるか，自分がされたら嫌だと思うことを挙げて，話し合ってみよう。

引用・参考文献

総務省（2023）「「インターネット上の誹謗中傷への対応に関する政策パッケージ」に基づく取組」（https://www.soumu.go.jp/main_content/000883919.pdf　2023 年 7 月 1 日閲覧）

法務省「インターネット上の書き込みなどに関する相談・通報窓口のご案内」（https://www.moj.go.jp/content/001335343.pdf　2023 年 7 月 1 日閲覧）

COLUMN

迷惑動画のアップと賠償責任

近時，店舗での迷惑行為を撮影した動画がSNSにアップされる事例が相次ぎ，店舗の運営会社は迷惑行為を行った者に対し巨額の損害賠償請求を行った。本稿執筆時点で裁判での調停が成立し，訴えが取り下げられたと報じられているが，仮に判決になっていた場合，どこまでの責任が認められるものだろうか。

未成年者が，他人に損害を加えた場合，「自己の行為の責任を弁識するに足りる知能」(事理弁識能力) を備えていないときは責任を負わないとされる (民法712条)。事理弁識能力は概ね12歳程度から認められるとされ，中学生くらいになれば法律上は本人が責任を負うことになる。なお，仮に事理弁識能力がないとすれば，親権者等の監督義務者が責任を負うのが原則となる (民法714条本文)。そのため，責任自体は生じることを前提に考えてみる。

日本における損害賠償は，実際に生じた損害を補填するという考え方が基本となっている。迷惑動画 (および撮影された迷惑行為) によって，例えば備品等の清掃・消毒，廃棄・入替えなどが行われた場合，それは迷惑行為によって直接的に生じた損害ということができるだろう。また，店舗を休業させる必要が生じたとなれば，その休業によって生じる逸失利益も損害ということができるだろう。

では，来店者が減ったことによる逸失利益の補償もしなければならないだろうか。一般論としては，ある行為があった場合に売上げが減ったという場合，当該行為と売上減少の因果関係の立証が必要になるところ，当該行為以外の理由では減少していない，という「ないことの証明」をすることが必要になる。この立証は非常に難しく，因果関係はなかなか認めてもらえない。

しかし，迷惑動画に関しては，業務妨害罪で刑事事件化されている。その結果，民事上も営業権侵害は認められやすくなり，逸失利益との因果関係も認められやすくなる。そのため，請求額全額とはいかないまでも，一定の範囲での因果関係が認められる可能性はそれなりにあるのではないかと想定される。

他方，株価が大幅に下落したことについての賠償は，通常認められないと思われる。株価下落によって損失を被るのは，会社ではなく株主だからである。

［清水 陽平］

第13章

少年非行と学校教育

本章のねらい

少年法の趣旨・原則や具体的な対応の在り方，非行少年の現状について理解をしている。

警察による非行少年，不良行為少年等を対象に実施している街頭補導などの少年警察活動の概要を理解し，警察等との連携の在り方について考えている。

第１節　少年法の原則と少年非行の現状理解

1. 少年法の趣旨と原則

少年法は，「少年の健全な育成」を主眼として，非行のある少年に対して，保護処分や特別の措置を講ずることを目的としている。同法において，少年とは，20歳に満たない者を意味しており，家庭裁判所の審判に付される非行のある少年は，次のように区分される。

・犯罪少年（14歳以上で罪を犯した少年）

・触法少年（14歳未満で刑罰法令に触れる行為をした少年）

・ぐ犯少年（将来，罪を犯し，または刑罰法令に触れる行為をする虞（おそれ）がある少年）

なお，「ぐ犯少年」は，次のような要件となっている。①保護者の正統な監督に服しない性癖のあること，②正当の理由がなく家庭に寄り附かないこと，③犯罪性のある人若しくは不道徳な人と交際し，又はいかがわしい場所に出入りすること，④自己又は他人の特性を害する行為をする性癖のあること（少年法第3条第1項第3号）。

少年法は，教育主義，個別処遇主義，職権主義を原則としている。教育主義とは，少年の健全な育成を目的として教育を通じて改善や立ち直りを図ること，個別処遇主義とは，非行少年の個別の状況等に応じて，一人一人の保護，援助を行うこと，職権主義とは少年審判においては家庭裁判所が主導して適切な手続，処遇を決めていくことを意味している。

近年，少年法においては，1997（平成9）年神戸連続児童殺傷事件，2004（平成16）年の佐世保小6同級生殺害事件，2015（平成27）年の川崎市中1殺害事件など，マスコミ等で大きく扱われた少年事件をきっかけとして，刑事処分の対象範囲の拡大などが進み，いわゆる「厳罰化」の動きが見られた。「厳罰化」の根拠として，実態として少年犯罪が増加したり，凶悪化しているという現実があるのか，また，法令が定める手続や処遇が，非行少年への健全育成や立ち直りの機能を果たし得るのかという点を確認する必要がある。

2. 少年非行の現実と国民世論の乖離―少年犯罪は，減少している―

少年非行の現状について，少年による刑法犯（14歳～19歳）の検挙人数を見ると，1983（昭和58）年の196,783人をピークに減少している。2022年（令和3年）には，15,349人となっており，ピーク時のわずか7.8％（約13分の1）にまで減少している。殺人，強盗の凶悪犯罪も明確に減少傾向にある。『令和4年版　犯罪白書』によれば，刑法犯としての検挙にあたらないぐ犯少年，不良行為少年の補導人数も，明確に減少傾向を示している。

その一方で，2015（平成27）年に内閣府が実施した「少年非行に関する世論調査」によれば，「おおむね5年前と比べて，少年による重大な事件が増えていると思いますか，減っていると思いますか」という質問に対して，「かなり増えている」「ある程度増えている」と回答した者の割合は，約8割（78.6％）にのぼっている。このような少年非行の実態と国民世論には，相当の乖離が見られる[1)]。

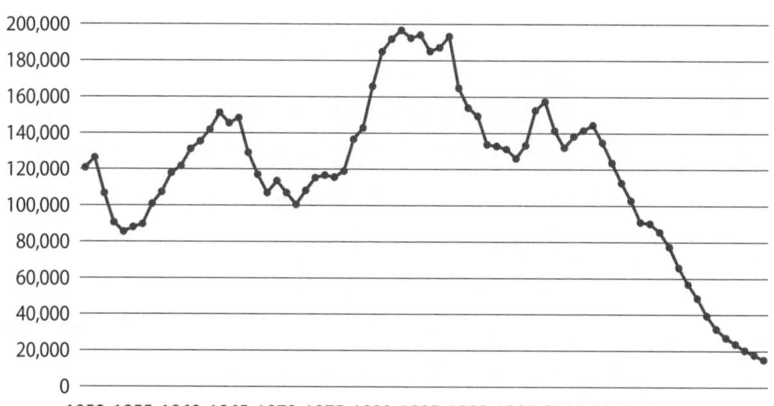

図 13.1　少年（14〜19 歳）の刑法犯等検挙人数の推移

（出所）法務省　法務総合研究所編（2022）より作成

第 2 節　少年事件における手続

警察は，犯罪の嫌疑のある少年を検挙した時は，罰金以下の刑にあたる犯罪の嫌疑事件は家庭裁判所に送致し，それ以外の刑に当たる犯罪の嫌疑事件は検察官に送致する。家庭裁判所は，検察官等から送致をうけた時には，家庭裁判所は調査官による社会調査（少年の要保護性に関して行う調査：再非行の危険性，矯正の可能性，保護の相当性）など必要な調査を行うことになる（事実上，全件調査）。また，審判を行うために必要がある場合には，観護措置の決定により，少年鑑別所に送致して，心理の専門家等によって調査を進める。裁判所は，調査の結果等に基づいて，審判開始，審判不開始，不処分（保護処分に付することができない，その必要がないと認める場合）の決定をする。調査・審判の結果，死刑，懲役，禁錮に当たる罪の一定の事件については，調査・審判の結果，刑事処分を相当と認める場合には，検察官への送致（逆送）を決定する（なお，故意の犯罪行為で被害者を死亡させた事件で，16 歳以上の少年は，原則として検察官送致（逆送）をしなければならないとされている）。家庭裁判所から事件送致を受けた検察官は，一部の例外を除き，原則として，起訴しなければならない。刑事裁判は公開の法廷で行われるが，少年審判は，原則として公開されない。

家庭裁判所は，審判の結果，検察官への逆送，審判の不開始，不処分以外の場合には，保護処分の決定を行う（保護観察，児童自立支援施設・児童養護施設送致，少年院送致のいずれかの決定）。保護観察に付された場合，保護観察官（専門知識を備えた国家公務員）や保護司（社会的信望など一定の要件を備えた民間人）から，地域社会の中で改善更生に向けた生活指導や必要な支援を受けることになる。児童自立支援施設・児童養護施設送致の場合には，当該施設へ入所することとなる。少年院送致となった場合には，少年院に収容され，矯正教育（生活指導，職業指導，教科指導，体育指導，特別活動指導）や社会復帰支援等をうける。

一方で，触法少年，ぐ犯少年については，家庭裁判所は，都道府県知事又は児童相談所長送致（18歳未満に限る），保護処分（保護観察，児童自立支援施設又は児童養護施設送致，少年院送致）の決定を行うことになる。

なお，公職選挙法の投票年齢や民法の成年年齢の引き上げに伴い，2022（令

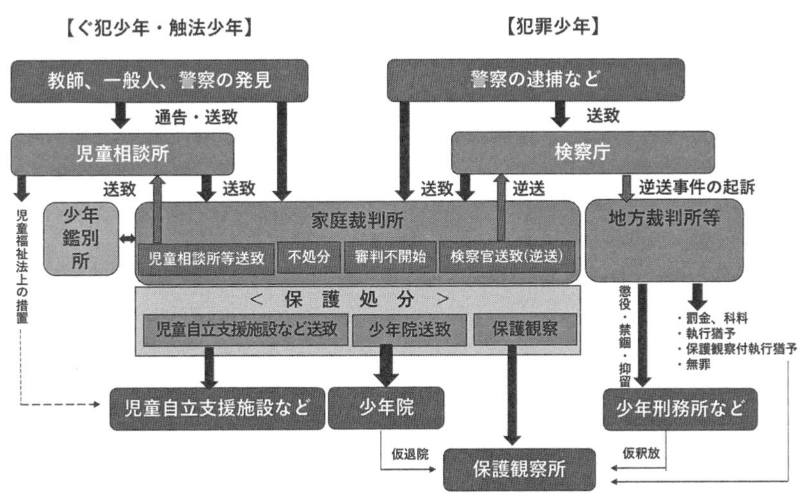

図13.2　非行少年の処遇に関する手続（流れ）

和4）年の少年法改正により，18，19歳の者が罪を犯した場合には，「特定少年」として，17歳以下の少年と区別した対応が図られている。

非行のある少年の処遇の手続（流れ）は，**図13.2**のとおりである。

第3節　少年非行問題への具体的な対応

1. 児童生徒の犯罪事案への対応

児童生徒の犯罪行為として，校内における窃盗（万引きなど），暴行や傷害（生徒間暴力，対教師暴力など），器物損壊（施設，教材等の破壊など）は，相当数発生している。法務省『令和4年版　犯罪白書』によれば，少年による刑法犯の検挙人数について，多い順にあげると，①窃盗，②傷害，③暴行，④横領（遺失物等横領），⑤住居侵入，⑥器物損壊，⑦強制わいせつ，⑧強盗，⑨強制性交等，⑩放火，⑪殺人となっている。

(1) 教師（公務員）の告発義務

刑事訴訟法第239条第1項は，「何人でも，犯罪があると思料するときは，告発をすることができる。」とし，一般人については「できる」規定であるのに対して，同条第2項では，「官吏又は公吏は，その職務を行うことにより犯罪があると思料するときは，告発をしなければならない。」と定め，公務員には告発義務を課している。なお，「告発」とは，犯罪の被害者や犯人でない第三者が犯罪事実を申告してその処罰を求める意思表示を意味している。

それでは，公務員である公立学校の教師は，校内での窃盗，暴力行為などは，すべて犯罪として捜査機関に告発しなければならないのであろうか。これについては，犯罪の重大性，犯罪があると思料することの相当性，行政運営に与える影響などを総合的に検討して，公務員の裁量により告発しないことも許されると考えられる。学校内で発生した問題や事件は，教育指導によって解決が図られることも少なくないことから，必ずしもすべてを告発するということにはならないと考えられ，その判断に一定の合理性があれば違法とされないと考えられる。しかし，覚せい剤事案，強盗などの重大な犯罪については，基本的に，告発しなかった場合には，その重大性から違法と判断される可能性が高いことも付言しておきたい。

なお，同法第241条は，「告訴又は告発は，書面又は口頭で検察官又は司法警察員にこれをしなければならない。」と定めており，一般的には，警察署に口頭・書面で行うことになる（告発を受けた警察等は，調書を作らなければならないとされている）。

(2) 保護処分と司法関係関係機関

児童生徒の非行事案が発生した場合には，警察等が調査や捜査を実施し，14歳未満である触法少年を児童相談所への通告・送致する一方で，14歳以上の犯罪少年は検察庁や家庭裁判所等に送致される（検察庁を経由した場合も，原則として家庭裁判所に送致される）。

逮捕となれば，警察・学校相互連絡制度によって，学校に事件について連絡がなされたり，また調査や照会がなされたりすることもある。警察，家庭裁判所からの調査，照会については法令に基づいて情報提供をする場合には，その根拠，必要性を明確にして対応する必要がある。保護者の側は，学校側の処分等の不安から，病気等による欠席として連絡してくる場合もある。学校側は，逮捕等の情報を得た段階で，管理機関である教育委員会に連絡するとともに，事実関係を把握するために，保護者，警察等から情報を収集するなどする必要がある。なお，起訴前の段階では，本人との接触ができなかったり，警察や検察から協力が得られなかったりする場合もあると考えられる。

学校側は，保護者との信頼関係を築き，連携を取りながら，情報を収集し，欠席等への対応方針，児童生徒への支援の方針を決定するなどの対応が考えられる。なお，児童生徒の懲戒処分が想定される場合には，本人への聞き取りを含めて事実関係を確認すべきであり，関係者から提供された情報のみで懲戒処分を行うことは慎重に進める必要がある。とくに，停学処分，退学処分などは，児童生徒の教育を受ける権利や，その身分を奪うなど重大な不利益処分であることから，慎重に手続を踏み，その処分の要件や妥当性について吟味する必要がある。

(3) 当該児童生徒のプライバシーの保護

児童生徒の非行行為について，当該児童生徒が事実を認めている場合，少年法上の手続によって非行事実が確定した場合においても，当該児童生徒のプライバシーには十分に配慮する必要がある。

重大な犯罪事実が認めれる場合には，他の児童生徒への説明やケア等を図るとともに，保護者に対する説明会を開催するなどの対応が必要とされる。また，マスコミ等の取材や報道，インターネット上の事件の拡散などが予想されるところである，学校側としては，児童生徒が特定されるような氏名等の情報が漏れないように，他の児童生徒や保護者に協力を要請するとともに，マスコミにも，その点への配慮を求めるなどの対応をすべきであると考えられる。当該児童生徒の更生や立ち直りのための条件を確保することも，学校側の責務であると考えられる。

2. 少年警察活動としての「街頭補導」「少年相談」等

中学生や高等学校が，深夜に路上を徘徊していたり，授業の行われている日中にゲームセンターで遊んでいたりしているところを警察に「補導された」ということを耳にすることがある。

警察庁生活安全局人身安全・少年課「令和3年中における少年の補導及び保護の概況」によれば，2022（令和3）年の不良行為少年の補導人員は，308,563人となっている。その行為種別の内訳は，1位：深夜はいかい155,202人，2位：喫煙92,786人，3位：飲酒13,815人，4位：不健全娯楽12,829人，5位：粗暴行為5,904人となっており，以下に，6位：家出，7位：怠学，8位：不良交友，9位：暴走行為，10位：無断外泊，となっている。

また，学職別の内訳では，1位：学生・生徒が218,126人であり，2位：有職少年が52,105人，3位：無職少年38,318人となっている。

「補導」は，少年警察活動規則に基づいて行われている。同規則は，「少年の非行の防止及び保護を通じて少年の健全な育成を図るための警察活動」（同規則第1条）を目的としている。この少年警察活動には，一般に広く「補導」といわれる「街頭補導」（第7条）のほか，「少年相談」（第8条），「継続補導」（第8条第2項），「被害少年への継続支援」（第36条第1項）がある。

(1) 街頭補導

学校関係者が，通常，「補導」と言う場合には，「街頭補導」を意味している。「街頭指導」とは，道路その他の公共の場所，駅その他の多数の客の来集する施設や風俗営業の営業所など少年の非行が行われやすい場所において，非行少年等を発見し，必要に応じその場で行われる指導等の活動を意味している。対象となるのは，次の通りである。

・非行少年（第13条第1項）　　・不良行為少年（第14条第1項）
・被害少年（第36条第1項）　　・要保護少年（第39条第1項）
・児童虐待を受けたと思われる児童（第39条第1項）

街頭指導においては，一般に考えられている非行少年や，不良行為少年だけでなく，広く被害少年，要保護少年，児童虐待を疑われる者も対象としている。街頭補導においては，当該少年や保護者への助言が行われたり，学校等への連絡や協力を求められることもある。被害少年については，カウンセラーとの連携，要保護少年や児童虐待を受けたと思われる児童については児童相談所への通告や必要な連携が行われる。

(2) 少年相談，継続補導，被害少年への継続支援

警察では，少年自身や保護者，また，学校の教職員などの関係者から，少年の非行防止や健全育成にかかわる相談（少年相談）を受けている。少年相談では，子どもや保護者に対する助言やカウンセリング等を通じて，問題解決への援助を行っており，「懇切を旨として，その内容に応じ，指導又は助言，関係機関への引継ぎその他適切な処理を行うもの」（第8条第1項）とされている。少年相談においては，各都道府県警察において少年相談の電話窓口を開設するなどしている。一般的には，①電話やメールでの相談→②面接によ

る相談→③サポート活動という手順で，必要な支援を提供している。

非行や不良行為などの問題が改善されない場合には，少年サポートセンターに配置されている少年補導職員が，非行の防止を図るためとくに必要と認められる場合には，保護者の同意を得たうえで，相当の改善が認められるまでの間，本人に対する助言や指導などの補導を継続的に実施している（第8条第2項：いわゆる「継続補導」）。

また，被害生徒に対する助言や支援においては，その精神的な打撃の軽減を図るためにとくに必要と認められるときは，保護者の同意を得たうえで，カウンセリングの実施や保護者など関係者への助言など継続的な支援を実施している（第36条第2項：いわゆる「被害少年への継続支援」）。

(3) 学校関係者の少年警察活動への理解の問題

これらの街頭指導，少年相談，継続補導，被害少年への継続支援においては，学校関係者との情報交換や指導上の連携が必要となることも少なくない。

その一方で，学校関係者については，少年警察活動の実態，少年サポートセンターや少年補導職員の理解が不十分であるとの指摘もある。その背景には，日常の警察との連携は生徒指導主事等など特定の主任層の教員が担い，多くの教員は事件事故が発生した場面になってはじめて警察とのやり取りが求められることや，警察との児童生徒に関する情報提供のやり取りがそのまま逮捕につながることへの不安から連携に慎重になってしまうなどの事情があることが推測される。重大な事案において警察との連携や情報提供に不安を感じる場合には，必要に応じて，顧問弁護士やスクールロイヤーなどの助言を得ることも必要であろう。

学校側は，日常的に警察署の少年部門や少年サポートセンターと連携したり，また，定期的に開催される学校警察連絡協議会，協定に基づいて情報を相互に通報する学校警察連絡制度，スクールサポーター（警察OB等）による巡回や相談等を活用して，教職員の少年警察活動についての基本的な理解を深めておく必要がある。児童生徒が関わる事件等に効果的に対応していくうえで，警察や児童相談所が担っている役割や基本的な活動についての理解は，これからの学校の教職員にとって，必須の知識であると考えられる。

［佐々木 幸駿］

考えてみよう！

- 少年法の趣旨や原則を具体的な場面で実現するためには，学校（教員）としてどのようなことに留意すべきなのか考えてみよう。
- 警察における少年警察活動（街頭補導など）の内容をどの程度理解しているのか確認しよう。

注

1）国連子どもの権利委員会第4回・第5回政府報告書審査に基づく総括所見（2019年3月）は，日本の少年法厳罰化の動きに深刻な懸念を示し，子どもの犯罪の根本的原因の研究を緊急に実施することを求めている。

引用・参考文献

安倍嘉人・西岡清一郎監修（2013）『子どものための法律と実務―裁判・行政・社会の協働と子どもの未来』日本加除出版

石坂浩・鬼澤秀昌編著（2020）『実践事例からみるスクールロイヤーの実務』日本法令

警察庁生活安全局人身安全・少年課（2023）「令和4年における少年非行及び子供の性被害の状況」

佐々木幸寿（2023）『学校法務―公教育を担う法務実務の視点と論理』ジダイ社

佐々木幸寿（2022）『教育裁判事例集―裁判が投げかける学校経営・教育行政へのメッセージ』学文社

神内聡（2018）『スクールロイヤー　学校現場の事例で学ぶ教育紛争実務　Q&A170』日本加除出版

第一東京弁護士会子ども法委員会（2022）『子どものための法律相談』青林書院

法務省 法務総合研究所編（2022）『令和4年版　犯罪白書』

文部科学省（2022）『生徒指導提要』

矢作由美子（2014）「サイバー補導の現状と課題：不良行為少年の補導活動の拡大化」早稲田大学社会安全政策研究所編『早稲田大学社会安全政策研究所紀要』（7）：113-140

COLUMN

サイバー補導

インターネット環境が整備され，スマートフォンが日常生活に広く活用されている。このような社会環境の変化に伴い，SNSに起因する事犯において被害を受ける児童数は，高い水準にある。警察庁の「令和4年における少年非行及び子供の性被害の状況」によれば，SNSに起因する事犯において被害を受ける児童数は1,732人となっており，その内訳は，児童買春・児童ポルノ禁止法979人，青少年保護育成条例583人，重要犯罪等158人，児童福祉法12人となっている。

このような状況に対しては，警察は，従来の「街頭補導」では対応できないことから，児童が援助交際を求めるなどのインターネット上の不適切な書き込みをサイバーパトロールによって発見し，書き込みを行った児童と接触して直接注意・指導する「サイバー補導」を平成25年4月から実施している(同年10月から全国実施)。警察庁は，2015年3月12日にサイバー補導によってそれまでに児童597人(平成25～26年中)を補導したと発表した。内訳は，その572人が女子(うち，中学生78人，高校生406人)であり，目的としては，援助交際が366人，下着売買が223人であった。また，補導された者が使った機器は，ほとんどがスマートフォンであった。

サイバー補導は，警察官がネット上で，援助交際や下着の売買などの書込みを見つけると，アプリやLINE等で相手とやり取りを行い，実際に直接現場に現れたときに補導するという方法で行われているという。矢作由美子(2015)によれば，サイバー補導は，「補導型」「補導・検挙型」「事件検挙型」に区分されており，「補導」という枠組みを超えて，「捜査」の性格を帯びている場合があることがうかがえる。サイバー補導は，おとり捜査という性格を備えているとの指摘もある。おとり捜査については，一般的には犯意誘発型は許されず，機会提供型は許容されうるものと解されている。判例(最決平成16年7月12日)は，他の方法で摘発が困難である場合に，機会提供型による方法で任意捜査として許容されると判示している。サイバー補導は，時代の変化に対応していくうえで必要な取組みであると考えられるが，その目的や趣旨，判例の示した枠組みを踏まえて適切に運用していくことが求められる。

［佐々木 幸駿］

第14章

教師の労働環境と働き方

● 本章のねらい ●

本章では，学校設置者と教員の法律関係を整理したうえで，教員の働き方をめぐる最近の裁判例や中央教育審議会の答申を紹介する。また，これらを踏まえて，学校現場における日常業務に伏在する問題や過労問題に触れつつ，教員の働き方やその職場環境について考える。

第1節　学校設置者と教員の法律関係

学校を設置する主体には，国，地方公共団体，学校法人があり（学校教育法第2条第1項），設置者の別によって，国立学校，公立学校，私立学校に区別される（学校教育法第2条第2項）。設置主体が異なれば，「雇用者」と「被用者」の法律関係も自ずと異なるため，教員の労働問題は，国私立学校の場合と公立学校の場合に分けて考える必要がある。

まず，国私立学校の場合，教員は，設置者との間で労働契約を締結することにより当該学校の教員としての地位を取得することになる。労働条件は個々の法人によって異なるものの，労働基準法（以下「労基法」という）に定める最低基準を満たすものである必要がある。例えば，労働時間は，休憩時間を除き，1日8時間，1週40時間以内と規定されているほか（労基法第32条），労働時間を延長したり休日に労働させたりする場合は，予め労使間で協定を締結し，労働基準監督署に届け出なければならない（労基法第36条第1項）。この協定は「36協定」（サブロク協定）とも呼ばれ，この協定なくあるいは協定の限度を超えて時間外労働や休日労働をさせることは違法であり，刑事罰の対象になる（労基法第119条第1号）。

次に，日本の学校の多くを占める公立学校の場合，地方公共団体である都道府県の教育委員会の任命によって教員として任用される。したがって，公立学校の教員は，地方公務員（教育公務員）の身分を有し，地方公務員法（以下「地公法」という）の対象となる。地方公務員にも原則として労基法は適用されるものの，地公法は労基法の規定の多くを適用除外としており（地公法第58条参照），具体的な勤務条件は基本的に条例で定められている（地公法第24条第5項）。例えば，東京都では，教員の勤務時間について，休憩時間を除き，1日7時間45分，1週38時間45分とされているほか，その日の勤務時間が6時間を超える場合は45分の休憩時間を与えるなどとされており，これらは条例に規定されている（学校職員の勤務時間，休日，休暇等に関する条例第3条第1項，第4条第1項，第7条第1項など）。

もっとも，労基法上の労働時間の定義は，国私立・公立を問わずすべての教員に適用される。ここにいう「労働時間」とは，明示・黙示を問わず「使用者の指揮命令下に置かれている時間」とされており[1)]，労基法上，教員が管理者の指揮命令下に置かれていると客観的に評価できる時間は「労働時間」に該当する。

第2節　教員の働き方をめぐる問題

最近の報道によれば，「教員勤務実態調査（令和4年度）の集計（速報値）について」（令和5年4月28日文部科学省）に基づくと，一般に「過労死ライン」といわれる時間外労働80時間（月平均）に相当する可能性がある教員は，小学校では14.2%，中学校では36.6%とのことである[2)]。このような教員の働き方については，さまざまな議論がなされている。

1. 教員の時間外労働の問題

先述のとおり，国私立学校においては，法定労働時間を超えて労働させるには労使協定（36協定）が必須であり，協定では，対象となる労働者の範囲，対象期間，時間外労働が可能となる場合などを具体的に定めなければならず（労基法第36条第2項），また，時間外労働や休日労働等をさせたときには割増賃金を支払わなければならない（労基法第37条第1項）。

これに対して，公立学校の教員については，勤務態様の特殊性から，「公立の義務教育諸学校等の教育職員の給与等に関する特別措置法」（以下「給特法」という）という特別な定めが置かれており，同法では，時間外勤務手当および休日勤務手当は支給しないこととして，その代わり給与月額の4%に相当する「教職調整額」を一律に支払うことが定められている（給特法第3条第1項，2項）。その結果，残業が常態化しがちな教員の時間外労働については，国私立学校の場合は割増賃金の対象となる一方，公立学校の場合は，一律に教職調整額は支払われるものの，時間外勤務手当は支払われないことになる。さらに，一般的な地方公務員については各自治体の条例に基づき時間外勤務手当の支給があるところ（地公法第25条第1項，第3項第4号），同じ地方公務員であっても，給特法の適用がある教育公務員とその適用のない一般の地方公務員との間で差が生じる結果となっている。

また，時間外労働の対象となる具体的な業務内容については，労使協定に基づくこととなる国私立学校に対し，公立学校の場合は，給特法により，「校外実習その他生徒の実習に関する業務」「修学旅行その他学校の行事に関する業務」「職員会議に関する業務」「非常災害の場合，児童又は生徒の指導に関し緊急の措置を必要とする場合その他やむを得ない場合に必要な業務」の四つの業務（以下「超勤4項目」という）に従事する場合であって，「臨時又は緊急のやむを得ない必要があるとき」に限られている（給特法第6条第1項，公立の義務教育諸学校等の教育職員を正規の勤務時間を超えて勤務させる場合等の基準を定める政令）。しかしながら，多くの教員は，保護者対応を含むさまざまな打合せや部活動指導のために勤務時間を過ぎても働いているのが常であり，しかもその業務は超勤4項目の臨時緊急事態に必ずしも該当しないものである。なお，給特法は国私立学校には適用されないものの，公立学校において日常的に超勤4項目に該当しない業務に教員が追われている実態は，少なからず国私立学校にも影響を及ぼしているのが現状であり（神内・小國・坂本 2022），日本の教員は，自らの教育者としての信念や責任から，時間を惜しまず労働しているのが実態といえる。

2. 公立小学校教員未払賃金支払等請求訴訟

こうした問題意識から，公立小学校の教員が，超勤4項目以外の時間外労働について，労基法第37条に基づき割増賃金の支払いを求め，それが認められないとしても，勤務時間を超えて労働させたことは違法であるとして，国家賠償法（以下「国賠法」という）第1条第1項等に基づき県に損害の賠償を求めた事案がある[3)]。

裁判所は，教員の業務は，「教員の自主的で自律的な判断に基づく業務」と「校長の職務命令に基づく業務」とが渾然一体となっているとしつつ，後者に関し労働時間が無定量になることを防止しようとした給特法の趣旨を没却するような事情が認められる場合には，校長には労働時間について定めた労基法第32条違反を是正する措置を執るべき注意義務があり，こうした措置を執ることなく労働させ続けた場合は，県は国賠法第1条第1項の損害賠償責任を負うとした。原告の請求はいずれも棄却されたが，第一審裁判所は，多くの教員が一定の時間外勤務に従事せざるを得ない勤務実態からすると，「給特法は，もはや教育現場の実情に適合していないのではないかとの思いを抱かざるを得（ない）」として，異例にも，「わが国の将来を担う児童生徒の教育を今一層充実したものとするためにも，現場の教育職員の意見に真摯に耳を傾け，働き方改革による教育職員の業務の削減を行い，勤務実態に即した適正給与の支給のために，勤務時間の管理システムの整備や給特法を含めた給与体系の見直しなどを早急に進め，教育現場の勤務環境の改善が図られることを切に望むものである。」と付言した。

3. 教員の働き方の見直し

昨今の働き方改革の流れの中で，中央教育審議会も，「新しい時代の教育に向けた持続可能な学校指導・運営体制の構築のための学校における働き方改革に関する総合的な方策について（答申）」（平成31年1月25日）をもって，勤務時間の管理の徹底や学校および教師が担う業務の明確化・適正化などを示している。これによれば，学校が担うべき業務は，「学習指導要領等を基準として編成された教育課程に基づく学習指導」「児童生徒の人格の形成を助けるために必要不可欠な生徒指導・進路指導」「保護者・地域等と連携を進めながら，これら教育課程の実施や生徒指導の実施に必要な学級経営や学校運営業務」の3つに分類され，これらに関連する業務として学校・教師が担ってきた代表的な14の業務について，**表14.1**のとおり整理された。

また，答申に添付された「公立学校の教師の勤務時間の上限に関するガイドライン」では，「在校等時間」という考え方が示された。「在校等時間」と

表14.1　授業以外に学校の教師が担ってきた代表的な業務

基本的には学校以外が担うべき業務	学校の業務だが，必ずしも教師が担う必要のない業務	教師の業務だが，負担軽減が可能な業務
①登下校に関する対応	⑤調査・統計等への回答等（事務職員等）	⑨給食時の対応（学級担任と栄養教諭等との連携等）
②放課後から夜間などにおける見回り，児童生徒が補導された時の対応	⑥児童生徒の休み時間における対応（輪番，地域ボランティア等）	⑩授業準備（補助的業務へのサポートスタッフの参画等） ⑪学習評価や成績処理（補助的業務へのサポートスタッフの参画等）
③学校徴収金の徴収・管理	⑦校内清掃（輪番，地域ボランティア等）	⑫学校行事の準備・運営（事務職員との連携，一部外部委託等）
④地域ボランティアとの連絡調整	⑧部活動（部活動指導員等）	⑬進路指導（事務職員や外部人材との連携・協力等）
※その業務の内容に応じて，地方公共団体や教育委員会，保護者，地域学校協働活動推進員や地域ボランティア等が担うべき。	※部活動の設置・運営は法令上の業務ではないが，ほとんどの中学・高校で設置。多くの教師が顧問を担わざるを得ない実態。	⑭支援が必要な児童生徒・家庭への対応（専門スタッフとの連携・協力等）

（出所）中央教育審議会（2019：29）

は労働時間より広い概念であり，超勤４項目以外の自主的・自発的な勤務も含め，外形的に把握することができる在校時間を対象に勤務時間を考えることを基本とし，校外での勤務についても研修や引率など職務に従事している時間を外形的に把握して，これらを合算した時間（休憩時間及び業務外の時間を除く）をいう。教員の労働実態は見えにくいところがあるが，「1か月の在校等時間について，超過勤務45時間以内」，「1年間の在校等時間について，超過勤務360時間以内」とする上限の目安を導入し，在校等時間を用いて勤務時間をより実質的に把握し，超過勤務を防止しようとしている。

その後，給特法の一部も改正され，前記ガイドラインは指針として法的根拠を有するようになったほか（第7条），学校にも1年単位の変形労働時間制が適用可能となった（第5条）。今後は，何もかもが学校の業務となっている現状が多少なりとも改善され，ブラックな職場というイメージが定着しつつある教員の労働環境が少しでも整備されていくことが期待される。

第3節　教員の日常業務に潜む労働問題

これまでに見てきた教員の労働時間や勤務条件に照らすと，日常的に取り組んでいる業務に潜む問題が見えてくる。ここでは「給食指導」と「部活動指導」について考察する。

1. 給食指導

給食指導は，「給食の準備，会食，片づけなどの一連の指導を，実際の活動を通して，毎日繰り返し行う教育活動」である（文部科学省 2019）。教育活動であるから教員の業務にほかならず，教員は，食に関する資質や能力を児童生徒が身につけられるよう指導しつつ，食中毒や誤嚥，食物アレルギーなどの事故の防止にも配慮して，安全な給食の実施に努めなければならない。

他方，官庁などに勤務する公務員や一般企業に勤務する会社員などの場合，昼食の時間は休憩時間とされているのが通例であり，仮に昼休みに業務対応する場合は，別途休憩時間が与えられる。これに対して，教員の場合は，午後の授業が開始されるまでの時間は，給食の準備・指導・片づけのほか，児童らの給食後の休み時間や清掃時間の見守りなどに費やされるのが常であり，教員個人の昼休みとしての休憩時間はない。そのため，その分の休憩時間は教育活動を終えた時間帯に割り振られていることが多いが，授業後は，会議，細々した職員間の打合せ，教材研究，採点などの業務に取り組んでいることも多く，休憩時間として常時確保できるわけではない。

食をともにすることから見えてくる児童生徒の様子も，教員にとっては児童生徒理解のために大切な要素であり，給食指導のために昼休みを取得できないことはやむを得ないとしても，休憩時間は，労働から解放される時間であるから，これが有名無実化しないための工夫が必要であろう。

2. 部活動指導

部活動は，教育課程外の学校教育活動という位置づけであり，中学校，高等学校の学習指導要領の総則に記載されている。学生時代に部活動を経験してきた者であればその意義の大きさは実感するところであろうが，これを教員の労働環境の観点から考えると，さまざまな問題を孕んでいる。

例えば，6 校時終了後に部活動指導を行う場合，先述の授業後に割り振られた休憩時間中に業務に従事することになりかねず，また，顧問教諭として，土日や祝日に開催される大会に生徒を引率することになっても，通常，その分の代休を授業のある平日に取得できるわけでもなく，公立学校であれば休日手当の対象にもならない。一方で，部活動中に事故が発生すれば安全配慮義務違反等が問われかねないから，管理や監督を怠ることは許されず，顧問教諭としての責任は重い。

こうした現状を受けて，最近は，部活動指導員（支援員）などの外部人材を登用する工夫も見られる。もっとも，同じ時間を過ごす中で生徒の成長を実感できる部活動を自ら指導したいという教員の思いも理解できるところであり，教員としての思いと労働問題とが絡み合った部活動指導は，教育的意義，地域との連携，関係者の意識改革など，変革の途上にある。

第４節　教員の過労と職場環境づくり

文部科学省「令和３年度公立学校教職員の人事行政状況調査について」(令和５年１月16日更新) によれば，精神疾患による病気休職者数は，直近10年間5,000人前後で推移してきたところ，令和２年度は5,203人，令和３年度はさらに694人増加して5,897人となり過去最多とのことである。

教員の労働災害 (公務災害) については，国私立学校の教員は労働者災害補償法に基づき補償され，公立学校の教員は地方公務員災害補償法に基づき補償される。もっとも，精神疾患の場合，その疾患が業務 (公務) に起因したものであるかどうかは問題となりやすく，業務による強い心理的負荷 (強度の精神的又は肉体的負荷を受けたこと) (厚生労働省 2022，人事院 2022) が認められる一方で，業務以外の心理的負荷および個体側要因により対象疾病を発症したとは認められないといえる場合に労務災害 (公務災害) として認定される。この点は事案ごとに個別具体的な検討を要するところであり，例えば，学級内の一連の出来事は担任になって間もない教員にとって相当の精神的負荷を与える事象であったとして公務災害を認めた事案[4)] もあれば，業務内容や教職員間の人間関係について総合的に検討した結果，同様の経験を有する平均的な教員にとって強度の精神的負荷を与える事象があったとはいえないとして公務起因性を否定した事案[5)] もある。

職場環境は学校によってさまざまであろうが，重要なことは，教員が健康に働ける環境を作るという意識である。誰にでも悩みはあろうが，職場の誰かに相談する，問題や課題を学年で共有する，学校として組織的に対応するなどの取組みより，多少なりとも個人の精神的負荷は軽減されるであろう。教員は，子どもたちにとって最も身近な社会人である。教員の労働環境という観点もさることながら，近い将来社会に羽ばたいていく子どもたちを前にして，大人が生き生きと働く職場としての学校現場であってほしい。

［坂本 順子］

考えてみよう！

▶ 現在の教員の働き方については，どのような問題点があるだろうか。教員の日常業務の中から問題となりそうな点をいくつか挙げてみよう。

▶ 上記で問題だと考えた点について，これを改善していくためには，どのような方策が考えられるだろうか。教員が生き生きと働ける職場づくりについてもアイデアを出してみよう。

注

1）最一小平成12年3月9日判決・民集54巻3号801頁

2）NHK NEWS WEB「依然として長時間勤務　教員の処遇改善など本格的な議論へ」(2023年4月29日) https://www3.nhk.or.jp/news/html/20230429/k10014053171000.html (2023年8月27日最終閲覧)

3）さいたま地裁令和3年10月1日判決，東京高裁令和4年8月25日判決，最二小令和5年3月8日決定

4）東京地裁平成28年2月29日判決，東京高裁平成29年2月23日判決

5）東京地裁平成30年12月26日判決

引用・参考文献

厚生労働省 (2022)「心理的負荷による精神障害の認定基準について」(最終改正)

人事院 (2022)「精神疾患等の公務上災害の認定について」(最終改正)

神内聡・小國隆輔・坂本順子 (2022)『学校と教師のための労働相談Q&A41』日本加除出版

菅野和夫 (2020)『労働法〔第12版〕』弘文堂

中央教育審議会 (2019)「新しい時代の教育に向けた持続可能な学校指導・運営体制の構築のための学校における働き方改革に関する総合的な方策について (答申)」(第213号) (平成31年1月25日)

文部科学省 (2019)「食に関する指導の手引―第二次改訂版―」

文部科学省 (2023)「令和3年度公立学校教職員の人事行政状況調査について」

矢島忠純ほか (2016)『全図解わかりやすい労働契約・動労基準法 (第3版)』自由国民社

COLUMN

学校の責任の範囲を考える

教員の朝は早い。始業時間も早いが，それよりも前に学校に来て仕事をしている人も多い。子どもたちが登校してくると怒涛のごとく一日が始まり，慌ただしい時間が下校まで続く。下校後は会議が始まり，それが終わるとようやく一息つける。時には，登下校時のトラブルにも対応する。登下校中の問題であればまだしも，下校後の子ども同士のトラブル，地域からの緊急連絡，塾や習い事でのトラブルでさえも学校に相談が入り，教員には真摯な対応が求められる。この現状をどのように考えるだろうか。

例えば，下校後，学校外で，児童または生徒間のトラブルが発生した場合，学校は責任を負うのだろうか。冬休み中の部活動の帰り道，3人の中学生が同じ部活動の友人に対し暴行を加え重傷を負わせた事案において，裁判所は，部活動終了後，校外で発生した事案であっても，中学校に近い公園に移動して時間を置かずになされた暴行であることから，学校の場とは評価できないまでもこれと密接に関連する生活場面における事件と評価し得るとしている。そのうえで，この事案では，教員らにおいて被害生徒へのいじめが暴力を伴うものに発展していたことは認識可能であったこと等から，部活動終了後帰宅までの間の生活場面においても，教員らは，からかいや嫌がらせが暴力を伴う事件にまで発展する事態を予見し得たと認めるのが相当であるとの判断のもと，学校設置者の賠償責任が認められた（さいたま地裁平成28年12月22日判決）。

基本的に，多くの教員は，学校外での事象であろうとも，子どもたちのために親身に対応しようとする。しかし，海外では，校外での出来事は家庭で対応することを基本とする国もあり，時間的・物理的に責任の所在が線引きされている。これに対して日本では，実質的に教員の目の行き届かない生活の場であっても，学校の場との密接関連性があれば，学校（教員）の責任が問われることがあるという点で，その責任の範囲は広いように思われる。

世間を賑わす事件が発生したり社会情勢が変化したりするたびに，学校にはこれらに応じた指導や対応が常に求められてきた。削られる業務がないまま新しい業務が付加されてきたともいえる。業務内容の整理とともに，時間や空間という客観的指標によって責任の所在を明確に画し，学校の責任の範囲を限定することで，教員の負担を軽減することも一案ではないだろうか。

［坂本 順子］

第15章

体罰と教育実践
—最高裁判決と体罰法制—

● 本章のねらい ●

本章では，学校教育法上の懲戒と体罰の意味について判例や通知を基に考えるとともに，違法な体罰が繰り返される背景となっている法的課題と教育実践上の課題について考察する。

第１節　学校教育における体罰の禁止と包括的支配権

1. 体罰の法的禁止と現実

体罰は，法令上，戦前から違法とされている。学校における体罰の禁止を最初の規定したのは，教育令（明治12年太政官布告第40号）である。その第46条は，「凡学校二於テハ生徒二体罰　殴チ或ハ縛スルノ類　ヲ加フヘカラス」と規定している。小学校令（明治23年勅令第215号）では第六十三条で「小学校長及教員ハ児童ニ体罰ヲ加フルコトヲ得ス」と規定されていた。第3次「小学校令」(明治33年勅令第344号）は第47条で「小学校長及教員ハ教育上必要ト認メタルトキハ児童ニ懲戒ヲ加フルコトヲ得但シ体罰ヲ加フルコトヲ得ス」と懲戒の但し書きとして体罰が位置づけられ，これが今日の学校教育法第11条の規定につながっている。日本の学校教育においては，「体罰」は明治期から法的に禁止されてきたのである。

にもかかわらず，日本においては，体罰による痛ましい事件がしばしば報道されるなど実態として学校教育において体罰を含む教育指導が行われている実態がある。我が国は，体罰の法的禁止について，国連人権理事会，子どもの権利委員会からしばしば勧告を受けており，2013年には，国連拷問禁止委員会からも勧告を受けている。

文部科学省が，2023年12月26日に公表した「令和3年度公立学校教職員の人事行政状況調査について」によれば，2022年度に体罰によって懲戒を受けた事案は，全体で343件（小学校119件，中学校92件，義務教育学校2件，高等学校115件，中等教育学校0件，特別支援学校15件）となっている。懲戒処分の内容は，法律上の処分は，免職は1件，停職11件，減給37件，戒告41件となっており，その他戒告等253件となっている。

2. 児童生徒に対する学校，教師の包括的な支配

体罰が法的に禁止されながら，実態として暴力を伴う懲戒がなくならないのは，それを許す法的な背景があるものと考えられる。児童生徒に対して懲戒を行う権限の根拠についての考え方としては，従来は，公立学校の在学関係を「公の施設」の利用関係と見て，児童生徒は，法律の根拠がなくても，国家（学校）による包括的支配を受けるという，いわゆる特別権力関係論によって説明されていた。この場合には，特別の法律の根拠がなくても，人権を制限することができ，また，裁判による救済を受けることもできないとされる。しかし，現在では，憲法の「法の支配」「個人の尊重」の観点から，一般的に，特別権力関係論は，憲法と相容れないと考えられるようになっている。

裁判においては，「部分社会の法理」を採用する判決が見られる。最高裁判決（最判昭和52年3月15日）は，学校とは，「一般社会と異なる部分社会」であるとして，「一般市民社会の中にあつてこれとは別個に自律的な法規範を有する特殊な部分社会における法律上の係争のごときは，それが一般市民法秩序と直接の関係を有しない内部的な問題にとどまる限り，その自主的，自律的な解決に委ねるのを適当とし，裁判所の司法審査の対象にはならないものと解する」としている。学校内の紛争についても，一般市民法秩序と直

接の関係のない団体の内部的な問題にとどまる限り，司法審査の対象とならないという見方である。ただし，通説は，内部的な紛争はすべて司法審査の対象とならないとする考えには否定的である。それぞれの団体の目的，性格（学校の場合には，とくに，義務的か，選択的かどうかなど），機能，争点となっている権利の性格等を踏まえて，個別具体的に検討する必要がある（芦部 2023: 370-371）。

なお，私学を含む学校と児童生徒の関係を理解する理論として，在学関係を学校との契約関係とみる考え方がある。これには，電気，ガスの契約のように一方的にその内容を受け入れざるを得ない符合契約と解する説など，多様な説があるが，通常の取引契約とは異なり学校教育の特性を踏まえた特殊な契約関係としており，学校には一定の範囲内で懲戒権があるとする点でほぼ一致している。従来は，主に私学の関係を説明する理論であったが，公立学校について在学契約論を採用する裁判例も見られる。

第2節　学校教育法の規定と「懲戒」「体罰」

1. 懲戒に関する規定

学校教育法第11条は，「校長及び教員は，教育上必要があると認めるときは，文部科学大臣の定めるところにより，児童，生徒及び学生に懲戒を加えることができる」と規定している。

条文上確認しておくべきことは，「校長及び教員」に認められるものとされている場合の権限の違い，「教育上必要があると認めるときは」という条件が付されていることの意味，「文部科学大臣の定めるところにより」の規定によって省令等で定められている事項の内容である。

「校長及び教員」とは，懲戒は，校長だけでなく，児童生徒の指導を担う教員に広く認められているものであることを示している。懲戒には，法律行為としての懲戒（退学，停学，訓告）と事実行為としての懲戒（叱責，起立，居残り当番など）があり，前者は校長にのみ認められている。

「教育上必要があると認めるときは」とは，懲戒の是非は，教育上の意味によって判断されるものであることを示している。

「文部科学大臣の定めるところにより」とは，例えば，学校教育法施行規則第26条「校長及び教員が児童等に懲戒を加えるに当つては，児童等の心身の発達に応ずる等教育上必要な配慮をしなければならない」と規定している。また，同条第2項「懲戒のうち，退学，停学及び訓告の処分は，校長が行う」，さらには同条第3項では，「前項の退学は，市町村立の小学校，中学校若しくは，義務教育学校又は公立の特別支援学校に在学する学齢児童又は学齢生徒を除き，次の各号のいずれかに該当する児童等に対して行うことができる」として，(1)性行不良で改善の見込がないと認められる者，(2)学力劣等で成業の見込がないと認められる者，(3)正当の理由がなくて出席常でない者，(4)学校の秩序を乱し，その他学生又は生徒としての本分に反した者，と退学4条件を示し，さらに，同条第4項では，「第二項の停学は，学齢児童又は学齢生徒に対しては，行うことができない」と，学齢児童生徒に対する停学を禁止している。

2. 体罰に関する規定

学校教育法第11条のただし書きで，「懲戒」と「体罰」は法的に区別され，そのうち「体罰」は違法なものとして禁止されている。

ここでは，主に二つの法的な争点が存在する。第一の争点は，「体罰」とはどのような行為を指すものであるのかということである。端的には，身体的な，肉体的なものは，すべて「体罰」として禁止されているのかということである。第二の争点としては，上記の身体的なもの，肉体的なものが，すべて禁止されていないとすれば，体罰の判断基準は，どのようなものであるのかということにある。

第3節　行政実例における「体罰」，通知の変化

何が「体罰」にあたるのかということについては，従来，行政実例（旧法務庁法務調査意見長官回答「児童懲戒権の限界について」昭和二十三年十二月二十二日）では，懲戒の内容が身体的性質をもつものである場合を意味するとしたうえで，①身体に対する侵害を内容とする懲戒（なぐる，けるなど），②被罰者に肉体的苦痛を与えるような懲戒（端座直立等，特定の姿勢を長時間にわたって保持させることなど）として，「体罰」にあたるかどうかは，当該児童の年齢，健康，場所的および時間的環境等，種々の条件を考え合わせて肉体的苦痛の有無を判断しなければならないとしている。つまり，個別具体的な判断が求められているということである。

平成19（2007）年2月5日の文部科学省通知「問題を起こす児童生徒に対する指導について」も基本的に，上記の基準を掲げているが，その一方で，「毅然とした指導を行う」ことを求めており，さらに判例動向を踏まえ，有形力の行使による懲戒が一切体罰として許されないということではないことに触れている。しかし，その後，大阪市立桜宮高校体罰自殺事件を契機とした体罰禁止の世論を背景として，平成25（2013）年3月13日に新たな通知「体罰の禁止及び児童生徒理解に基づく指導の徹底について」が発出された（平成19年通知は廃止された）。本通知は，体罰の違法性を確認するだけでなく，「体罰により正常な倫理観を養うことはできず，むしろ児童生徒に力による解決への志向を助長させ，いじめや暴力行為などの連鎖を生む恐れがある」として，児童生徒の心身に深刻な影響を与えるものとしてその教育効果を否定している。学校，教育委員会等に対し体罰の実態把握と報告義務を課すとともに，部活動が学校の教育活動の一環であることを確認し，極めて明確に体罰を否定している。

その一方で体罰の判断基準については，「教員等が児童生徒に対して行った懲戒行為が体罰に当たるかどうかは，当該児童生徒の年齢，健康，心身の発達状況，当該行為が行われた場所的及び時間的環境，懲戒の態様等の諸条

件を総合的に考え，個々の事案ごとに判断する必要がある。この際，単に，懲戒行為をした教員等や，懲戒行為を受けた児童生徒・保護者の主観のみにより判断するのではなく，諸条件を客観的に考慮して判断すべきである」と，従来からの基準を踏襲している。

第4節　最高裁判決にみる「有形力の行使」と「体罰」

最高裁による体罰についての判例として，公立小学校の教員が，女子数人を蹴るなどの悪ふざけをした2年生の男子を追い掛けて捕まえ，胸元をつかんで壁に押し当て大声で叱った行為が，国家賠償法上違法とはいえないとした事案を見てみる（最高裁判所平成21年4月28日判決）。

裁判の概要は，次のとおりである。

> 公立小学校の教員が，悪ふざけをした2年生の男子を追い掛けて捕まえ，その胸元を右手でつかんで壁に押し当て，大声で「もう，すんなよ。」と叱った行為は，上記男子が，休み時間に，通り掛かった女子数人を蹴った上，これを注意した上記教員のでん部付近を2回にわたって蹴って逃げ出したことから，このような悪ふざけをしないように指導するために行われたものであり，悪ふざけの罰として肉体的苦痛を与えるために行われたものではないなど判示の事情の下においては，その目的，態様，継続時間等から判断して，教員が児童に対して行うことが許される教育的指導の範囲を逸脱するものではなく，学校教育法11条ただし書にいう体罰に該当せず，国家賠償法上違法とはいえない。
>
> （最高裁判所ウェブサイト・判例検索システムより引用）

1.「体罰に該当しない有形力の行使」の存在

最高裁は，「Aの本件行為は，児童の身体に対する有形力の行使ではあるが，他人を蹴るという被上告人の一連の悪ふざけについて，これからはそのような悪ふざけをしないように被上告人を指導するために行われたものであり，悪ふざけの罰として被上告人に肉体的苦痛を与えるために行われたものではないことが明らかである」として，身体的なものであっても，「体罰に該当しない有形力の行使」があることを確認している。このことは，東京高裁判決（昭和56年4月1日），浦和地裁判決（昭和60年2月22日）でも確認されており，さらに，先の平成19年2月5日の通知（現在は廃止）でも，確認されている。

学校教育法上，体罰は違法である。なぜなら，文理上，違法性のあるものを学校教育法上「体罰」としているからである。にもかかわらず，「許容される体罰」が存在するかのような誤解が流布しているのは，この「体罰に該当しない有形力の行使」の不正確な理解によるものと考えられる。

2.「体罰」の判断基準のわかりにくさ

国家賠償法第1条は，「国又は公共団体の公権力の行使に当る公務員が，その職務を行うについて，故意又は過失によつて違法に他人に損害を加えたときは，国又は公共団体が，これを賠償する責に任ずる」と規定している。

同条には，国家賠償法による請求の法的要件として，①公権力の行使にあたる公務員の行為であること，②その職務を行うについて行われたものであること，③故意又は過失があること，④違法な加害行為が存在すること，⑤加害行為により他人に損害が発生していることという五つの要件が示されている。判決は，「違法性」ということについて，第一には，「身体に対する有形力の行使であるが，（略）指導するために行われたもの」と「悪ふざけの罰として，（略）肉体的苦痛を与えるために行われたもの」を区別し，有形力の行使であっても，「指導するため」のものは違法な体罰に該当しないものがあり得ることを述べている。教師の違法性が疑われる行為に着目し，その行為の態様から違法性を捉えようとしているのである。

第二には，「教員が児童に対して行うことが許される教育的指導の範囲を逸脱するものではなく，学校教育法11条ただし書にいう体罰に該当するものではない」かどうか，つまり違法性を判断する基準として，その行為について「その目的，態様，継続時間等から判断して」個別具体的に判断されるものであることが示されている。

ここで示されている基準が，一見して理解されにくいものであるために，教師が体罰を曖昧なものとして捉えることにつながっているものと推測される。

第５節　法的教育実践への視点

先にもみたように文部科学省通知の示した体罰の判断基準，つまり「教員等が児童生徒に対して行った懲戒行為が体罰に当たるかどうかは，当該児童生徒の年齢，健康，心身の発達状況，当該行為が行われた場所的及び時間的環境，懲戒の態様等の諸条件を総合的に考え，個々の事案ごとに判断する必要がある。この際，単に，懲戒行為をした教員等や，懲戒行為を受けた児童生徒・保護者の主観のみにより判断するのではなく，諸条件を客観的に考慮して判断すべきである」との基準は，具体的に何が体罰にあたるのかということについて実践を担う教師にとっては一見して理解できるような明確な基準ではない。最高裁判例のいう「その目的，態様，継続時間等から判断して」という基準も同様である。結局は，何が，「体罰」に当たるのかというのは，生徒指導や部活動を担う教師にとっては依然としてグレーなままである。

体罰の防止は，法規定や判例などで示された法的な判断基準を理解するだけでは，十分に達成することは困難なことが理解される。日常の教育実践や教員研修においても，次のような点に十分に留意することが必要である。

・違法な体罰が児童生徒の心身に与える影響について具体的な実践場面を想定して理解すること。
・懲戒について，児童生徒の心身の発達や教育上の必要性の観点から行われているか，その実践のあり方を確認すること。
・正当防衛および正当行為について，自己や他の児童生徒の防衛，危険回避のためにやむを得ず行われるものであることを，具体的な事例を通じて理解すること。
・体罰防止のための考え方と研修のあり方，組織的な指導体制のあり方について具体的に理解すること。

・部活動が学校教育の一環として行われるものであることを理解し，管理職を含めて，学校として体罰に頼らない指導のあり方について共通理解を深めること。

［伊藤ゆり・牛玄・佐々木 幸寿］

考えてみよう！

▶ 実態としてなぜ違法な体罰が繰り返されるのか，その法的な背景とは何か。
▶ 最高裁判決における「有形力の行使」と「体罰」の違いとは何か。

引用・参考文献

芦部信喜（2023）『憲法　第 8 版』（高橋和之補訂）岩波書店

COLUMN

親による体罰禁止　―児童虐待防止法の改正―

民法は，親の子に対する監護・教育権（同法 820 条），子に対する懲戒権（同法 822 条）を規定している。教員等の懲戒権（学校教育法第 11 条）が学校管理下で行われる教育活動に限定されるのに対し，親権者の懲戒権は子の生活全般に及ぶとされている。

親権者の懲戒権は，「子の利益のため」「監護及び教育に必要な範囲内で」行使しなければならないとされているが，躾の名の下に，親による虐待や体罰が行われていることが指摘されている。

東京都目黒区（2018 年）や千葉県野田市（2019 年）の痛ましい虐待死亡事件の発生を契機として，東京都は条例により保護者の「体罰その他の子供の品位を傷つける罰」を禁止した（2019 年施行）。その後，児童虐待防止法が改正され（2020 年施行），同法第 14 条は「児童の親権を行う者は，児童のしつけに際して，体罰を加えることその他民法第 820 条の規定による監護及び教育に必要な範囲を超える行為により当該児童を懲戒してはならず，当該児童の親権の適切な行使に配慮しなければならない。」として，親権者の体罰等を明示的に禁止したうえで，同条第 2 項は，「児童虐待に係る暴行罪，傷害罪その他の犯罪について，当該児童の親権を行う者であることを理由として，その責めを免れることはできない。」（2020 年施行）と刑罰の対象となり得ることを明らかにしている。なお，罰則の規定は見送られている。

［佐々木 幸駿］

索　引

あ行

か行

索　引

さ行

た行

な行

は行

ま行

や行

ら行

わ行

教師のための教育学シリーズ

刊行にあたって

学校教育の第一線を担っている教師たちは，現在，数々の大きな課題に直面しています。いじめ，不登校などの解決困難な教育課題への対応，主体的・協働的な学びへの期待，特別支援教育の充実，小学校外国語活動・英語の導入，道徳の教科化，ICT の活用などの新たな教育課題への対応，「チーム学校」への組織改革，保護者や地域住民との新しい協働関係の構築など課題が山積しています。

本シリーズは，このような現代的な教育課題に対応できる専門性と指導力を備えた教師を育成するため，教職に関する理解を深めるとともに，その基盤となる教育学等の理論的知見を提供することを狙いとして企画されたものです。教師を目指す教職課程の学部生，大学院生，社会人などを主な対象としておりますが，単なる概説や基礎理論だけでなく，現代的な課題，発展的・専門的内容，最新の理論も取り込み，理論と実践の往還を図り，基礎から発展，応用への橋渡しを図ることを意図しています。

本シリーズは，幼稚園，小学校，中学校，高等学校，特別支援学校など幅広く教員養成を行い，修士課程，教職大学院，博士課程を擁するわが国最大規模の教育研究機関であり，教育学研究の中核を担っている東京学芸大学の研究者教員により編まれました。教員有志により編集委員会をたちあげ，メンバーがそれぞれ各巻の編者となり，長期にわたり企画・編纂してまいりました。そして，本シリーズの趣旨に賛同いただいた学内外の気鋭の研究者の参画をえて，編者と執筆者が何度も議論を重ねながら一丸となってつくりあげたものです。

優れた実践的指導力を備えた教師を目指す方々，教育学を深く学びたいと願う方々の期待に応え，我が国の教師教育の在り方において重要な道筋を示すものとなることを心から願っております。

「教師のための教育学シリーズ編集委員会」を代表して　**佐々木 幸寿**

【監修】教師のための教育学シリーズ編集委員会

【編者】

佐々木 幸寿（ささき　こうじゅ）
東京学芸大学理事・副学長
1960年岩手県生まれ。東北大学大学院教育学研究科博士課程修了。博士（教育学）。岩手県立公立学校教員，岩手県教育委員会指導主事，主任管理主事，信州大学助教授，准教授，東京学芸大学准教授を経て，同大教授。現在，理事・副学長，教職大学院長，先端教育人材育成推進機構長。
2016年－2019年期日本学校教育学会会長
（専攻）学校法学，教育行政学
（主な著書）『学校法務―公教育を担う法務実務の視点と論理―』（ジダイ社，2023），『教育裁判事例集―裁判が投げかける学校経営・教育行政へのメッセージ―』（学文社，2022），『指導主事の仕事大全』（共著，教育開発研究所，2022），『改正教育基本法―制定過程と政府解釈の論点―』（日本文教出版，2009）ほか。

教師のための教育学シリーズ３
新版　学校法

2023年10月１日　第一版第一刷発行
2024年９月20日　第一版第二刷発行

編　者　佐々木 幸寿

発行者　田中　千津子
発行所　株式会社　学 文 社

〒153-0064　東京都目黒区下目黒3-6-1
電話　03（3715）1501 ㈹
FAX　03（3715）2012
https://www.gakubunsha.com

印刷　新灯印刷
Printed in Japan

ISBN 978-4-7620-3270-7

EDUCATIONAL STUDIES FOR TEACHERS SERIES

教師のための教育学シリーズ

＜全**13**巻＞

教師のための教育学シリーズ編集委員会　監修

優れた専門性と実践的指導力を備えた教師を育成するため，教育課程の概説のみならず，教育学の理論や知見を提供するテキストシリーズ。

〈本シリーズの特徴〉

- 優れた専門性と指導力を備えた教師として必要とされる学校教育に関する知識を教育学の理論や知見に基づいてわかりやすく解説。
- 単なる概説ではなく，現代的な課題，発展的・専門的内容など先導的内容も扱う。
- 教育学の基礎理論に加え，最新の理論も取り込み，理論と実践の往還を図る。

1	新版 **教職総論** 教師のための教育理論	大村 龍太郎・佐々木 幸寿 編著
2	**教育の哲学・歴史**	古屋 恵太 編著
3	新版 **学校法**	佐々木 幸寿 編著
4	**教育経営論**	末松 裕基 編著
5	**教育心理学**	糸井 尚子・上淵 寿 編著
6	**教育課程論** 第二版	山田 雅彦 編著
7	**教育方法とカリキュラム・マネジメント**	高橋 純 編著
8	**道徳教育論** 第二版	齋藤 嘉則 編著
9	**特別活動** 改訂二版 総合的な学習（探究）の時間とともに	林 尚示 編著
10	**生徒指導・進路指導** 第二版 理論と方法	林 尚示・伊藤 秀樹 編著
11	**子どもと教育と社会**	腰越 滋 編著
12	**教育実習論**	櫻井 眞治・矢嶋 昭雄・宮内 卓也 編著
13	**教育方法とICT** ※第７巻を改編	高橋 純 編著